현대 라틴아메리카 사회의 이해

신자유주의, 포스트 신자유주의 그리고 사회적 행위주체들

※ 이 저서는 2018학년도 대한민국 교육부와 한국연구재단의 재원으로 대학인문역량강화사업(CORE)의 지원을 받아 수행된 연구입니다.

현대 라틴아메리카 사회의 이해

신자유주의, 포스트 신자유주의 그리고 사회적 행위주체들

| 박윤주 지음 |

Understanding Contemporary Latin American Society
Neoliberalism, Post-neoliberalism, and Social Actors

한울
아카데미

머리말

올해는 한국이 브라질과의 국교 수립을 시작으로 라틴아메리카와 외교 관계를 맺기 시작한 지 60주년이 되는 해이다. 60년 동안 축적된 한국과 라틴아메리카의 관계는 라틴아메리카를 묘사할 때 관용구처럼 따라오던 "미지의 땅"이라는 표현이 이제 더는 적합하지 않은 시간을 선물해 주었다. 라틴아메리카로의 여행을 소개하는 TV 프로그램을 쉽게 접할 수 있고, 멕시코의 타코, 콜롬비아의 커피, 질 좋은 칠레의 와인은 한국인의 일상 속에 성공적으로 안착하였다. 그러나 아쉽게도 일상 속에서 익숙해진 라틴아메리카의 사회를 우리가 과연 학문적이고 체계적으로 이해하고 있는지 자문하면, 선뜻 그렇다는 답변을 내놓기 어렵다.

수많은 여행서가 출판되었고 라틴아메리카의 사회와 문화를 소개하는 책들이 꾸준히 집필되었으며, 세계적으로 인정받는 라틴아메리카 개론서들이 번역되었음에도 불구하고 이러한 갈증이 여전한 이유는 이미 발표된 글들의 질이 낮았기 때문이 아니라 라틴아메리카 사회를 사회학적으로 접근한 학술서가 상당히 부족했기 때문이다. 사회학의 주요 쟁점들인 라틴아메리카의 빈곤과 불평등, 노동과 이주, 여성, 가족, 범죄는 주로 정치학이나 인류학적 시각에서 연구되었다. 그러나 기존의 연구들이 해당 학문 분야에서 우수한 성과를 도출했음에도 불구하고, 사회학적인 관점과 이론에 기반을 둔 분석의 부재는 라틴아메리카 사회에 대한 폭넓은 이해를 가로막았고, 라틴아메리카의 사례로부터 얻은 교훈을 체계적으로 한국 사회에 적용하기 어렵게 하였다.

이 책은 이러한 갈증과 부재에 대한 사회학자로서의 답변이다. 라틴아메리카의 주요 사회현상들을 사회학적 관점에서 정리하고 분석하였고, 이를 바탕으로 후속 연구의 방향을 제시하였으며, 동시에 한국 사회와의 비교 연구를 위한 토대를 마련하고자 노력하였다. 한국 라틴아메리카 학계에서 최초로 시도된 라틴아메리카 사회학 개론서라는 점에서 이 책은 유의미한 학문적 성과이겠으나, 그렇기 때문에 부족한 부분도 많을 것으로 사료된다. 이 책의 우수한 성과가 있다면 그것은 그동안 라틴아메리카를 꾸준히 연구해 온 수많은 라틴아메리카 연구자들에게 진 빚이며, 부족한 점이 있다면 그것은 온전히 저자의 것임을 밝힌다.

이 책을 집필하는 과정에서 끊임없는 조언과 영감을 주었던 동료 학자들에게 고마움을 전한다. 특히, 중남미지역학에 대한 신선한 시각과 놀라운 호기심으로 늘 영감의 원천이 되어주었던 계명대학교 스페인어중남미학전공 학생들에게도 감사한다. 편집을 맡아 여러 차례 이 글을 다듬어주신 한울엠플러스(주)의 최진희 팀장에게도 감사드린다. 마지막으로 내가 삶과 학문을 일치시키는 가슴 벅찬 일을 해낼 수 있다면, 그것은 삶과 학문을 필자와 온전히 공유하는 전북대학교 이상현 교수의 덕분일 것이다. 이 책이 나오는 과정에서 엄청난 일상의 스트레스와 끊임없는 학문적 부담감을 모두 함께하며 가장 비판적인 동시에 건설적인 조언을 아끼지 않았던 이상현 박사에게 깊은 감사와 사랑을 전한다.

제 **1** 장

서 론

현대 라틴아메리카 사회를 이해하는 데에 가장 중요한 키워드는 신자유주의이다. 최근 우리 학계에서 발표된 라틴아메리카 관련 논문과 저서들 중 신자유주의가 라틴아메리카에 끼친 영향을 분석하는 글들이 다수를 이루고, 여러 라틴아메리카에 관한 글의 서두에는 마치 관용구처럼 신자유주의 정책에 대한 소개가 반드시 등장하는 것도 이러한 흐름을 반영한 것이다. 그만큼 신자유주의는 어느새 특정 경제정책의 범위를 넘어서는 거대한 사회구조적 조건처럼 여겨지고 있다. 신자유주의는 라틴아메리카 각국의 정치 행태를 결정하고, 노동시장을 좌지우지하며, 원주민운동에 작용하고, 환경에 막대한 영향을 끼친다(김기현, 1999, 김종섭, 2004, 조돈문 외 2005; 이성형, 2009; 박윤주, 2014; 조영현, 2015; 오삼교, 2016).

우리 학계의 이러한 모습은 세계적인 추세를 따른 것이다. 라틴아메리카 연구자들은 빠르게는 1970년대 늦어도 1980년대 이후부터 라틴아메리카 각국에서 받아들여진 신자유주의적 구조조정과 경제정책들이 라틴아메리카의 정치·경제·사회·문화에 끼친 영향들을 분석하는 글을 수없이 발표하였다(Weyland, 1995; Petras and Veltmeyer, 2011; Ruckert et al., 2017). 게다가 우리는 단순히 책 속의 사상이나 정치경제 이론이 아니라 현실에서 작용하는 막강한 정책으로 실현된 지 이미 50년이 넘은 신자유주의를 대체할 대안을 아직 만나지 못하고 있다. 사정이 이러하니 라틴아메리카를 연구하는 전 세계 연구자들이 신자유주의하의 라틴아메리카에 대한 글을 쏟아내는 것은 이상한 일이 아니다.

신자유주의의 막강한 영향력이 연구 주제로 각광을 받는 또 다른 이유는 신자유주의가 기존의 경제정책과는 다르게 매우 이념적이며 특히 종합적인 세계관을 포괄하고 있기 때문이다. 신자유주의는 경제와 정치를 연결하는 정밀한 이념이며, 동시에 인간의 본성에 대한 철학적 고찰이다. 신자유주의의 기술적 측면들, 즉 민영화, 시장개방, 노동시장의 유연화, 규제완화 등의 정책적 선택은 고도의 철학적인 사고와 인간 본성에 대한 독특한 이해에 그 바탕을 두고 있다. 따라서 신자유주의 경제정책은 신자유주의적 세계관을 실현하기 위한 도구로 작용하며, 그 결과 그러한 정책들은 경제 영역의 변화만을 추동하는 것이 아니라 사회 각 분야 심지어 사회 구성원 간의 관계까지 재규정하는 양상을 보인다.

신자유주의는 자유주의와 마찬가지로 인간을 이성적인 존재로 상정하며, 이러한 이성적인 존재들이 시장이라는 공간을 통해 자유로이 합리적 결정을 내리는 과정에서 공익, 즉 사회의 발전이 결정된다고 주장한다. 사회를 구성하는 기초 단위로서 개인을 상정하는 것은 근대사회 이론의 기본적인 전제일 수 있다. 하지만 신자유주의와 자유주의가 여타 근대사회 이론들과 구별되는 지점은 사회 구성의 기초 단위로서의 개인이 '이성적'이고 '이기적'이라고 전제하는 것이다. 다양한 개인이 머릿속에 작은 계산기를 갖고 이성적으로 득실을 분석해 행동하는 사회에서 사회적 합의나 결정은 이러한 이성적인 선택들의 총합으로 발현된다. 나아가 개인은 실패할 수 있지만 합리적 이성의 총합인 사회가 늘 옳은 판단을 내린다는 대체로 낙관적인 믿음은 개인의 자유가 억압되고 극소수 권력자들의 비이성적이고 반사회적인 결정들이 사회 구성원들에게 손해를 끼치는 권위주의로 인해 신음하는 시민들에게 해방의 메시지로 해석될 수 있었다. 실제로 군부를 극복하면서 수립된 수많은 라틴아메리카의 민주정권들이 신자유주의를 거부감 없이 받아들인 배경에는 이러한 신자유주의의 메시지도 큰 몫을 하였다.

억압적 국가의 해체, 개인에게 주어진 자유의 극대화, 공익이라는 이름으로 강제된 부패한 권력기관의 축소, 시장이라는 공간에서의 평등 등 신자유주의가 부르짖은 철학적·정치적·사회적 메시지들은 민영화, 노동시장의 유연화, 무역자유화 등과 같은 신자유주의의 경제정책만큼이나 라틴아메리카 사회를 크게 변화시켰고, 그 변화의 지속력은 매우 강력하다. 따라서 민영화, 노동시장의 유연화, 무역자유화와 같은 경제정책의 결과를 분석하는 다양한 연구가 필요한 것은 물론이고, 신자유주의의 도래와 함께 변화를 겪는 국가의 개념, 공동체의 형태, 개인 간의 사회관계들까지도 연구 주제가 되었다.

신자유주의의 출현 이래 계속된 관련 연구는 라틴아메리카 사회에 대한 우리의 이해를 심화했을 뿐만 아니라, 신자유주의 경제정책을 도입한 많은 국가들이 직면하는 문제들을 이해할 수 있는 단초를 제공하였다. 특히 기존 지배구조에 비판적이며 동시에 대안을 고민하는 학문적 전통을 자랑하는 라틴아메리카 연구에서 쏟아져 나온 신자유주의 비판은 다른 지역 연구에 영감을 주기도 하였다.

그러나 이러한 연구의 성과는 또한 그 한계를 보여준다. 기존의 신자유주의와 그 결과 나타난 사회변동에 관한 연구들은 신자유주의의 거대한 영향력과 그 효과를 분석하는 데에 몰두한 나머지 라틴아메리카를 신자유주의를 수동적으로 받아들이는 대상으로 전락시켰다. 라틴아메리카는 거대 국제 자본 및 국제통화기금(IMF)과 같은 국제금융기구의 적극적인 신자유주의적 전략을 속수무책으로 받아들이는 사례로 묘사되었으며, 그 과정에서 라틴아메리카 각국이 처한 다양한 내적 조건들, 즉 지역적 특성들이 무시되었다. 더욱 안타까운 점은 신자유주의가 적용되는 과정에서 적극적으로 반응하고 대응한 라틴아메리카의 사회적 행위주체들이 분석 과정에서 사라짐으로써 라틴아메리카 각국에서 나타난 신자유주의의 다양성에 대한 종합적인 연구가 충분히 이루어지지 못하였다는 점이다. 그 결과, 신자유주의의 획일성 밖에서 행동하거나 신자유주의에 도전하는 주체들은 '우연의 결과'(Hale, 2004: 20)로 치부되는 웃지 못할 상황까지 연출되었다.

구조적 모순에 대한 치열한 고민 끝에 구조적 모순에 대해 가장 순응적 태도를 취하는 것만큼 비극적인 일은 없다. 마치 영화 〈설국열차〉의 꼬리 칸에서 열차의 구조에 대해 가장 비판적이었으나 결국은 열차의 구조를 바꿀 수 없다며 가장 깊이 좌절했던 노인 길리엄처럼, 구조가 사회에 끼치는 거대한 모순과 역설에 대한 연구 끝에 그 힘을 절대시해 버리는 과오는 사회의 구조를 연구하는 사회과학자들 대부분이 흔히 범하는 실수 중 하나이다.

지나친 구조주의적 신자유주의 연구는 라틴아메리카를 수동적인 신자유주의의 수령인으로 만들었다. 이는 신자유주의도 라틴아메리카도 정확하게 이해하지 못한 결과이다. 앞서 언급한 바처럼 신자유주의의 전방위적이고도 심층적인 효과는 이미 충분히 공감할 만하다. 그러나 이를 받아들이는 라틴아메리카의 다양한 대응 방식과 그 다양성의 원인에 대한 연구를 생략한 신자유주의 연구는 이후 라틴아메리카에서 전개된 신자유주의 정책의 변화와 광범위한 사회변동의 실체를 담아내는 데에 실패하였다.

이는 몰리뉴(Molyneux, 2007)가 최근 라틴아메리카 사회정책의 변화에 대한 연구에서 "신자유주의를 일관성 있는 거대한 프로그램으로 인식하는 사람들은 정책이란 그것이 경제정책이든 사회정책이든 언제나 서로 경쟁하는 다양한 정책과 담론으로부터 도전받는 장(terrain)이자 기존의 제도와 정당 그리고 복지 패턴의 영향을 받는 대상이었다는 사실을 보지 못한다"(Molyneux, 2007: 12)라고 주장한 것과 같다. 라틴아메리카 사회정책의 변화를 소개하면서 몰리뉴는 라틴아메리카 각국의 여성운동 단체, 원주민공동체, NGO들과 다양한 정당이 사회정책에서의 이른바 '신자유주의적' 원칙들에 어떤 식으로 도전하고 이를 재해석하며, 나아가 변형시켰는지 분석하였다. 신자유주의 도입 이후 40여 년이 지난 지금, 라틴아메리카를 정책의 단순한 수용자가 아닌 적극적인 주체로 고찰하는 연구들이 늘어나는 점은 매우 고무적이며, 이 책 또한 그러한 흐름에 동참하고자 하는 노력의 일환이다. 즉, 기존의 신자유주의에 대한 연구가 도외시해 왔던 사회적 행위주체와 그들의 대응에 대한 연구를 신자유주의 연구의 중심으로 복원시킴으로써 라틴아메리카의 신자유주의 정책이 배태한 사회변동의 역동성을 복원하고, 그 역동성 안에서 라틴아메리카적 신자유주의의 특수성과 다양성을 설명하고자 한다.

그동안의 라틴아메리카 신자유주의 연구가 갖는 또 다른 한계는 신자유주의의 전면적인 영향과 효과에 비해 그에 대한 연구는 매우 단면적으로 이루어져 왔다는 점이다. 즉, 세계관의 변화를 포함해 정치·경제·사회·문화 등 다양한 측면에서 종합적이고 심층적인 변화를 추동한 신자유주의의 유기적인 구조에 대한 연구는 정치·경제·사회·문화 등

각 분야에서 독립적으로 이루어졌고, 그 결과 다양한 연구를 아우르며 신자유주의의 다면성을 온전히 담아낸 종합적인 연구는 찾아보기 어렵다. 이러한 한계를 극복하고자 신자유주의의 결과를 분석하는 학제 간 연구가 진행되기도 하였다. 우리 학계에서는 조돈문, 김종섭, 이내영 외 한국 라틴아메리카 학계의 주요 학자들이 공동으로 집필한 '신자유주의 시대 라틴아메리카 연구총서 시리즈'(2005)가 그러한 노력의 일환이이며, 해외 학계에서는 우리나라에도 소개된 에릭 허시버그(Eric Hirshberg)와 프레드 로젠(Fred Rosen)이 함께 엮은 『신자유주의 이후의 라틴아메리카(Latin America after neoliberalism)』(2006)라는 저서가 유명하다. 이 두 작업 모두 사회학자, 정치학자, 경제학자들이 신자유주의가 라틴아메리카에 끼친 영향을 분석한 글들을 한데 모았다는 측면에서 신자유주의를 다학제적(multidisciplinary)으로 분석하려 한 시도가 될 수 있다. 하지만 이러한 시도는 아쉽게도 경제학, 정치학, 사회학 등 다양한 분야의 전문가들의 시각을 모았다는 측면에서는 유의미한 시작점이 될 수 있으나, 각 학문 분야의 주장들이 유기적이며 화학적으로 결합되지 못하고 병렬적으로 제시되었다는 한계를 지닌다.

또 다른 신자유주의 분석의 주요 저서 *Beyond Neoliberalism in Latin America?: Societies and Politics at the Crossroads*(2009)의 서문에서 케네스 로버츠(Kenneth Roberts)도 학제적 융합을 이루지 못한 단절된 신자유주의 분석에 대해 우려를 표명한다. 그는 경제학자들은 신자유주의적 개혁을 분석을 하면서 그 개혁이 가져올 사회 및 정치적 파장을 고려하지 않는 오류를 범하는 반면, 정치학자들은 신자유주의적 제도와 행위주체들을 연구하되 그 제도와 주체를 생성시킨 문화적 토대에 대한 이해가 부족하며, 사회학자와 인류학자들은 라틴아메리카의 다양한 정체성을 연구하면서도 이러한 정체성을 도출시킨 정치 및 경제 조건에 무지하다는 점을 신랄하게 꼬집었다(Roberts, 2009: 4). 따라서 우리에게 매우 시급한 작업은 정치학자, 경제학자, 사회학자, 문화인류학자들의 글을 모아 병렬적으로 연결하는 것이 아니라 정치·경제·사회 및 문화인류학자들이 함께 모여, 한 분야에 대하여 공동연구를 진행하는 것이다. 그럼으로써 우리는 사회적·문화적·경제적·정치적 맥락에 대한 이해를 바탕으로 경제개혁의 내용과 그 적용 과정에서 생성된 사회적 행위주체 및 제도를 분석하는, 종합적인 신자유주의 연구에 도달할 수 있다.

아쉽게도 이 책은 그러한 연구의 결과물이 아니다. 그럼에도 불구하고 이 책은 다학제적 연구의 필요성을 깊이 공감한 노력의 산물이다. 한 가지 사회현상에 대한 다양한 학문의 시각들을 최대한 종합하고자 시도하였고, 그 과정에서 여러 학문의 서로 다른 의견들을 아우를 수 있는 지점들을 고민하였다. 저자의 사회학자로서의 정체성이 경제학·정치학·역사학적 혹은 문화인류학적 연구를 이해하는 데에 방해가 되지 않도록 각 학문의 전통을 최대한 존중하며 그 의견들을 아우르는 종합적인 연구를 시도하였다. 그러나 한 개인의 노력은 그 노력의 강도나 진정성과는 무관하게 한계가 있을 수밖에 없다. 머지않은 시기에 다양한 학문 분야에서 신자유주의와 라틴아메리카를 고민하는 학자들과 병렬적이 아닌 유기적인 공동 작업을 할 수 있는 기회가 생기기를 기대한다.

이 책은 신자유주의하의 라틴아메리카 사회변동에 대한 구조주의적 분석의 한계를 극복하고자 사회변동을 사회적 행위주체, 즉 정부, 시민단체, 여성, 도시빈민 등의 대응을 중심으로 분석하였다. 신자유주의의 구조적 조건이 끼친 영향들을 심도 깊게 다룸은 물론이고, 이러한 영향들에 반응하고 저항해 온 라틴아메리카의 사회적 행위주체들을 언급함으로써 신자유주의의 도전에 대한 라틴아메리카의 대응을 고찰하였다. 나아가 구조적 조건과 행위주체 간의 상호작용을 통해 신자유주의의 라틴아메리카적 변종이 발생하는 과정과 그 메커니즘을 포착하고자 하였다. 롱(Long, 2004)의 주장처럼 추상의 세계에 속한 정책이 구체화되는 과정은 정책의 적용 대상들이 정책과 상호작용 하는 과정이다. 이 과정 속에서 정책의 의미는 재해석되고, 그 운용 방식은 협상의 대상이 되며, 정책 적용의 범위는 규정된다. 이 책에서는 기존의 라틴아메리카 신자유주의 연구에서 소외되었던 사회 주체를 신자유주의 연구의 중심으로 복원시켰다. 이를 통해 신자유주의가 라틴아메리카적 신자유주의로 진화하는 과정에 지대한 영향을 끼친 사회적 행위주체와 정책 간의 상호작용 연구의 학문적 토대를 제공하고자 하였다.

이 책은 모두 8개의 장으로 구성되었다. 전체 구성은 신자유주의하의 라틴아메리카에서 일어난 사회변동을 고찰한 연구 논문의 형식을 따랐다. 제1장 서론, 제2장 이론적 고찰과 제8장 결론을 제외한 각 장은 신자유주의로 인해 가장 큰 변화를 경험한 라틴아메리카 사회현상들에 관한 사례연구이다. 5개의 사례연구를 통해 라틴아메리카 사회 주체들과 신자유주의 간의 상호작용이 갖는 라틴아메리카적 특수성을 이해하고자 하였다. 각 사례는 그동안 진행된 연구들을 토대로 선정한, 현대 라틴아메리카 사회변동을 가늠할 수 있는 핵심적 사회현상들이다. 각 장의 내용은 구체적으로 다음과 같다.

'제2장 이론적 고찰'에서는 이념으로서의 신자유주의와 정책으로서의 신자유주의가 각각 라틴아메리카 사회에서 어떻게 구현되었는지 살펴보았다. 특히 앞서 언급한 바와 같이 신자유주의가 갖고 있는 이념 및 철학으로서의 의미를 면밀히 고찰함으로써 신자유주의하에서 라틴아메리카 사회가 경험한 총체적 변화의 근본 원인을 파악하고자 하였다. 그동안의 관련 연구는 신자유주의를 경제정책으로만 파악한 결과, 신자유주의하에서 일어난 사회 구성원들의 원자화, 경쟁의 심화, 가족의 해체 및 변화, 민주화 및 부패 등과 같은 정치적·사회적·문화적 결과를 분석하는 과정에서 난관에 부딪쳤다. 이 책은 경제정책으로서의 신자유주의를 고찰하기 전에 이념 혹은 철학으로서의 신자유주의를 분석하고 이러한 철학 및 이념적 경향이 라틴아메리카와 만나 어떤 변화를 경험했는지 살펴봄으로써 이후 신자유주의 정책이 라틴아메리카 사회에 가져온 변동을 한층 더 심도 깊게 이해할 수 있는 바탕을 마련하고자 하였다. 또한 이론적 고찰 위에 정책으로서의 신자유주의가 갖는 주요 특성들을 살펴보고, 다시 한번 이러한 특성들이 라틴아메리카적 현실에서 변형되고, 재해석되며, 때에 따라서는 저항의 대상이 되는 과정 또한 살펴보았다.

'제3장 빈곤과 불평등'에서는 신자유주의하에서 라틴아메리카 사회문제 중 가장 대표적인 문제이자 다른 사회변동에도 깊은 영향을 끼친 빈곤과 불평등에 일어난 변화를 분석하고, 이에 대한 라틴아메리카 각 사회적 행위주체, 특히 국가의 대응을 살펴보았다. 신자유주의가 빈곤과 불평등에 어떠한 영향을 끼쳤는가에 대한 논쟁은 이미 수십 년간 진행되어 왔다. 신자유주의가 라틴아메리카의 빈곤과 불평등에 끼친 영향이 긍정적이었는가 혹은 부정적이었는가에 대한 끊임없는 논의는 라틴아메리카를 바라보는 이념적 차이가 충돌하는 장으로 비화되기도 하였다. 나아가 신자유주의의 영향과 신자유주의 도입을 야기한 경제 위기 및 구조조정의 영향을 분리해서 접근해야 한다는 주장(Baer and Maloney, 1997)까지 가세하면서 라틴아메리카에서 신자유주의가 빈곤과 불평등에 끼친 영향을 객관적이고 과학적으로 파악하기란 불가능한 숙제가 아닌가 하고 낙담할 수도 있을 만큼 토론은 격화되었다.

그런데 필자는 빈곤 및 불평등과 관련한 기존 연구물을 살펴보는 과정에서 신자유주의의 도입이 라틴아메리카 각국에서의 빈곤 및 불평등을 개선하는 데에는 실패하였다는 사실을 확인하였다. 흔히 신자유주의와 라틴아메리카의 불평등 혹은 빈곤이 무관하다고 주장하는 학자들은 신자유주의와 경제위기를 분리해서 접근해야 하며, 빈곤과 불평등을 가져온 다양한 구조조정 조치들은 위기의 결과이지 신자유주의의 결과로 보기 어렵다고 주장한다(Baer and Maloney, 1997). 그러나 이 주장은 두 가지 측면에서 모순을 내포하고 있다. 우선 1980년대 대다수 라틴아메리카 국가들이 경험한 경제위기는 잃어버린 10년의 시작을 의미한다는 면에서 빈곤과 불평등 확장에 대한 일차적인 책임이 있다. 물론 이러한 위기 극복을 위한 정책적 선택에 정답은 없었다. 하지만 그 당시 채택된 구조조정의 방식은 신자유주의를 기반으로 한 것들이었으며, 따라서 구조조정과 신자유주의를 분리해서 사고하는 것은 무리가 있다. 나아가, 신자유주의 정책이 라틴아메리카 대다수 국가들에 도입된 지 어느덧 30여 년이 지났지만 많은 국가들이 경제위기 이전의 빈곤 수준으로 회복하지 못하고 있다는 점, 그리고 여전히 대외경제 상황에 의해 빈곤의 증감이 크게 영향을 받는 라틴아메리카의 고질적 문제가 해결되지 못하였다는 점은 주목할 만하다. 더욱이 칠레와 아르헨티나의 경우에는 신자유주의 도입 이후 악화된 불평등지수를 신자유주의 이외의 다른 이유로 설명하기는 어렵다. 라틴아메리카인들이 자신의 미래가 불투명하다고 보고, 자신보다 자신의 아이들이 더 나은 삶을 살 것이라는 데에 회의적이라는 라티노바로메트로의 설문조사(2014) 결과는 그런 의미에서 시사하는 바가 크다. 따라서 '제3장 빈곤과 불평등'에서는 신자유주의를 경제위기의 결과 도입된 구조조정의 조치들과 분리해서 사고하지 않으며, 신자유주의의 이념적 바탕 위에 설계된 모든 정책을 신자유주의 정책이라고 규정한다. 그리고 그러한 정책들이 라틴아메리카의 빈곤과 불평등에 끼친 영향을 파악하고, 라틴아메리카 사회 주체들 가운데 국가가 그 영향에 어떻게 대응했는지 살펴보았다.

'제4장 노동과 이주'는 신자유주의가 주장하는 자본, 노동, 상품의 자유로운 이동이 과연 달성되었는지에 대한 논의를 중심으로 신자유주의가 라틴아메리카의 노동시장 및 이주 패턴에 끼친 영향을 분석하였다. 노동과 이주를 한 장에서 함께 다루는 데에는 특별한 이유가 있다. 신자유주의는 기본적으로 개인의 자유를 확대한다는 기치 아래 노동시장의 유연화를 시장경제 발전의 중요한 조건이라고 강조한다. 그런데 노동시장의 유연화가 누구의 자유를 위한 정책인지 곰곰이 생각해 보면 이는 고용주 혹은 자본가의 자유를 증진시키는 정책에 가깝다. 자본의 자유로운 이동을 위하여 노동을 자유로이 채용하거나 해고할 수 있는 자유를 보장하는 것이 노동 유연화의 핵심이다. 신자유주의와 함께 자본가의 고용에 대한 자유가 확장된 만큼, 노동자의 노동할 자유 또한 확장되었을까?

노동자의 노동할 자유의 확장을 가늠할 수 있는 기준 중 하나는 수요가 있는 곳으로 노동자가 자유로이 이동할 수 있느냐이다. 신자유주의하에서 농산물이 수요가 있는 곳으로 자유롭게 이동하는 시장자유화가 이루어진 것과 같이, 농업 종사자들도 자신의 노동에 대한 수요가 있는 곳으로 자유롭게 이동해 노동할 수 있었을까? 신자유주의의 도입과 함께 라틴아메리카에서 이주는 증가하였다. 특히 라틴아메리카에서 미국으로의 이주는 크게 늘어났다. 하지만 이러한 이주가 신자유주의 정책이 계획한 결과이고 정책적 고려의 대상이었는지에는 의구심이 따른다. 신자유주의가 멕시코에 도입된 이후 급증한 이주가 상당 부분 제도적 지원을 받지 못하는 형태로 일어나고 있다는 것은 신자유주의하의 노동의 자유가 자본 및 상품의 이동만큼 잘 짜인 정책적 고려의 대상이 아니며, 그 결과 노동의 권리가 침해될 여지가 많다는 것을 보여준다. 제4장은 이러한 신자유주의의 모순에 대한 라틴아메리카의 사회적 행위주체들, 특히 노동자들의 대응을 살펴봄으로써 라틴아메리카의 노동과 이주에 대해 새로운 해석을 제시하였다.

　'제5장 가족'에서는 라틴아메리카 가족에 대한 이해를 바탕으로, 신자유주의로 촉발된 가족의 변화를 분석해 보았다. 사실, 라틴아메리카의 가족을 주제로 한 연구는 아직 우리 학계에 많지 않은 편이다. 하지만 이 책을 준비하면서 빈곤, 여성, 이주, 범죄, 불평등 등 라틴아메리카의 다양한 사회현상과 영향을 주고받는 중요한 행위주체로 가족을 다루지 않으면 안 되겠다는 생각이 들었다. 한국 사회에서도 가족은 개인이 속하는 가장 작은 단위의 공동체이자 각 개인의 다양한 선택에 가장 강력하게 영향을 끼치는 요인이다. 라틴아메리카에서도 가족이 개인과 사회에 끼치는 영향은 한국 못지않다. 신자유주의하에서 라틴아메리카는 가족구조의 변화를 경험하였으며, 이러한 변화가 여성과 남성 간의 관계, 출산율, 모성성과 부성성 등에 상당한 영향을 끼치고 있다. 따라서 가족을 신자유주의의 영향을 받는 종속변수가 아닌, 신자유주의하에서 라틴아메리카 사회와 개인에게 영향을 주는 독립변수로 연구할 필요를 깨달았다.

아직 우리 학계에서 라틴아메리카의 가족에 대한 연구가 활발히 진행되고 있지 않기 때문에 제5장에서는 우선 라틴아메리카 가족의 특징을 그 구조와 모성성 및 부성성을 중심으로 고찰한 뒤, 신자유주의하에서 라틴아메리카 가족들이 경험한 다양한 형태의 변화를 분석하였다. 이를 통해 신자유주의에 대한 이해를 높임은 물론이고, 라틴아메리카적 대안을 모색하는 능동성의 기원으로서 라틴아메리카의 가족이 갖는 의미를 깨달을 수 있었다. 제5장이 아직은 초보적인 라틴아메리카 가족 연구의 출발점이 될 수 있기를 기대한다.

'제6장 여성'은 신자유주의하에서 일어난 라틴아메리카 여성의 권리와 지위의 변동을 이를 추동한 사회적 행위주체인 여성을 중심으로 서술하였다. 이 장은 과연 신자유주의는 여성의 삶을 어떻게 변화시켰을까, 그리고 여성들은 이러한 변화에 어떻게 대응하였을까라는 질문에 대해 답을 찾고자 하는 노력의 일환이다.

이를 위하여, 특히 라틴아메리카의 사회변동에서 여성과 여성운동이 차지한 비중을 재조명하고자 신자유주의에 대한 여성운동의 대응을 연구하였다. 신자유주의는 라틴아메리카 여성의 삶에 지대한 영향을 끼쳤다. 그러나 신자유주의가 제시한 구조적 조건에 대해 라틴아메리카의 여성들 또한 능동적이고 적극적으로 대응하였고, 라틴아메리카적 대안을 모색하는 데에 크게 기여하였다. 신자유주의와 라틴아메리카의 여성 및 여성운동 간의 상호작용을 검토하는 과정에서 우리는 라틴아메리카의 신자유주의에 대한 이해를 높임은 물론이고, 라틴아메리카의 여성 및 여성운동의 현주소를 깨달을 기회를 얻을 수 있었다. 제5장과 마찬가지로 제6장 역시 더욱 세밀하고 정교한 라틴아메리카 성(gender) 연구의 초석이 되길 바란다. 그런 의미에서 제6장의 말미에 여성의 자기결정권의 주요 의제인 낙태 합법화에 대한 논의와 함께 동성애자들의 권리에 대한 라틴아메리카 각국의 태도를 소개해 차후 후속 연구의 방향 또한 제시해 보았다.

오늘날 라틴아메리카의 사회문제 중 가장 압도적으로 관심을 받고 있는 것은 범죄이다. 우리 사회가 라틴아메리카는 범죄의 소굴이라는 선입견에 묶여 있는 것은 라틴아메리카에 관해 범죄 기사만 집중적으로 발굴하는 우리 언론의 행태(박윤주, 2013) 때문이기도 하지만, 객관적인 수치들 또한 이러한 이미지 형성에 일조하였다. 즉, 신자유주의 도입 이후 라틴아메리카 각국의 치안은 악화되었고, 범죄율은 높아졌으며, 특히 마약과 관련된 범죄가 전 라틴아메리카에서 기승을 부리고 있는 현실을 반영하고 있는 것이다. '제7장 범죄'에서는 다양한 실증적 자료를 통해 라틴아메리카의 범죄 현황에 대한 객관적 정보를 제공하였다. 또한 라틴아메리카 범죄의 최근 경향을 분석해 신자유주의로 인해 생겨난 라틴아메리카 사회의 변동이, 다시 범죄에 끼친 영향을 살펴보았다. 특히 치안의 불안과 범죄율 증가에 따른 라틴아메리카 각국의 정책 변화를 살펴보고, 이에 대한 시민사회의 대응을 고찰하였다. 라틴아메리카의 가족에 대한 연구만큼이나 라틴아메리카의 범죄에 대한 연구는 턱없이 부족하다. 그 결과 우리 사회는 라틴아메리카 사회에 대한 정확한 이해 없이 라틴아메리카발(發) 범죄 뉴스를 무비판적으로 소비하는 일천한 미디어의 나라가 되었다. 라틴아메리카의 범죄가 우리 미디어의 왜곡과 과장의 대상이 된 데에는 이와 같이 중요한 사회현상에 대해 진지한 연구를 수행하지 않은 우리 학계의 책임도 크다. 제7장의 사례연구가 앞으로 이뤄질 심도 깊은 연구의 초석이 되길 기대한다.

앞서 언급한 바와 같이, 이 책은 신자유주의에 대한 이론적 고찰을 토대로 한 다섯 개의 주요 사회 쟁점에 대한 사례연구이다. 그 결과 신자유주의는 라틴아메리카 사회에 중대한 영향을 끼치는 구조적 조건임을 강조한 기존의 연구는 옳다는 것이 증명되었다. 그러나 기존의 연구와는 달리 이 책에서는 라틴아메리카의 다양한 사회 주체들이 신자유주의라는 조건하에서 다양한 방식으로 신자유주의를 해석하고, 이에 도전 및 대응하는 방식들을 살펴봄으로써 라틴아메리카 사회가 신자유주의의 수동적 수신자만은 아니라는 점을 밝혀내었다. 이는 이른바 핑크 타이드(Pink Tide)로 불린 라틴아메리카의 포스트 신자유주의적 움직임과 이러한 움직임의 쇠퇴를 모두 이해할 수 있는 단초를 제공한다.

다섯 가지 사례연구의 결과는 '제8장 결론'에서 자세히 서술하였다. 결론에서는 신자유주의와 현대 라틴아메리카 사회 간의 상호작용에 대한 이론적 고찰을 통해 사회변동 전반을 이해할 수 있는 새로운 시각을 제공하고자 하였다.

신자유주의는 오랜 세월 동안 사회과학을 지배하는 키워드이자 라틴아메리카 연구의 핵심을 차지해 왔다. 따라서 이와 관련한 주옥같은

글들이 이미 많은 상황에서 새로운 연구서를 내놓는 것은 매우 조심스
러운 일이었다. 그럼에도 불구하고 용기를 낸 것은 신자유주의를 연구
한 기존의 시각과는 다른 시각을 제시해 보려는 다소 대담한 욕심과
아직 한국 학계에서 활발하게 연구되지 않고 있는 라틴아메리카 사회
학 분야에 첫발이라도 디뎌보고 싶다는 사회학자로서의 소심한 바람
때문이었다. 대담한 욕심과 소심한 바람이라는 모순된 동기로 시작한
이 책이 부디 라틴아메리카 연구에 도움이 되는 시도였기를 소망한다.

제 2장

이론적 고찰

신자유주의의 도입으로 라틴아메리카 사회가 근본적인 변화를 경험하였다는 것은 이론의 여지가 없는 듯하다. 다른 경제정책의 기조가 이처럼 강도 높고 촘촘한 사회변동을 추동할 수 있었는지 의문이다. 로버츠(Roberts, 2009: 2)가 지적했듯이 신자유주의는 관세와 무역장벽을 없애고, 국영기업과 사회서비스를 민영화하고, 자본의 자유로운 이동을 북돋기 위하여 시장규제의 철폐를 추진하면서 국가, 시장, 사회 간의 관계를 근본적으로 재편하였다. 관세, 무역장벽, 국영기업, 시장규제들과 같은 경제 제도들의 개혁이 어떻게 국가와 시장 그리고 사회 구성원 간의 관계를 근본적으로 변화시킬 수 있었을까? 그 이유는 이러한 제도의 개혁 뒤에 사회 전반의 변동을 추동한 이념과 철학의 변화가 존재했기 때문이다. 즉, 신자유주의는 단순한 경제정책의 기술적 변화를 의미하는 것이 아니라 경제정책에 담겨 있는 세계관의 변화를 의미하며, 바뀐 세계관을 통해 사회를 이루는 다양한 구성원들의 관계 재정립까지 추동하는 힘을 갖는다.

그런 의미에서 신자유주의를 이론적으로 고찰하기 위해서는 신자유주의가 추진한 정책들에 대한 이해뿐만 아니라 이념과 철학으로서의 신자유주의를 먼저 이해해야 한다. 신자유주의가 개인을 어떤 존재로 규정하는지, 신자유주의에게 시장은 무엇이며 국가와 그 역할은 어떻게 개념화되는지를 이해한 후, 정책적 수단으로서의 신자유주의 경제정책을 파악한다면 단순한 경제정책의 변화가 어떻게 사회 구성원 간의 관계 변화와 사회를 이끄는 기본 가치의 변화까지 가져왔는지 이해할 수 있다.

따라서 이 장에서는 신자유주의의 철학적 바탕을 마련한 두 학자의 이론을 고찰하고, 그들의 이론적 전제가 라틴아메리카에서 어떻게 발현되었는지 살펴보았다. 이 과정에 큰 도움을 준 학자들은 정치학자들이다. 이후 더 상세히 다루겠지만, 라틴아메리카에서 신자유주의 정책이 다른 지역보다 더욱 적극적으로 받아들여진 계기는 신자유주의가 내포한 민주화에 대한 주장 때문이었다. 이러한 이론적 주장이 과연 라틴아메리카에서 어떻게 실현되었는가에 대한 연구는 자연스럽게 라틴아메리카의 민주화를 연구해 온 정치학자들의 몫이었다. 따라서 이 장에서는 신자유주의가 내포한 다양한 사회적 행위주체들의 특성과 본질에 대한 이론적 주장들이 라틴아메리카에서 어떻게 시도되었고 변형되었는지를 정치학자들의 논의를 중심으로 조망해 보았다.

아울러 신자유주의의 이념과 철학에 대한 고찰 및 라틴아메리카적 변형에 대한 분석과 더불어 정책으로서의 신자유주의에 대한 연구 또한 병행하였다. 신자유주의에 대한 글에 상용구처럼 따라오는 민영화, 무역자유화, 노동시장의 유연화, 시장규제 완화의 의미를 살펴보고 이러한 정책들이 라틴아메리카에서 어떤 강도로 어떻게 받아들여졌는지에 대해 개괄적인 그림을 그려보았다. 또한 그 과정에서 신자유주의에 대항하며 성장하는 새로운 사회관계도 고찰하였다.

신자유주주의의 도입으로 신자유주의 이전의 시대, 라틴아메리카의 경우 수입대체산업화시기(Import Substitue Industrialization)[1]에 성장했던

---

1 수입대체산업화시기(Import Substitue Industrialization)는 대략 1950년대부터 1980년대의 경제위기까지로 많은 라틴아메리카의 국가들이 수입대체산업화전략을 채택했던 시기이다. 수입대체산업화전략은 라울 프레비시(Raúl Prebisch)와 같은 경제학자들이 원자재 중심의 무역구조

노조와 노조를 기반으로 한 정당과 같은 공동체들은 붕괴되었고, 시장의 논리가 인간 사회의 전반을 지배했다. 하지만 노동조합과 같은 공동체가 붕괴된 자리에 새로운 공동체가 성장했으니, 시민단체나 원주민 조직이 바로 그것이다. 이들은 불안정한 시장주의적 개인주의에 반대하며, 사회관계의 상업화 혹은 상품화에 저항한다(Roberts, 2009: 2). 이와 같은 저항과 이에 대한 라틴아메리카 정부의 다양한 대응은 워싱턴 컨센서스(Washington Consensus)라는 이름하에 전 세계가 획일적으로 받아들여야 했던 신자유주의 경제정책의 라틴아메리카적 변형을 가능케 하였다. 따라서 신자유주의 경제정책에 대한 이론적 고찰뿐만 아니라 새로운 사회 주체의 형성과 성장에 대한 분석을 통해서만 신자유주의에 대한 종합적 이해가 가능하다.

1. 이론으로서의 신자유주의

신자유주의는 흔히 경제를 운용하기 위해 시장에 기대는 시장주의의 최근 버전 정도로 여겨진다. 그리하여 신자유주의를 설명하는데 간혹 민영화, 무역자유화, 노동시장의 유연화 등과 같은 신자유주의의 정책

의 불리한 교역 조건을 이유로 제조업 강화를 포함한 산업구조의 다변화를 라틴아메리카 국가들에 주문했던 경제발전 전략이다. 국가가 산업화를 주도한다는 점, 국영기업과 공공 영역이 고용의 상당 부분을 담당한다는 점에서 신자유주의가 추구하는 바와는 정반대의 전략이라고 해도 과언이 아니다.

적 도구들이 신자유주의와 등치되곤 한다. 하지만 신자유주의는 특정 경제정책만을 의미하지 않는다. 신자유주의는 경제정책이 아니라 인간과 세계를 바라보는 철학적 관점이며, 이러한 철학적 관점에 근거해 경제, 정치, 사회의 다양한 부분을 망라하는 이념으로까지 발전하였다. 1970년대 중반부터 영국, 미국, 독일, 칠레 등에서 출발해 오늘날까지도 전 세계의 대표적인 정책적 기조로 자리 잡은 신자유주의는 40여 년이 흐른 지금도 여전히 건재하다. 물론 신자유주의를 실현하는 경제정책에 이러저러한 수정이 있었고, 이를 '사람의 얼굴을 한 신자유주의', '포스트 신자유주의' 등 여러 이름으로 부르기도 했으나, 신자유주의의 원칙은 크게 수정되지 않은 채 유지되고 있다. 따라서 라틴아메리카의 사회변동을 분석하기 위하여 반드시 이해해야 할 신자유주의의 특징은 신자유주의적 경제정책의 개별적인 도구들이 아니라 신자유주의를 관통하는 세계관이다.

신자유주의적 세계관을 확립하는 데에 가장 크게 기여한 이는 밀턴 프리드먼(Milton Friedman)과 프리드리히 하이에크(Friedrich Hayek)이다. 밀턴 프리드먼이 경제학자로서 제도로서의 시장의 우월성과 시장과 '자유로운' 개인의 관계를 규명하였다면, 프리드리히 하이에크는 개인의 자유와 그 자유의 총체로서 시장이 갖는 철학적 의미를 고찰하였다. 이 두 학자는 모두 국가, 정부, 사회라는 추상적 공동체를 상당히 불신했는데, 각자의 대표 저작을 통해 사회나 국가 및 정부와 같은 공동체에 비해 더욱 효율적이고 심지어는 도덕적으로도 우월한 자유로운 개인의 위상을 증명하기 위해 많은 노력을 경주하였다. 결국 그들에게 신자유주의의 핵심은 국가 혹은 정부라는 공동체에 포획되어 있는 개인의 해방이며, 해방된 개인들의 자유로운 거래와 경쟁이 가능한 시장의 복원이다.

1) 밀턴 프리드먼: 자본주의 선언

1912년 미국 뉴욕에서 태어난 밀턴 프리드먼은 1948년부터 1976년까지 시카고대학교 교수로 재직하며 케인스적인 경제정책, 특히 국가의 시장개입을 강하게 비판한 대표적 신자유주의 경제학자이다. 그는 국가의 시장개입은 도덕적으로 옳지 않다는 대담한 주장을 펴며, 모병제, 자유로운 변동환율제, 의사면허제 폐지, 부의 소득세(negative income tax)와 교육 바우처 제도 등을 주장하였다. 그는 1976년 노벨 경제학상을 수상했으나, 스스로를 리버테리언(Libertarian)[2] 철학자로 여겼다(The Library of Economics and Liberty, 2018).

밀턴 프리드먼은 특히 라틴아메리카와 깊은 인연이 있다. 그는 시카고대학교에서 교수로 재직하며 교환학생 프로그램으로 시카고대학교를 방문한 칠레 가톨릭대학교 경제학과 학생들에게 그의 사상을 전수하였

---

2 『21세기 정치학대사전』에 따르면 리버테리언이라는 단어는 18세기부터 사용된 용어로, 세 가지 의미가 있다. 즉, 리버테리언은 ① '의지의 자유'가 존재한다고 주장하는 사람들, ② 독재체제, 권위주의, 보수주의에 반대하고 자유를 창도하는 사람들, ③ 1970년대 이후 영미에서 사회민주주의에 동화된 리버럴리스트에 대비해 자유주의를 철저히 옹호하는 사람들을 의미한다. 그들은 정치경제적으로는 사적소유권과 자유시장의 옹호, 법·도덕적으로 낙태, 마약, 동성애 등의 권리 옹호를 주창한다. 고전적인 자유주의자가 '작은정부'론을 주장한 것에 대해 ③의 리버테리언은 국가를 완전히 폐지하는 '무정부자본주의'론 또는 국가의 기능을 사법·치안·국방에 한정하는 '최소국가'론을 주장한다. 그 사상적 근거는 자연권 사상이나 귀결주의, 계약론 등 다양하다.

고, 이후 이 학생들은 피노체트 군사정부에서 경제정책을 맡아 칠레를 라틴아메리카 최초의 신자유주의 도입국으로 만들었다. 이들이 바로 급진적인 신자유주의적 정책의 실시를 통해 이전 정권인 아엔데 사회주의 정부의 경제정책을 제거하는 데에 앞장섰던 바로 그 유명한 칠레의 시카고 보이스들이다. 프리드먼은 피노체트 정부가 쿠데타를 일으킨 지 2년 후인 1975년에 칠레 가톨릭대학교에서 자유시장주의 경제정책에 관한 강연을 통해 칠레 경제가 나아가야 할 방향에 대한 자신의 의견을 피력하였다. 강연 후 그는 피노체트와 약 45분간 만나 칠레의 경제정책이 나아갈 방향에 대해 의견을 다시 나눴고, 이후 피노체트의 요청에 의해 그 내용을 서면으로 제출하였다고 한다(The Nation, 2016). 그 결과 1976년 ≪뉴욕 타임스≫는 "칠레, 이론가를 위한 실험(Chile, Lab Test for a Theorist)"이라는 논평을 통해 칠레 군사독재의 경제정책은 밀턴 프리드먼의 사상에 근거한다고 주장하였다(The New York Times, 1976.3.1).

밀턴 프리드먼이 라틴아메리카 사상 최악의 독재자로 손꼽히는 피노체트를 폭력적인 쿠데타가 일어나고 얼마 지나지 않아 만났다는 사실이 내포하는 도덕적 혹은 정치적 의미와는 별개로, 이 둘의 만남은 이후 칠레뿐만 아니라 라틴아메리카의 전반적인 사회변동을 예언하는 중요한 역사적 사건이었다. 신자유주의의 우등생으로 부상한 칠레는 세계은행, 국제통화기금, 미주개발은행 등과 같은 국제금융기구를 통해, 모범적인 모델로 라틴아메리카 국가들에 적극적으로 추천되었으며, 볼리비아, 아르헨티나, 브라질 등 여러 나라가 이른바 '칠레의 기적'을 재현하기 위해 신자유주의 개혁을 추진하였다.

밀턴 프리드먼은 다양한 저서를 통해 국가의 시장개입이 갖는 부당성과 비효율성을 알리고, 시장의 자유를 확대하는 일련의 정책을 강력히 요구하였다. 물론 이렇게 주장을 하는 자유주의 경제학자들은 여럿 존재하였다. 하지만 그중 밀턴 프리드먼이 두드러지는 이유는 그가 경제적 자유와 정치적 자유를 연계하는 주장을 펼쳤기 때문이다. 그의 이러한 주장으로 인하여 시장의 자유를 확대하는 일련의 정책들은 단순한 경제정책이 아니라 민주주의를 앞당기는 정치적 당위가 되었다. 그의 주장이 가장 잘 나타난 저서가 바로 1962년 시카고대학교 재직 시 출간한 『자본주의와 자유(Capitalism and Freedom)』이다. 이 책을 통해 그는 마르크스의 「공산당선언」에 준하는 「자본주의선언」을 발표하였다.

이 책에서 그는 자유인에게 나라는 개개인의 집단일 뿐이며, 정부는 개개인의 자유를 보전하기 위해 필수 불가결한 전제이지만, 그 활동 범위는 "법과 질서를 유지하는 일, 사적 계약을 이행시키는 일, 그리고 경쟁적 시장을 육성하는 일"(프리드먼, 1986: 10)로 제한되어야 한다고 주장한다. 이렇듯 국가의 역할을 최소한으로 제한해야 하는 이유는 무엇인가? 프리드먼에 따르면 그 이유는 자유로운 시장에서 활동하는 "민간기업을 통해 대부분의 경제활동이 이루어지는 경쟁적 자본주의"(프리드먼, 1986: 13)야말로 경제적 자유 체제인 동시에 정치적 자유의 필요조건이기 때문이다. 그는 경쟁적 자본주의야말로 경제력과 정치권력을 상호 분리시킴으로써 권력을 견제하고 정치적 자유를 보장하는 가장 훌륭한 방법이라고 주장한다.

이러한 주장의 근거는 수많은 사람들에게 재화를 분배하는 방식으로서 개인의 자발성에 기초한 시장의 효율성이다. 물론 국가와 같은 기구를 동원하는 중앙집권적 권력행사를 통해 자의적으로 재화를 분배하는 방식이 있을 수 있고, 많은 공산주의 국가들이 이 방법을 채택하였다. 하지만 밀턴 프리드먼의 입장에서 보면, 국가의 결정은 개인의 자유를 억압한다. 그는 "경제력이 정부 권력과 결합된다면 권력의 집중은 피할 수 없을 것이며"(프리드먼, 1986: 27) 이러한 권력의 집중은 민주주의와 대치된다고 보았다. 결국, 개개인에게 경제적 자유를 충분히 보장하는 것이야말로 정치적 자유를 확대하여 민주화를 이루는 지름길인 셈이다.

여기서 한발 더 나아가 그는 "시장에 의해 처리되는 활동 범위가 확대되면 될수록 …… 모든 일에 합의가 이루어질 가능성이 커지는 동시에 자유 사회가 지속적으로 유지될 수 있게 된다"(프리드먼, 1986: 38)고 주장한다. 이는 신자유주의가 가져온 사회변동을 이해하기 위한 핵심적인 주장이다. 많은 이들이 밀턴 프리드먼과 신자유주의자들이 개인의 자유를 강조하면서 국가에 적대적인 태도를 견지한다는 점에 대해 심도 깊게 논의해 왔다. 하지만 많은 학자들이 신자유주의자들의 세계관에서 간과한 측면이 있다면 이들이 끊임없이 시장의 논리를 확대하려는 경향을 보인다는 것이다. 따라서 이전에는 전통, 봉사심, 애국심 등 다양한 논리에 의해서 움직여 온 사회제도를 시장의 논리하에 두려는 노력은 매우 신자유주의적인 현상이다. 일례로 프리드먼은 사회의 새로운 구성원의 사회화를 담당하는 교육이라는 제도에도 시장논리를 침투시켜야 한다고 주장하였다. 지식은 시장에서 팔고 사는 상품이 되고, 학생과 학부모는 소비자로, 교사는 생산자로 교육'시장'에서 만나는 것이 당연하다는 시각을 견지한다. 의료도 마찬가지이다. 어느 순간부터 너무도 자연스럽게 사용되는 의료'시장'이라는 단어는 인간이 인간을 치유하는 행위를 시장에서 교환되는 상품으로 둔갑시킴으로써, 시장의 논리가 생명을 다루는 가장 원초적인 인간 행위에까지 침투하는 결과를 낳았다.

2) 프리드리히 하이에크: 경쟁하는 개인들이 만드는 정의로운 사회

시장의 질서가 확대될수록 인간은 더욱 자유로워질 것이며 사회는 민주적이 될 것이라는 밀턴 프리드먼의 믿음은 철저히 개인의 자유에 대한 신뢰에 근거한 것이다. 더 정확히 말하자면 자유로운 개인들의 합리적인 선택에 대한 믿음이 그 바탕이다. 개인의 선택이 국가의 선택에 비해 우월하다는 믿음을 뒷받침할 철학적 논리를 개발한 인물은 오스트리아 태생의 경제학자이자 철학자 프리드리히 하이에크이다. 그는 자유로운 시장경제의 강력한 옹호자이며 밀턴 프리드먼과 마찬가지로 통화주의자로서, 케인스주의적 경제정책과 더 나아가 사회주의 및 공산주의를 맹비난하며 자유로운 개인들의 경쟁이 보장된 시장이야말로 인류가 고안해 낸 가장 완벽한 사회 운영 방식이라고 주장한다.

하이에크가 개인의 자유와 이러한 자유의 발현을 가능케 하는 시장에 대해 큰 신뢰를 보낸 이유는 인간 각자가 다양한 재능과 잠재력을 갖고 있으나 어느 누구도 결코 완전한 지식을 소유하지 못하는 '필연적 무지(necessary ignorance)'를 믿었기 때문이다. 그에게 인간은 역사를 통해 다양한 지식들을 취합해 절대적 진리에 도달하려고 노력해 온 존재들임과 동시에, 필연적 무지로 인해 결코 최종적 진리에 도달했는지를 확인할 수는 없는 불완전한 존재들이다(박홍기, 1999: 168~169). 개인의 필연적 무지에 대한 자각이 어떻게 개인의 합리적인 선택에 대한 무한한 신뢰로 이어질 수 있었을까? 정확히 말하면 하이에크는 개인의 합리적인 선택을 전적으로 신뢰한 것이 아니라, 개인의 합리적인 선택이 이른바 '사회정의'로 규정되는 목적주의적 사회의 자의적인 주장보다 우수하다는 점을 주장하고자 하였다.

개개인은 불완전하지만 각자 자신의 합리적인 결정에 따라 최선의 결과를 내기 위해 자생적 질서를 만들어낸다. 이는 오랜 기간 개인들의 상호작용을 통해 수정에 수정을 거쳐 만들어진 질서이다. 시장질서는 하이에크에 따르면 거의 유일한 자생적 질서에 속한다. 반면 이른바 '사회정의' 내지는 '분배정의'라는 이름으로 오늘날 많은 국가 혹은 사회가 추구하고자 하는 바는 사회 혹은 국가를 개인과 동등한 행위주체로 상정하고, 그 능동적 행위주체가 주장하는 행위 방식을 개개인에게 강요하는 형태로 작동한다. 개인의 자유로운 행위의 결과로 파생된 '정의'가 아닌 자의적이고 추상적인 사회 혹은 국가라는 허상의 행위주체가 만들어낸 목적으로서의 '사회정의'는 결국 개개인의 자유와 권리를 침해하는 결과를 가져온다는 것이 하이에크의 주장이다(박홍기, 1999: 178). 특히 하이에크의 시각에서 이렇듯 '사회정의'를 강요하거나 시장질서에 체계적으로 개입하려는 국가 혹은 사회의 시도는 "개인들의 창의력을 억눌러 생산성을 저하시키고 나아가 전체주의적 닫힌 사회로의 퇴보를 조장할 것이기 때문에 정의롭지 못하다"(Hayek, 1960: 100; 박홍기, 1999: 179 재인용)는 것이다.

하이에크가 주장하는 개인주의적 세계관은 신자유주의가 가져온 사회변동이 왜 쉽게 극복되지 않는지를 이해하는 데 단초를 제공한다. 나아가 신자유주의를 수정하고자 했던 라틴아메리카의 핑크 타이드 운동이 왜 만족할 만한 성과를 내지 못했는지에 대한 설명도 가능케 한다. 앞서 프리드먼의 이론이 제시한 신자유주의의 핵심이 시장 논리의 확장이라면, 하이에크의 이론을 고찰함으로써 깨달을 수 있는 신자유주의의 또 다른 핵심은 개인주의의 강화이다. 신자유주의적 세계에는 합리적으로 결정하고, 부족하지만 최선을 다하는 개인만이 존재한다. 이러한 개인들의 상호작용 속에서 사회의 다양한 기능과 법칙이 조성되며, 이렇게 조성된 기능과 법칙은 개인들의 끊임없는 상호작용 속에서 다시 생성 혹은 수정된다. 언뜻 들으면 이러한 개인주의적 세계관은 더할 나위 없이 매력적이며, 특히 라틴아메리카와 같이 권위주의적인 국가가 개인의 자유와 권리를 억압해 온 경우라면 사회변혁적인 주장으로 들릴 수 있다. 하지만 하이에크의 개인주의적 세계관이 품고 있는 또 다른 측면은 공공의 선, 사회가 추구해야 할 정의, 국가로서의 책무와 같은 공동체로서의 고민은 모두 민주주의의 적이자 시장을 교란하는 부도덕한 것으로 간주된다는 것이다. 특히 사회나 국가에 대한 뿌리 깊은 불신은 개인이 자유로이 거래할 수 있는 드넓은 공간으로서의 시장을 제외한 그 어떤 사회제도에 대해서도 적대적인 태도를 가져온다.

하이에크의 개인에 대한, 그리고 자유로운 개인들이 상호작용 하는 장으로서의 시장에 대한 절대적 믿음은 역설적이게도 시장에서 자유롭지 못한 개인을 소외하는 결과를 초래하였다. 시장에서 자유로운 개인이라는 전제는 구조적으로 불리한 여건에서 시장의 경쟁을 받아들여야 하는 많은 사회적 약자와 소수자들에게는 잔인한 것이다. 특히 사회가 책임져야 하는 구조적 문제를 개인이 극복해야 하는 문제로 치부해 버리는 신자유주의적 사고는 라틴아메리카에 치명적인 결과를 초래하였다. 이미 세계에서 가장 불평등이 심한 라틴아메리카에서 '사회정의'와 '분배정의'가 거짓 정의라는 주장에 근거한 일련의 정책들은 불평등 완화에 도움이 되지 못하였다. 각종 사회적 불평등의 효과를 극복할 책임이 온전히 개인에게 부여되는 신자유주의적 사회관은 개인들이 공동체에 대해 고민을 할 여유를 앗아간다. 무한 경쟁 속에서의 승자가 되기 위한 노정에 방해가 되는 공공의 선과 같은 허구는 극복해야 할 대상이며, 무한 경쟁에서 도태된 개인들은 그 결과를 스스로 받아들여야 할 뿐이다. 이러한 세계관에서 빈민들은 무책임한 민폐의 상징이 되고, 범죄자들은 소탕해야 할 적으로 규정된다. 빈민이 생겨나는 경제구조의 모순과 범죄가 양산되는 사회적 조건들에 대한 고려는 닫힌 사회의 '사회정의'일 뿐이며, 따라서 이와 관련한 정부예산이나 프로그램들은 대폭 축소되거나 취소되는 것이 도덕적으로 옳다고 믿는 여론이 형성된다.

라틴아메리카의 포스트 신자유주의 정부 혹은 핑크 타이드 정부들은 신자유주의에 인간의 얼굴을 부여하여 개인주의적 성격의 한계를 극복해 보고자 했다. 그러나 그 결과가 아쉬웠던 이유는 단순히 정책 입안과 집행의 기술적인 문제에 있는 것이 아니다. 신자유주의로 인해 변해버린 사회와 공동체에 대한 시각에서 근본적인 원인을 찾아야 한다. 가장 극명한 예로 증가하는 범죄와 악화되는 치안에 대한 정부의 대응을 들 수 있다. 이후 '제7장 범죄'에서 자세하게 다루겠으나, 범죄의 원인을 개인의 일탈로 규정하고 개인들에 대한 강력한 처벌을 요구하는 사회 분위기 속에서 라틴아메리카 정부는 앞다투어 형량을 늘리고 처벌을 강화하는 처벌주의적 정책만 내놓았고, 범죄를 양산하는 구조적 모순을 해결하려는 진보주의적인 사법 개혁이나 사회정책들은 번번이 여론의 반대에 부딪혔다. 그 결과, 범죄에 대한 정부의 예산이 꾸준히 증가하고, 체포 및 수감되는 인구가 기하급수적으로 늘어났음에도 불구하고 라틴아메리카에서 범죄 조직들은 오히려 더욱 기승을 부렸으며, 급기야 중앙아메리카 국가들에서는 많은 이들이 치안의 불안으로부터 벗어나기 위해 미국으로의 이주를 결심하는 지경에 이르렀다. 이처럼 구조적인 문제에 대해 개인주의적 처방전을 강요했던 라틴아메리카의 신자유주의 사례는 지난 20여 년 동안 추진된 신자유주의 정책들을 되돌아보며 그 부작용을 치유하고자 하는 우리 사회에도 상당한 교훈을 준다.

3) 신자유주의의 이론적 문제점에 대한 라틴아메리카적 고찰

라틴아메리카 연구자들 중 신자유주의를 라틴아메리카의 현실에 비추어 이론적으로 고찰한 대표적인 학자는 커트 웨일랜드(Kurt Weyland)이다. 그는 프리드먼이 주장한 바와 같이 신자유주의가 라틴아메리카에 민주주의를 가져다주지 않았다는 점을 지적하였다. 특히 신자유주의가 독재 정부하에서 추진되었던 칠레의 사례를 들어 경제적 자유가 정치적 자유를 가져온다고 믿었던 프리드먼의 주장이 라틴아메리카에서 실현되지 않았다고 주장한다(Weyland, 2004). 즉, 신자유주의적 구조조정의 고통스러운 효과에 대해 국민적 저항이 심할 수밖에 없기 때문에 다양한 사회적 행위주체들이 의견을 개진하고 정책에 영향을 끼치는 민주주의하에서는 오히려 신자유주의가 쉽게 채택되기 어렵다는 것이다. 피노체트 군사정권하에서 급진적인 신자유주의 정책이 추진될 수 있었던 것은 군사정권이 반신자유주의 세력들을 효과적으로 억압할 수 있었기 때문이라는 그의 주장은 경제적으로 자유로운 사회일수록 정치적 자유도 확대된다는 프리드먼의 주장과 배치된다(Weyland, 2004: 136).

아울러 그는 신자유주의가 칠레 이외의 다른 라틴아메리카 국가들의 정치적 민주화에 끼친 제한적 영향을 인정한다 하더라도 신자유주의의 경제적 효과는 장기적으로 라틴아메리카에서 민주주의의 정착에 부정적인 요소로 작용하였다고 평가한다. 즉, 신자유주의가 제도적 민주주의의 도입에는 기여한 바가 있을 수 있으나 민주주의의 질적 저하를 가져왔다는 것이다. 웨일랜드에 따르면 세 가지 측면에서 신자유주의는 라틴아메리카 민주주의의 질을 하락시켰다. 우선 시장개방의 결과 라틴아메리카 국가는 민주주의의 가장 근본적인 요소인 국민주권을 행사하는 데에 상당한 제약을 받게 되었다. 국제 자본의 개입 덕분에 라틴아메리카 국가들은 경제정책이나 사회정책을 추진하면서 완벽한 국민주권을 행사하지 못하고 국제 자본의 눈치를 봐야 한다. 정부의 의지나 노력과 무관하게 국제 정세나 자본의 개입에 따라 정책이 결정되는 상황에서 국민들의 정치 참여에 대한 의지는 낮아지고 정치에 대한 불신과 혐오는 증가하였다(Weyland, 2004: 143).

신자유주의적 구조조정은 라틴아메리카 사회의 정치 지형도 변화시켰다. 전통적인 엘리트들의 권력은 강화된 반면, 이들을 견제하던 전통적인 시민정치 세력 특히 정당이나 노조의 힘은 약화되었다. 정치 지형의 불균형은 민주주의의 안정성과 질을 저하시켰다. 마지막으로 약화된 견제 세력의 자리를 채운 것은 해외 투자자들이었다. 그들은 라틴아메리카 정부의 다양한 정책에 대한 호불호를 주식시장을 통해 표현하였다. 대표적인 예로 브라질의 룰라 정부가 포스트 신자유주의적 정책을 발표할 때마다 해외투자자들은 불안과 공포를 주식 매도로 표현하였고, 이는 룰라 정부의 정책 결정에 영향을 끼쳤다.

정부의 결정에 자신들의 영향력이 미미하다는 시민들의 자각은 민주주의 발전을 크게 저해한다. 정치참여의 의지를 낮출 뿐 아니라, 정치 혐오와 무관심을 확산시켜 결국 몇몇 엘리트들이 독점하는 정치 지형을 만들 뿐이다. 실제로 라틴아메리카에서 이러한 현상이 나타나고 있다. 라티노바로메트로의 조사에 따르면 사회에서 누가 가장 큰 권력을 쥐고 있는가라는 질문에 대해 56%가 답해 1위를 차지한 정부에 이어, 2위는 50%가 답한 해외 자본과 결탁한 대기업이었다. 웨일랜드는 이러한 여론조사 결과가 자본 및 기업의 권력을 정당한 정치권력기관인 정부의 권력과 거의 같은 수준으로 보는 국민 정서를 드러내는 것이며, 이러한 현상은 민주주의에 위협이 될 수 있다고 주장하였다(Weyland, 2004: 145).

정치학자로서 웨일랜드는 경제적 자유가 정치적 자유를 가져온다는 프리드먼의 주장을 라틴아메리카의 사례를 들어 반박하고 있다. 결국 라틴아메리카의 사례들은 매우 효과적으로 프리드먼을 비롯한 신자유주의자들의 낙관적인 전망, 즉 경제적 자유가 정치적 자유를 가져올 것이라는 기대의 한계를 보여준다. 그렇다면 신자유주의 정책이 라틴아메리카에 실시되었을 때 어떤 결과를 초래했을까? 필자는 빈곤과 불평등, 노동과 이주, 가족, 여성, 범죄를 주제로 신자유주의적 정책이 끼친 영향을 구체적으로 살펴볼 것이다. 그러기에 앞서 이 장에서는 세부 정책의 바탕이 된 전반적인 신자유주의 정책, 무엇보다도 경제정책의 내용을 고찰해 보았다.

2. 정책으로서의 신자유주의

신자유주의 정책의 핵심 키워드는 시장의 효율성과 이에 대비되는 정부의 고비용과 비효율성이다(Liverman, 2006: 329). 따라서 정부의 경제에 대한 개입을 최소화하고 시장의 자유를 최대화하는 일련의 정책들이 신자유주의 경제정책이라는 이름으로 도입되었으며, 영국의 대처, 미국의 레이건, 칠레의 피노체트 정권에 의해 적극적으로 추진되었다. 신자유주의적 경제정책의 근간을 이루는 원칙을 '워싱턴 컨센서스'라고 부르는데 그 주요 내용은 ① 재정 건전성 유지, ② 교육, 보건 및 사회 간접자본에 집중된 정부지출, ③ 조세제도 개혁, ④ 시장에 의한 금리 및 환율 조정, ⑤ 관세의 인하 혹은 균등화, ⑥ 해외투자에 대한 시장 개방, ⑦ 국영기업의 민영화, ⑧ 규제완화, ⑨ 사유재산권의 보장이다 (Liverman, 2009: 329). 왜 이러한 정책 제안들이 라틴아메리카에서 적극적으로 도입되었는지 이해하기 위해서는 신자유주의 정책의 도입을 야기한 수입대체산업화전략에 대한 이해가 필요하다. 또한 1980년대

외채위기를 불러일으킨 일련의 상황을 언급할 필요가 있다.

라틴아메리카 각국의 외채위기의 기원은 1970년대로 거슬러 올라간다. 이 시기 전 세계적으로 낮았던 금리와 높은 인플레이션율로 인해 국제 자본시장에서 라틴아메리카는 매력적인 투자처로 부상하였으며, 무엇보다도 석유가 폭등으로 증가한 중동의 국가들의 자금은 이른바 페트로달러(petrodollar)라는 별명을 얻으며 국제금융기관들을 통해 라틴아메리카로 흘러들었다(Babb, 2005: 200). 이러한 외부적 원인 외에도 내부적 조건 또한 라틴아메리카 국가들이 외채를 적극적으로 도입하는 데 영향을 끼쳤다. 당시 추진되었던 수입대체산업화전략은 정부가 주도적으로 다양한 산업화 프로젝트를 실행하는 것을 그 골자로 하였다. 이러한 프로젝트의 실시, 특히 산업화에 필요한 사회간접자본의 확충을 위해 라틴아메리카 국가들이 대규모의 외채를 도입하면서, 외채는 눈덩이처럼 불어났다. 〈그래프 2-1〉에서 볼 수 있듯이 1970년대에 비해 1980년대에 라틴아메리카의 외채는 GDP 및 수출에 대비해 그 비중이 거의 2배 이상 늘어났다. 라틴아메리카의 많은 국가들이 외채위기를 겪었던 1986~1988년을 기준으로 볼 때에는, 라틴아메리카의 외채가 총GDP와 수출의 4배에 달했다.

이렇듯 라틴아메리카의 외채가 늘어난 데에는 몇몇 중요한 외적 요인 또한 작용하였다. 무엇보다 파괴력이 컸던 것은 바로 1970년대 말부터 꾸준히 시행된 미국의 금리인상이었다. 1974년 -2.2%였던 미국의 실질금리는 1986년 6.9%까지 올라 12년 만에 무려 10%p에 가까운 인상률을 보였다. 게다가 엎친 데 덮친 격으로 라틴아메리카가 수출하던 원자재 가격이 급락하였으며, 그 결과 라틴아메리카 각국은 경기침체

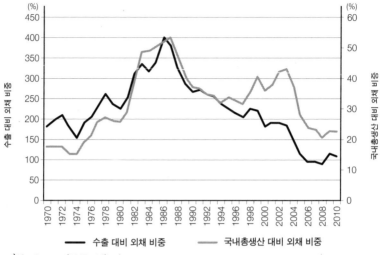

〈그래프 2-1〉 국내총생산 및 수출 대비 라틴아메리카의 외채 비중(1970~2010)

자료: Ocampo(2013: 15).

를 경험해야 하였다. 이자율 상승과 원자재 가격 하락으로 인한 외환 보유고의 고갈로 인해 결국 외채위기를 이겨내지 못한 멕시코를 필두로 많은 라틴아메리카 국가들은 지불중지를 선언하고 말았다.

위기의 라틴아메리카 국가들에게 외채위기를 이겨낼 긴급 자금 수령의 전제 조건으로 제시된 신자유주의 경제정책의 도입은 선택이 아니라 필수였다. 민영화는 특히 매력적인 정책이었는데, 국영기업을 민영화함으로써 시장주의 강화라는 세계 자본의 요구를 충족시켜 신뢰를 회복하는 동시에 부족한 정부재정을 빠르게 충당할 수 있었기 때문이다. 이뿐만 아니라 엄청난 외채로 고전하던 라틴아메리카의 정부들로서는 해외 자본을 유치할 수 있도록 여건을 조성하는 것이 매우 중요하였다. 그 결과 해외 자본에 우호적인, 일련의 시장 친화적이며 사적 소유권을 강화하는 정책들이 앞다투어 도입되었다(Babb, 2009: 201). 1986년 멕시코를 시작으로 1988년에는 아르헨티나, 1990년에는 브라질과 페루, 1989년에는 베네수엘라에서 신자유주의 정책들이 실행되기 시작하였다(Baer and Maloney, 1997: 311)

특히 1980년대부터 시작된 신자유주의 정책 도입 초기를 '강력한 신자유주의(high neoliberalism)의 시기'라고도 부르는데, 이 시기에는 외채위기를 극복하기 위해 주로 구조조정과 안정화정책이 실시되었다. 이때 도입된 정책들은 '시장근본주의(market fundamentalistm) 정책'이라고 지칭될 정도로 신자유주의의 원칙을 엄격히 따랐다. 이는 국제금융기관들이 제시한 조건들을 라틴아메리카의 각 국가가 적극적으로 받아들였다는 뜻이다. 국제금융기관들이 선행조건으로 제시한 정책들은 정부의 시장개입 축소, 재정정책에 대한 강력한 통제, 금융시장 개방, 정부가 운영하던 각종 기관 및 기업의 민영화와 무역자유화를 담고 있었다(Molyneux, 2007: 9).

1985년부터 국제통화기금이 제시한 구조조정 프로그램은 무역자유화와 민영화를 적극적으로 추진한다는 내용을 담고 있었고, 1990년대에는 그 추세가 더욱 강화되었다. 그 결과 1985년에 46%였던 보호무역 관세는 1995년 12%까지 떨어졌다. 1950년대부터 추진한 수입대체 산업화전략 기간 동안 각종 공공서비스 및 제조업을 담당해 왔던 국영기업들은 수많은 라틴아메리카 국가들에서 빠르게 민영화되었다. 칠레는 1974년부터 정부 소유 기업들을 민영화하기 시작하였고, 멕시코는 1988년 이후 100개가 넘는 국영기업 혹은 정부 출연 기관들을 민영화하였다. 아르헨티나, 볼리비아, 페루의 경우는 1990년대부터 빠른 속도로 민영화를 단행하였다(Liverman, 2006: 333~334).

이렇듯 전격적으로 추진된 신자유주의 경제정책들은 다양한 부작용을 일으켰다. 일례로 멕시코의 경우 민영화와 금융시장 개방이 파산 관련 법안을 재정비하지 않은 상태에서 부랴부랴 추진된 까닭에, 이후 정부는 도산의 위기에 몰린 금융권에 무려 550억 달러의 긴급 자금을 지원해야 하는 상황이 연출되었다. 민영화의 경우, 정부와 대기업 간의 긴 정경유착의 역사 덕분에 민영화가 시장의 경쟁을 강화하는 역할을 하기보다는 독점을 공고히 하는 결과를 낳기도 하였다(Babb, 2005: 204).

심각한 외채위기 속에 이를 극복하기 위한 탈출구로서 국제금융기관들이 라틴아메리카 국가들에 일괄적으로 제시한 신자유주의적 구조조정과 후속 경제정책들은 라틴아메리카에서 과연 어떤 형태로 실현되었을까? 신자유주의 정책의 도입 과정과 그 추진 현황을 살펴보면, 신자유주의적 구조조정안과 경제개혁 정책이 엄격한 시장주의의 원칙에 따라 일관되고 예외 없이 추진된 것은 아니라는 결론에 도달한다.

무엇보다도 눈에 띄는 예는 라틴아메리카의 거의 모든 국가에 강요되었던 연금 민영화 정책이다. 세계은행, 국제통화기금, 국제개발처(United States Agency of International Development: USAID)는 모두 일관되게 정부기금으로 운용되는 연금제도를 개혁해 민영화하고, 연금제도를 개인 계좌 시스템으로 운영할 것을 독려하였다. 이에 따라 라틴아메리카의 대다수 국가들은 연금제도를 민영화하기 위해 노력하였으며, 칠레, 아르헨티나, 멕시코 등이 연금제도를 민영화하거나 민간 연금 기금을 도입하였다. 하지만 이러한 정책을 강력히 주장했던 미국은 정작 자국의 연금제도를 민영화하지 않았다. 유럽 국가들 역시 연금제도의 민영화는 정치적으로 너무나 민감한 이슈이기 때문에 논의 대상에서 제외하였다(Wade, 2004: 178).

자국에서조차 도입하기 힘든 정책을 라틴아메리카 국가들에게 강요한 사건은 국제금융기관들이 시장주의에 기반을 둔 중립적 존재가 아니라는 것을 보여준다. 이들도 자국의 정치 및 경제 논리에 끊임없이 영향을 받으며, 무엇보다도 라틴아메리카에 제안하는 경제정책들은 자국의 이익과 무관할 수 없다(Babb and Buira, 2004). 따라서 국적, 인종, 빈부격차와 권력의 불평등을 뛰어넘는 공평한 시장의 원칙이 과연 존재하는지 의문을 품을 수밖에 없다.

국제금융기구들이 자국의 정치·경제적 여건에 따라 움직였듯이 신자유주의 경제정책의 도입을 강요받은 라틴아메리카 국가들 역시 자국 내 정치·경제의 영향을 받아 신자유주의 경제정책 도입에 변화를 주거나 정책 자체를 재해석하기도 하였다. 놀랍게도 신자유주의 경제정책의 대표 주자로 간주된 민영화 부분에서 그러한 일들이 일어났다. 민영화를 충실히 수행하였던 멕시코와 칠레에서도 주요 자원산업은 예외였다. 국제금융기관들의 압력과 정부의 의지에도 불구하고 멕시코의 석유산업, 칠레의 구리산업, 브라질의 철강산업, 볼리비아의 주석산업 모두 국영기업의 형태로 유지된 것은 흥미롭다.

이상현(2006)은 그의 논문에서 칠레, 아르헨티나, 브라질, 볼리비아의 대표적인 천연자원산업의 민영화 시도들을 분석하였다. 앞서 언급한 바와 같이 신자유주의의 우등생으로 칭송받던 칠레는 수많은 민영화 실적에도 불구하고 자국 경제에서 가장 중요한 비중을 차지하는 구리의 탐사, 개발 및 생산을 책임지는 칠레 국영구리회사(Corporación Nacional del Cobre: CODELCO)의 민영화는 추진하지 않았다. 반면 아르헨티나는 세계 최초로 국영 석유회사를 민영화하였다. 칠레와 아르헨티나가 극단적인 사례라고 한다면 브라질과 볼리비아는 아르헨티나와 칠레의 중간에 위치한 사례로, 전반적인 민영화를 추진하지는 않았으나 전통적인 의미의 국유화 정책을 포기함으로써 민간 자본이 회사 운영에 참여할 수 있는 여지를 만들었다.

국영기업 중 가장 비중 있는 기업의 민영화라는 과제를 놓고 각국이 서로 다른 해법을 내놓은 것은 무엇으로 설명할 수 있을까? 이상현의 주장에 따르면 신자유주의하에서 민영화라는 정책이 국제금융기구에 의해 라틴아메리카 국가들에게 획일적으로 제안되었으나, 이를 받아들이고 실행하는 과정에서 중요하게 작용한 것은 각 국가의 역사·정치·경제적 조건이었다. 즉, 민영화의 대상이 되는 천연자원의 역사적 의미, 이를 둘러싼 정치주체들의 역학, 천연자원이 국가경제에서 차지하는 비중 등이 종합적으로 고려된 결과물로 민영화 정책이 추진된다는 것이다(Yi, 2006: 234).

이상현의 연구는 구조적 조건으로서의 신자유주의에 대한 라틴아메리카의 대응이 라틴아메리카 사회 내부의 다양한 변수의 영향을 받아 결정된다는 점을 잘 보여주었다. 또한 국제통화기금이나 세계은행이 내놓은 동일한 신자유주의적 정책 제안에 대해 라틴아메리카 국가들이 왜 서로 다른 방식으로 대응하는지, 그리고 그러한 대응이 어떻게 결정되는지를 이해할 수 있는 단초를 제공한다. 이 연구를 통해 우리는 라틴아메리카가 신자유주의 도입의 수동적 참여자가 아닌 유의미하며 주체적인 소비자였음을 알 수 있었다. 이 책에서 소개할 다섯 가지 사회현상에 대한 사례연구에서도 라틴아메리카의 주체성은 잘 드러난다.

이로써 우리는 신자유주의의 이념 혹은 철학적 완결성에 비해 그 적용에서는 신자유주의를 요구하는 세력, 즉 미국을 중심으로 한 선진국들에서도 일관성이 담보되지 못하였으며, 나아가 신자유주의를 받아들여야 하는 라틴아메리카 국가들 또한 단순히 수동적인 자세를 견지한 것이 아니라 신자유주의를 자국의 정치적·경제적·역사적 상황에 맞게 재해석하거나 변형하고자 노력하였다는 것을 확인하였다. 그렇다면 라틴아메리카의 시민사회는 신자유주의 정책에 어떻게 대응했을까?

신자유주의는 라틴아메리카 시민사회의 전통적인 행위주체들, 특히 조직된 노동자들의 힘을 약화했다. 그 결과 라틴아메리카의 사회권(social rights)[3]은 매우 축소되었다. 에스핑-안데르센(Esping-Andersen, 1999)에 따르면 서구 복지국가는 자본의 확장을 추구하는 국가와 임금 및 삶의 질 향상을 요구하는 노동자 간의 합의의 결과물이다. 각종 사회복지 제도와 이에 따른 혜택은 따라서 정부가 노동자들에게 부여한 시혜가 아니라 노동자들이 투쟁한 결과물이며 사회적 시민권(social citizenship)의 일환이다. 하지만 신자유주의적 구조조정은 라틴아메리카의 사회권

---

3 사회권(social rights)이란 한 사회의 시민으로서 경제적인 복지와 안녕, 사회의 유산을 공유할 권리이다. 나아가 한 사회에서 공공연히 받아들여지는 기준에 근거해 문명인으로서의 삶을 누릴 수 있는 권리 또한 포함된다(Marshall, 1964: 78). 여기서 주목할 점은 이러한 덕목은 필요에 의해 주어지는, 혹은 시장에서 거래되는 서비스나 용역이 아니라 시민이라면 보편적으로 누릴 수 있는 권리라는 점이다.

을 붕괴시켰다. 국가와 시민이 갖고 있는 자본에 대한 협상력이 현저히 약화되었기 때문이다. 국가의 시장개입에 부정적인 시각을 갖고 있는 국제금융기관과 해외투자자들 앞에서 경제위기를 겪고 있는 라틴아메리카 정부는 취약하였으며, 선진국에서는 이미 자연스러운 복지제도조차 새롭게 도입할 수 있는 기회를 잃어버렸다(Babb, 2005: 206).

그렇다면 신자유주의로 붕괴된 라틴아메리카의 조직된 노동자라는 사회 주체를 대체하여, 축소된 사회권을 회복할 만한 새로운 사회적 행위주체들은 등장했을까? 물론이다. 이른바 고전적 혹은 구사회운동 세력의 위상이 약해져 생긴 틈을 새로운 사회운동 세력들이 채우는 현상이 나타났다. 심지어 복지제도의 약화로 생겨난 문제점이 도리어 새로운 사회 주체의 결성을 자극하는 예상치 못한 결과까지 나타난다(박윤주, 2018). 예컨대, 시장 논리가 도입된 교육정책의 변화에 대해 저항할 전통적 주체인 교원노조가 약화된 자리를 학생연합이나 학부모연합이 메운다거나 민영화된 의료보험 시스템에 대해 반대 의사를 강력히 표명해 왔던 의료인노조의 빈자리를 의료보험 민영화로 불이익을 직접 겪은 노인들의 모임이 대신하는 일들이 일어난 것이다. 모든 조건이 시민사회의 붕괴를 예상할 때 새로운 주체들의 성장과 함께 더욱 활발히 진행된 라틴아메리카의 사회운동은, 신자유주의가 사회에 끼친 영향에 대해 지나치게 비관적인 연구를 쏟아내던 일부 학계에 자성을 요구한다.

또한 새로운 사회적 행위주체의 부상에 대한 연구가 그 무엇보다 중요한 이유는 라틴아메리카가 신자유주의에 대규모로 도전한 사건, 즉 핑크 타이드로 불리는 다양한 좌파 성향 정권들의 탄생을 설명할 수 있는 단초를 제공하기 때문이다.

3. 포스트 신자유주의 혹은 진화된 신자유주의

신자유주의의 모순과 불평등에 저항한 새로운 사회적 행위주체의 등
장이 이른바 포스트 신자유주의 혹은 핑크 타이드로 연결된 좋은 예는
볼리비아의 상수도 민영화 반대 운동이다. 1999년 칠레 모델의 영향을
받은 볼리비아 정부는 당시 국제금융기구의 조언에 힘입어 상수도 시설
의 민영화를 추진하였고, 무려 40년에 걸친 상수도 개발과 운영권이 벡
텔(Bchetel)사가 주도한 아구아스 델 투나리(Aguas del Tunari)라는 컨소
시엄에 주어졌다. 그 결과 무려 150%의 요금 인상이 결정되었는데, 이
는 대도시뿐만 아니라 전국에 상수도 시설을 설치하기 위한 비용과 안
정적인 수원 확보를 위한 미시쿠니댐 건설 비용 확보 및 15%에 달하는
이윤 보장을 하기 위한 조치였다(Liverman and Vilas, 2006: 343).

이 조치는 시민들의 공분을 불러일으켰다. 노동자와 농민은 물론이
고 환경단체들까지 상수도 민영화를 반대하는 시위를 벌였으며, 2000
년에 일어난 대규모 봉기로 이어졌다. 볼리비아 정부는 결국 아구아스
델 투나리 컨소시엄에 제공했던 권리를 회수하였으며, 이에 불만을 품
은 아구아스 델 투나리 컨소시엄은 볼리비아 정부를 상대로 2500만 달
러의 손해배상 소송을 진행하였다.

코차밤바의 상수도 민영화 반대 시위에 이은 정부의 정책 변경은 여러
가지 의미에서 라틴아메리카의 포스트 신자유주의적 변화의 전조로 읽

힐 만한 사건이었다. 무엇보다도 국제금융기구의 조언에 의해 정부 주도로 추진된 정책에 대한 사회의 반발이 조직적으로 표출되었다는 점에 주목할 필요가 있다. 그동안 라틴아메리카 사회는 고통스러운 신자유주의의 구조조정 조치들을 놀라울 정도로 잘 받아들였으며, 그 원인을 경제위기의 심각성에서 찾기도 하였다. 즉 경제위기, 특히 하이퍼인플레이션의 정도가 너무나 심각하여 라틴아메리카의 시민들이 쓴 약과도 같이 고통스러운 신자유주의 조치들을 받아들였다는 것이다(Weyland, 1998).

하지만 코차밤바 상수도 민영화 반대운동은 라틴아메리카 시민들이 신자유주의의 쓴 약을 더 이상 무조건 받아들이게 않겠다는 것을 의미한다. 라티노바로메트로의 조사에 따르면 신자유주의적 경제개혁에 대한 라틴아메리카인들의 피로도가 상당했던 것으로 보인다. 1998년에 실시된 여론조사에서 라틴아메리카인의 50% 이상이 민영화는 국가경제에 이로운 것이라고 답한 반면, 2001년 조사에서는 그 수치가 31%로 떨어졌고, 2003년 조사에서는 25%에 불과하였다. 1998년에 여론조사 참여자 77%가 시장경제가 국가에 이롭다고 답한 반면, 2003년 시장경제를 지지한다는 답변은 전체 답변의 18%에 불과하였다(Lora et al., 2004: 9). 고통스러운 신자유주의의 경제개혁 정책들이 수십 년 동안 유지되었으나, 여전히 개인들의 삶을 개선하지 못하거나 혹은 더 악화하는 상황에 대해 분노를 표출하기 시작한 것으로 볼 수 있다. 실제로 라틴아메리카에서 핑크 타이드를 경험했던 국가 상당수는 워싱턴 컨센서스에 기반을 둔 경제·정치·사회 정책에 대한 시민들의 불만과 그 불만으로 촉발된 대규모 사회운동을 경험하였다. 〈표 2-1〉에서 볼 수 있듯이 이러한 불만의 결집을 통해 좌파 세력은 선거에서 승리할 수 있

〈표 2-1〉 라틴아메리카의 핑크 타이드 정권(1998~2016)

국가	정당	대통령	당선연도
쿠바	공산당 (Partido Comunista de Cuba)	피델 카스트로 (Fidel Castro)	1959~2008
		라울 카스트로 (Raúl Castro)	2008
베네수엘라	제5공화국운동당 (Movimiento V República)	우고 차베스 (Hugo Chávez)	1998; 2000, 2006, 2012 재선
	통합사회주의당 (Partido Socialista Unido de Venezuela)	니콜라스 마두로 (Nicolás Maduro)	2013
칠레	사회당 (Partido Socialista de Chile)	리카르도 라고스 (Ricardo Lagos)	2000
		미첼 바첼레트 (Michelle Bachelet)	2006; 2014 재선
브라질	노동자당 (Partido dos Trabalhadores)	루이스 이나시우 룰라 다 시우바(Luiz Inácio Lula da Silva)	2002; 2006 재선
		지우마 호세프 (Dilma Rousseff)	2010; 2014 재선; 2016 탄핵
아르헨티나	정의당(Partido Justicialista)	네스토르 키르치네르 (Néstor Kirchner)	2003
		크리스티나 페르난데스 (Christina Fernández de Kirchner)	2007; 2011 재선
우루과이	광역전선(Frente Amplio)	타바레 바스케스(Tabaré Vázquez)	2004; 2014 재선
		호세 알베르토 무히카 [José Alberto (Pepe) Mujica]	2009
볼리비아	사회주의운동당 (Movimiento al Socialismo)	에보 모랄레스(Evo Morales)	2005; 2009, 2014 재선
코스타리카	민족해방당 (Partido Liberación Nacional)	라우라 친치야(Laura Chinchilla)	2010
		루이스 기예르모 솔리스 (Luis Guillermo Solís)	2014
온두라스	자유당(Partido Liberal de Honduras)	마누엘 셀라야 (Manuel Zelaya)	2005; 2009 군사쿠데타
니카라과	산디니스타민족해방전선 (Frente Sandinista de Liberación Nacional)	다니엘 오르테가 (Daniel Ortega)	2006; 2011, 2016 재선
에콰도르	조국동맹(Alianza Patria Altiva y Soberana)	라파엘 코레아 (Rafael Correa)	2006; 2009 재선
파라과이	애국동맹(Alianza Patriótica por el Cambio)	페르난도 루고 (Fernando Lugo)	2008; 2012 탄핵
엘살바도르	파라분도마르티민족해방전선(Frente Farabundo Martí para la Liberación Nacional)	마우리시오 푸네스(Mauricio Funes)	2009
		살바도르 산체스 세렌(Salvador Sánchez Ceren)	2014
페루	페루승리(Gana Perú)	오얀타 우말라(Ollanta Humala)	2011

자료: 이상현·박윤주(2016: 78).

었고, 그 대표적인 나라가 아르헨티나, 브라질, 우루과이, 볼리비아, 에콰도르, 칠레, 엘살바도르 그리고 니카라과이다(Ruckert et al., 2017: 1583).

코차밤바 상수도 민영화 반대운동이 보여준 포스트 신자유주의의 또 다른 징후는 새로운 사회적 행위주체의 등장이다. 코차밤바에서 민영화를 반대한 수많은 사람들 중에는 전통적인 사회적 행위주체인 노동자와 농민이 있었고, 환경단체도 큰 몫을 담당하였다. 하지만 민영화 반대운동을 벌이던 사회단체들은 안데스 원주민 전통 속에 남아 있는 관습법(uso y costumbre), 즉 수자원의 전통적 활용 방식과 관습에 대한 존중을 요구함으로써 민영화 반대운동과 원주민의 권익 보호, 나아가 전통문화의 복원까지 연결하고자 노력하였다. 이러한 노력은 매우 성공적이었다. 특히 안데스 문화를 강조함으로써 해외의 금융기관들이 지역 정서와 문화를 전혀 고려하지 않은 채 도입을 시도했던 많은 정책들에 대해 효과적으로 비판할 근거가 생긴 것이다. 거대한 세계화 정책에 대한 저항의 출발점이 지역의 정체성이었다는 것 또한 이후 신자유주의에 반대하는 여러 운동에 영감을 주었다(Laurie et al., 2002).

새로운 사회적 행위주체들의 등장과 이들의 적극적인 의사 표시는 이후 이른바 포스트 신자유주의 노선을 채택하는 다양한 정부의 자산이 되었다. 이러한 자산을 활용하려는 노력의 일환으로 포스트 신자유주의 정부들은 그동안 소외되었던 세력을 포함하는 정치와 이들의 조직된 참여를 독려하는 정책들을 펼치는데, 이는 신자유주의적 개인주의를 극복하려는 노력의 일환이기도 하였다(Simon-Kumar, 2011). 그 결과 포스트 신자유주의 정부들은 시민들의 책임을 재해석하고 적극적인 시민의 주체성을 복원하기 위해 노력하였으며, 시민들을 국가, 시장, 가족, 지역공동체가 공유하는 공통분모로 만들었다. 이러한 시도는 포스트 신자유주의 정부들이 유권자들의 지지를 획득하고 더 나아가 신자유주의의 대안을 설계하는 데 시민들의 목소리가 반영될 수 있는 통로를 마련해 주는 역할을 하였다(Errejon and Guijarro, 2017).

이렇듯 신자유주의에 대한 시민사회의 불만은 대안을 제시하라는 사회적 요구를 만들어냈고, 이러한 요구에 부응하는 여러 좌파 정권이 라틴아메리카에서 출범하였다. 혹자는 이러한 정권들을 신좌파(New Left)라고 규정하는가 하면(Castañeda, 2006), 다른 이들은 핑크 타이드 정부라고 부르기도 하였고(Tsloaki, 2012), 또 포스트 신자유주의 정부라는 명칭이 사용되기도 하였다. 다양한 명칭만큼이나 포스트 신자유주의에 대한 의견 또한 분분하다. 혹자는 포스트를 붙일 만큼 신자유주의와의 차별성이 보이지 않기 때문에 포스트 신자유주의라는 개념의 사용 자체가 과장된 것이라고 주장한다. 즉, 포스트 신자유주의 정부에서 추진된 정책들이 신자유주의의 재구성에 불과하며 오히려 신자유주의의 강화로 해석해야 한다는 것이다(Webber, 2010). 반면, 다른 이들은 포스트 신자유주의를 반신자유주의를 주창한 역사적 사회운동이며 신자유주의의 핵심인 민영화, 시장화, 상품화, 규제완화를 극복하려 한 시도로 평가한다(Marston, 2015).

명칭의 다양성은 포스트 신자유주의로 분류되는 정부들의 다양성을 반영한다. 미국이나 국제금융기구들과 같은 강력한 세력에 의해서 획일적으로 도입된 신자유주의와는 달리, 라틴아메리카의 포스트 신자유주의는 신자유주의를 받아들이는 과정에서 경험한 각 국가의 특수한 조건 속에서 잉태되었다. 따라서 서로 다른 라틴아메리카 국가들의 정치, 경제, 사회, 문화를 반영한 포스트 신자유주의는 이를 시도한 국가의 수만큼 다양하게 전개될 수밖에 없다.

뤼케르트 등(Ruckert et al., 2017)은 포스트 신자유주의에 대한 논의를 정리한 논문에서 포스트 신자유주의는 신자유주의로부터 완벽히 결별한 것이 아님을 인정하지만, 그래도 여전히 유의미한 개념이라고 주장하였다. 즉, 포스트 신자유주의는 고유의 정책 패키지가 아닌, 신자유주의의 정책 제안에 대한 부분적 거부로 이해해야 한다는 것이다 (Ruckert et al., 2017: 1584). 그들이 이렇게 주장한 것은 포스트 신자유주의 정부들은 신자유주의의 몇몇 특성을 거부한다는 점을 제외하고는 공통점을 찾기 어려울 정도로 다양하기 때문이다.

그럼에도 불구하고 포스트 신자유주의 정부들의 공통점은 국가의 위상이 재평가되어 발전 전략의 주체로 거듭났다는 점이다. 이는 국가 개입의 축소를 주창하는 신자유주의와 가장 극명하게 대비되는 지점이다. 특히 경제발전을 위한 전략 분야, 즉 수력발전, 광업, 석유 등의 부문에서는 기업의 사회적 책임감에 의존하던 종전의 태도를 바꿔 국가가 직접 더욱 강력한 규제를 실천하는 방향으로 선회하였다. 포스트 신자유주의 정부들은 자국을 위한 유리한 조건과 재정적 독립성을 확보하기 위하여 자국의 전략 분야에 진출한 다국적기업들과 계약 조건을 놓고 재협상을 시작하였다.

국가의 개입이 강화된 또 따른 분야는 바로 사회정책이다. 신자유주의 기조하에 국가의 개입을 축소하기 위해 라틴아메리카는 다양한 사회정책에 시장논리를 받아들였다. 아르헨티나와 칠레가 국민연금을 민영화하였고, 칠레는 의료보험의 부분 민영화도 추진하였다. 교육에 대한 정부의 역할도 축소되어 교육을 담당하는 부처가 중앙정부에서 지방정부로 이전되고, 대학 교육시장이 개방되기도 하였다. 하지만 신자유주의하에 추진된 사회복지에서의 국가 축소는 득보다는 실이 많다는 평가를 받았다. 시장논리가 강화된 교육과 보건 모두에서 사회적 약자가 소외되었고, 불평등이 악화되었으며, 전반적으로 서비스 가격이 높아지는 결과가 나타났다. 시장논리가 지배하는 사회정책은 사회 전반에 부정적인 영향을 끼쳤지만, 특히 취약 계층에 치명적이었다. 이를 바로잡기 위해 포스트 신자유주의 정부들은 사회복지에 대한 정부 지출을 늘렸으며, 특히 빈곤층을 위한 프로그램들에 대한 지원을 대폭 확대하였다. 베네수엘라의 미션 프로그램, 브라질의 볼사 파밀리아 프로그램, 칠레의 칠레 솔리다리오 프로그램이 그 대표적인 예이다.

전략 분야와 사회복지정책에서의 국가 역할 강화 외에 포스트 신자유주의 정부들이 공유하는 부분은 제도 개혁 특히 정치제도의 개혁이다. 이는 앞서 언급한 시민의 정치참여를 제도화하려는 노력의 일환이다. 그러나 절차민주주의를 유지하는 동시에 참여민주주의적 요소를 정책에 가미하고자 하는 여러 노력은 정치 시스템 전반의 개혁으로 확대되지는 못하였다고 평가받는다(Ruckert et al., 2017: 1591). 하지만 절차민주주의의 한계를 깨닫고 참여적 요소를 가미해 민주주의의 범위와 내용을 확장하고자 했던 포스트 신자유주의 정부들의 노력은 유의미하다고 평가할 수 있다.

신자유주의에 대한 누적된 불만과 대안의 요구를 토대로 라틴아메리카의 다양한 국가들에서 나타났던 포스트 신자유주의 정부들은 2010년대에 들어 정권을 우파에게 내어주는 운명을 맞이하였다. 라틴아메리카의 핑크 타이드를 주도했던 브라질, 칠레, 아르헨티나에서 우파 정당들이 집권에 성공하였으며, 끝까지 좌파 성향을 유지하고자 했던 베네수엘라는 최악의 경제위기 속에 국가의 실패까지 점쳐지는 상황을 맞이하였다. 코차밤바의 상수도 민영화 반대 투쟁으로 포스트 신자유주의 시대의 시작을 알렸던 볼리비아는 에보 모랄레스가 헌법을 바꾸어 영원히 집권할 수 있는 제도적 기반을 마련함으로써 절차민주주의가 훼손되고 있는 것은 아닌가 하는 의심을 받고 있다. 이렇듯 한때 신자유주의의 대안을 제시할 것으로 기대되었던 포스트 신자유주의 정부들이 하나둘 우파 정당들에게 권력을 내어주는 상황에서 여전히 포스트 신자유주의를 논하는 것은 유의미한가?

케네스 로버츠(Roberts, 2009)에 따르면 포스트 신자유주의에 대한 논의는 여전히 유의미하다. 그 이유는 포스트 신자유주의적 경향은 그 성공 여부와는 별개로 라틴아메리카에서의 발전 의제를 재정치화(re-politicization)하였다는 의미가 있기 때문이다. 즉, 포스트 신자유주의의 시도들은 자유로운 시장을 토대로 한 워싱턴 컨센서스의 몰락과 신자유주의 이후를 대비할 대안에 대한 뜨거운 논쟁의 시작을 알린다는 면에서 역사적 의미가 있다는 것이다. 보이지 않는 손이 지배하는 시장의 논리에 근거한다던 신자유주의의 발전 전략이 실상은 끊임없는 정치적 결정과 고려 속에서 탄생한 결과물이라는 깨달음, 그리고 그 정치의 과정에서 이익을 취하는 집단과 소외받는 집단이 분명히 존재한다는 현실 인식은 신자유주의가 주장하던 탈정치의 논리를 극복하고, 경제발전 정책을 다시 한번 정치의 대상이자 투쟁의 장으로 변화시켰다. 포스트 신자유주의는 이러한 전환을 가져왔다는 점에서 여전히 유의미하며, 라틴아메리카 각 사회가 경험하고 있는 고질적인 불평등과 소외가 해결되지 않는 한, 새로운 형태로 다시 출현할 것이 예상된다.

4. 결론

이 장에서는 철학과 이념으로서의 신자유주의와 정책으로서의 신자유주의를 각각 분석하고, 라틴아메리카에 도입된 신자유주의가 철학적 그리고 이념적으로 약속한 바를 달성했는지 그리고 정책으로서의 신자유주의가 실현되는 과정에서 라틴아메리카의 사회적 행위주체들에게 어떤 영향을 끼쳤는지를 좀 더 면밀히 고찰하였다. 또한 신자유주의의 모순에 대한 반작용으로 라틴아메리카에서 일어났던 핑크 타이드, 즉 포스트 신자유주의 정권들의 탄생 원인과 그 의미를 살펴보았다.

신자유주의는 라틴아메리카인들의 삶을 속속들이 변화시켰다. 누군가의 삶이 '속속들이' 바뀌었다는 표현은 자칫 과도한 표현일 수도 있으나 라틴아메리카가 신자유주의로 겪은 변화를 설명하기에 적절하다고 느껴지는 이유는, 신자유주의가 단순한 경제정책의 기조를 넘어 이념적이고 철학적인 변화를 가져왔기 때문이다. 이 장에서 살펴본 바와 같이 신자유주의는 비단 시장을 중심으로 경제를 운용하라는 경제학적 충고가 아니다. 신자유주의는 인간의 본성, 행동 방식, 사회의 구성 논리에 대한 포괄적인 시각이며, 이를 기반으로 한 일련의 정책으로 보는 것이 옳다. 그 결과 신자유주의의 도입은 직접적으로는 라틴아메리카 국가들의 경제정책을 변화시켰으나, 신자유주의의 철학적이고 이념적인 신념은 교육과 보건에, 가족과 환경에 그리고 더 나아가 각 개인의 세계관에까지 스며들었다.

그렇다면 신자유주의의 이념적 약속, 즉 "공평무사한 시장논리가 지배하는 합리적인 개인들이 만드는 세상은 곧 민주적일 것이다"라는 약속은 라틴아메리카에서 지켜졌을까? 그렇지 않다는 것이 많은 라틴아메리카 정치학자들의 주장이다. 신자유주의를 받아들인 국가들은 권위주의적 신자유주의 체제가 되거나 포퓰리즘의 부활을 목격하였다. '왜 라틴아메리카의 신자유주의는 민주화를 이루지 못했는가'에 대한 답이 '라틴아메리카의 제도가 취약했기 때문'이어서는 안 된다. 왜냐하면 신자유주의는 바로 그 취약한 제도를 민주화할 대안으로 라틴아메리카 사회에 강제되었기 때문이다.

이념과 철학으로서의 신자유주의가 라틴아메리카 사회에 약속한 바를 이뤄내지 못하였다면, 정책으로서의 신자유주의도 장담했던 정책의 결과를 도출하지 못하였다. 신자유주의를 라틴아메리카에게 강요했던 미국은 라틴아메리카에 강요했던 정책들을 막상 자국에서는 시행하지 않는가 하면, 공명정대한 시장의 논리하에서 일관되게 적용되어야 할 정책들은 라틴아메리카 각국의 경제·정치·사회적 요인들에 의해 재해석되거나 유보되었다. 그런 과정에서 신자유주의의 '쓴 약' 처방을 과도하게 받은 사회적 약자들이 새로운 사회적 행위주체로 떠오르며 신자유주의의 대안을 요구하기에 이르렀다. 그리고 이러한 요구들은 일회성으로 끝나지 않고 정치 지형을 변형시켜 라틴아메리카 각국에서 좌파 성향의 정권들이 출현하는 데에 기여하였으며, 라틴아메리카를 포스트 신자유주의의 대류으로 전환시켰다.

하지만 포스트 신자유주의는 아쉽게도 신자유주의의 한계를 극복한다는 점을 제외하고는 고유한 정책 패키지를 제시하지 못하고 있다. 더욱 안타까운 것은 신자유주의의 힘이 기술적인 경제정책에서 나온 것이 아니라 이념적이고 철학적인 세계관에서 도출되었던 데 반해, 포스트 신자유주의는 독창적이고 견고한 철학도 이념도 제시하지 못하고 있다는 점이다. 인간은 정말 합리적이고 이기적인가, 공공선은 불가능한가, 시장은 공평한가, 국가는 도덕적일 수 없는가 등 신자유주의가 설득력 있게 대답했던 질문들에 대해 나름의 대답을 제시할 때까지 우리는 신자유주의의 포스트를 보았다고 말하기는 어려울 듯하다. 아마도 이런 이유로 핑크 타이드가 휩쓸었던 라틴아메리카 대류에서 우파 정권 성립의 도미노 현상이 일어나고 있으며, 한때 사랑받았던 좌파 지도자들이 철학도 윤리도 갖추지 못한 부도덕한 기성 정치인으로 취급된 것일 수 있다. 포스트 신자유주의의 시도는 시도 자체만으로도 큰 의미가 있다. 그러나 큰 의미가 있다고 자평하는 것만으로는 신자유주의의 모순을 극복하지 못한다는 것 역시 매우 냉정한 현실이다.

제**3**장

빈곤과 불평등

대표적인 라틴아메리카 연구자 피터 H. 스미스(Peter H. Smith)는 라틴아메리카 연구의 교과서가 된 그의 저서 『현대 라틴아메리카(Modern Latin America)』(2018)에서 라틴아메리카가 우리에게 제시하는 역설 중 하나로 '발전과 빈곤의 공존(Prosperous but poor)'을 꼽았다. 이는 라틴아메리카의 빈곤과 불평등이 갖는 특징을 모두 함축한 표현이다.

　　스미스의 말대로 라틴아메리카는 발전하고 있다. 라틴아메리카는 자원이 풍부하며, 산업화를 거치면서 중간중간 경제위기의 어려움은 있었으나 비교적 꾸준히 발전을 경험하였다. 그 결과 멕시코, 칠레와 콜롬비아가 이미 OECD에 가입했으며, 브라질의 경우 2018년 기준으로 세계 8위의 경제규모를 자랑해 우리의 경제 규모를 넘어섰다. 〈표 3-1〉에서 볼 수 있듯이, 2017년 세계은행 기준으로 1인당 국민소득이 2만 달러를 넘어선 나라는 아르헨티나, 우루과이, 칠레, 파나마 등 4개국이며 멕시코, 콜롬비아, 브라질 등이 그 뒤를 잇고 있다. 따라서 빈곤 인구의 분포로 볼 때 라틴아메리카 국가들은 국제적 기준의 빈곤국으로 분류되기에는 무리가 있다.

　　아직 선진국들의 수준에는 미치지 못하지만 분명 빈곤을 말하기에는 상대적으로 양호한 지표를 보이고 있는 라틴아메리카에 대해 왜 스미스는 빈곤하다고 주장했을까? 그 이유는 바로 라틴아메리카의 부가 고루 분배되지 않은 상황, 즉 불평등 문제 때문이다. 아마도 라틴아메리카를 연구하는 학자들에게 라틴아메리카의 사회 문제 중 단 하나의 대표적 사회문제를 고르라면 대다수 학자들이 주저 없이 불평등 문제를 지목할 것이다. 식민 시기부터 지속된 고질적인 불평등 문제는 라틴아메리카를 세계에서 가장 불평등한 지역으로 만들었으며, 불평등 문제

〈표 3-1〉 라틴아메리카 국가의 1인당 GDP, 빈곤율, GINI 계수(2017)

국가	1인당 GNI (PPP, US$)	빈곤율 (%)	하위 20% 소득점유율 (%)
아르헨티나	20,290	25.7	5.2
볼리비아	7,350	36.4	4.1
브라질	15,270	26.5 (2018)	3.2
칠레	23,780	8.6	5.2
콜롬비아	14,120	26.9	4.1
코스타리카	16,230	20.0	4.4
쿠바	N/A	N/A	N/A
에콰도르	11,350	21.5	4.7
엘살바도르	7,550	29.2	6.4
과테말라	8,020	59.3 (2014)	4.5 (2014)
온두라스	4,640	64.3	3.2
멕시코	18,210	43.6 (2016)	5.7 (2016)
니카라과	5,690	24.9 (2016)	5.1 (2014)
파나마	22,230	22.1 (2016)	3.4
파라과이	12,710	26.4	4.6
페루	12,900	21.7	4.7
도미니카공화국	15,330	30.5 (2016)	4.9 (2016)
우루과이	21,920	7.9	5.9
베네수엘라	17,500 (2014)	33.1 (2015)	N/A

자료: World Bank Open Data(2019).

가 다른 사회문제의 원인으로 작용하는 지경에 이르렀다. 따라서 풍요한 자원과 지속적인 산업화를 통해 경제 규모가 성장했음에도 그 성장의 결과물이 소수에게 집중되는 사회구조는 라틴아메리카의 사회문제를 대표하게 되었다.

이 장에서는 신자유주의가 라틴아메리카의 빈곤과 불평등에 어떤 영향을 끼쳤는지 살펴보고 신자유주의로 인한 변화에 라틴아메리카의 사회적 행위주체들이 어떤 식으로 대응하였으며, 그들의 대응이 라틴아메리카를 이해하는 데 어떤 의미를 갖는지 고찰해 보았다. 서론에서 언급한 바와 같이 빈곤과 불평등에 신자유주의가 끼친 영향에 대한 경제학자들 간의 논쟁은 라틴아메리카의 빈곤과 불평등의 원인에 대한 논쟁으로 귀결되며, 빈곤 및 불평등의 원인이 경제위기와 이를 극복하기 위한 구조조정, 본격적인 신자유주의 경제정책 중 어느 것인가라는 논쟁은 현재에도 계속되고 있다. 혹자는 라틴아메리카의 빈곤 및 불평등에 일어난 변화가 경제위기와 이를 극복하기 위한 구조조정의 결과이며 이를 극복하기 위한 정책적 조치의 결과는 단기간에 확인하기 어렵기 때문에, 신자유주의가 오늘날 우리가 목격하는 빈곤과 불평등 악화의 원인이라고 주장할 수 없다는 입장을 견지한다(Baer and Maloney, 1997).

이 주장은 일견 일리가 있다. 1980년대 중반부터 라틴아메리카의 각국이 경험한 경제위기는 신자유주의 정책의 결과물이 아니라 그 이전에 추진되었던 경제정책, 즉 수입대체산업화전략의 실패와 관련이 있다고 보는 것이 옳다. 그러나 경제위기는 이전 정책의 실패에서 그 원인을 찾을 수 있지만, 위기를 해결하기 위해 도입된 구조조정의 조치들마저 신자유주의와 분리해 사고하는 것은 문제가 있다. 1980년대 경제위기 이후 라틴아메리카 국가들의 경제위기를 해소하기 위해 긴급 금융 지원을 했던 국제통화기금과 세계은행은 이미 1980년대에 워싱턴 컨센서스를 주장하며 전 세계 특히 신흥개발국에 신자유주의 정책의 도입을 강력히 강요하였다. 그 결과 경제위기를 해소할 구조조정안의 내용은 신자유주의 원칙에 의거한 경제개편안이었으며, 따라서 라틴아메리카의 신자유주의 도입 시기는 구조조정안의 추진 시기부터로 보는 것이 타당하다. 즉, 구조조정이 라틴아메리카의 빈곤과 불평등에 끼친 영향은 신자유주의의 영향으로 해석해야 한다.

이 장에서는 구조조정안 실행을 시작점 삼아 그 안을 필두로 도입된 다양한 신자유주의적 정책이 라틴아메리카의 빈곤과 불평등에 끼친 영향을 분석하였다. 그 결과, 포스트 신자유주의 정부가 들어서기까지 라틴아메리카의 빈곤 및 불평등은 꾸준히 악화되었으며, 이는 시장의 논리가 부의 생산을 촉진하는 데에는 기여할 수는 있으나 촉진된 부를 분배하는 논리로는 부족함이 있다는 것을 확인해 주었다. 이 장에서는 신자유주의 정책의 결과 악화된 빈곤 및 불평등을 극복하기 위한 정부의 대응을 고찰해 보았다. 라틴아메리카의 가장 강력한 사회적 행위주체 중 하나인 국가의 빈곤과 불평등에 대한 대응, 특히 신자유주의하에서의 정책을 살펴봄으로써 신자유주의에 대한 라틴아메리카적 대응에 내포된 함의와 한계를 밝힐 수 있었다.

1. 신자유주의와 라틴아메리카의 빈곤과 불평등

1) 빈곤

흔히 빈곤은 삶을 영위하기 위하여 필요한 경제적 수준에 미치지 못하는 상황으로 정의된다. 따라서 가구당 소득을 근거로 빈곤선을 설정하여 그 빈곤선에 미치지 못하는 삶을 누리고 있는 인구가 빈곤 인구로 추산된다. 사실 삶을 영위하기 위하여 필요한 경제적 수준이란 매우 추상적이고 복합적인 개념으로, 하루 총소득이 1달러인가 2달러인가의 문제로 환원되기 어렵다. 그리하여 최근 빈곤 연구는 빈곤의 의미를 재규정하고 객관적인 지표뿐만 아니라 주관적인 삶의 만족도까지 포괄하는 종합적인 빈곤의 개념화에 주력하고 있다(Gasparini, 2013). 하지만 빈곤의 종합적 연구에서 도출된 빈곤 지표 중 아직 학계 전반이 동의할 만한 공감대 형성에 성공한 지표가 부족하다는 점, 무엇보다도 종합적인 빈곤 지표가 국가 간 혹은 시대 간 비교연구에서는 활용되기 어렵다는 점 때문에 이 장에서 빈곤은 세계은행, 국제통화기금, 혹은 미주개발은행에서 널리 사용되는 지표를 근거로 규정하였다.

각종 자료에 따르면 1980년대 경제위기 이후 라틴아메리카의 빈곤 관련 지표는 크게 네 시기를 거쳐 변화하였다. 우선 첫 번째 시기는 1980년대로 '잃어버린 10년(lost decade)'이라고 불리는 시기이다. 〈그래프 3-1〉에서 볼 수 있듯이, 이 시기 동안 라틴아메리카의 빈곤율은 40.5%에서 48.4%로 증가하였고, 이 시기의 인구증가율을 고려하여 빈곤 인구 증가를 계산해 보면 빈곤선 이하의 삶을 살아가는 인구가 1억 3600만 명에서 2억 400만 명으로 무려 6800만 명이 증가한 것이다 (Cateano and De Armas, 2016: 234).

두 번째 시기는 1990년대부터 1999년대로 이 기간 동안 빈곤율은 48.4%에서 43.8%로 완만한 감소폭을 보였으며 극빈율은 22.5%에서 18.5%로 줄어들었다. 이는 이른바 잃어버린 10년이라고 불린 경제위기

<그래프 3-1> 라틴아메리카 빈곤 인구의 변화(1980~2014)

빈곤율(단위: %)

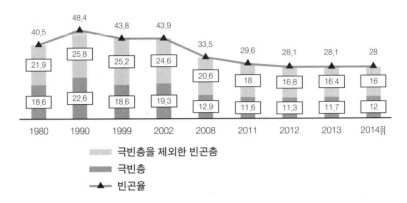

빈곤 인구(단위: 100만 명)

자료: CEPAL(2015: 6).

의 회복세를 반영한 결과이다. 또한 시장개방과 친시장적 개혁의 긍정
적인 효과를 보여주는 예라고 할 수 있다. 하지만 이러한 빈곤율의 감
소가 뒤에서 다룰 불평등의 심화와 함께 이루어졌다는 점을 기억해 둘

필요가 있다(Cateano and De Armas, 2016: 234). 라틴아메리카의 빈곤 현황에 변화가 일어난 세 번째 시기는 2000년부터 2003년경까지로 이 시기에는 1990년대 아시아발 세계 경제위기의 여파로 라틴아메리카 국가들 또한 경제위기를 경험하면서 빈곤율이 더는 감소하지 않았고, 오히려 몇몇 국가에서는 경제위기의 결과 빈곤층과 극빈층 인구가 급격히 증가하였다. 마지막으로 네 번째 시기는 2003년경부터 2014년까지로 빈곤층과 극빈층 모두가 크게 줄어든 시기이다. 〈그래프 3-1〉에서 볼 수 있듯이 2002년에서 2014년 사이 빈곤층은 43.9%에서 28%로 줄어들었으며, 극빈층은 19.3%에서 12%로 감소하였다. 같은 기간 동안 빈곤 인구는 2억 2500만 명에서 1억 6700만 명으로 5800만 명이 줄었으며, 극빈층은 9900만 명에서 7100만 명으로 약 2800만 명가량 감소하였다.

전반적으로 평가하자면 비록 부침은 있었으나 라틴아메리카는 신자유주의 도입 이후 빈곤층과 극빈층이 모두 감소하는 결과를 얻었다. 2000년부터 2013년 지표를 중심으로 정리한 미주개발은행의 조사에 따르면 〈표 3-1〉에서 볼 수 있듯이 빈곤층은 40.5%에서 23.3%로 줄어들어 거의 빈곤층의 비중이 절반으로 줄어들었으며, 아르헨티나, 칠레, 우루과이와 같은 경우 빈곤층이 1/3로 감소하였다.

하지만 꾸준한 빈곤의 감소에도 불구하고 전체 빈곤 인구 현황은 아직 만족스럽다고 이야기하기 어렵다. UN 산하 라틴아메리카 카리브해 경제위원회가 정한 빈곤선에 의하면 수십 년 만에 빈곤층의 인구가 10% 이하로 낮아진 아르헨티나, 우루과이, 칠레를 제외하고 대다수 라틴아메리카 국가에서 여전히 빈곤은 인구 1/3 이상의 삶을 위협하고

〈표 3-2〉 라틴아메리카 국가의 빈곤율 추이(2000~2017)

	2000	2004	2009	2013	2017
아르헨티나	27.5	31.0	16.3	10.8	25.7
볼리비아	59.9	51.6	35.1	26.6	36.4
브라질	43.5	40.8	27.4	20.4	26.5 (2018)
칠레	23.0	20.6	11.6	7.1	8.6
콜롬비아	57.3	49.4	39.6	30.8	26.9
코스타리카	29.2	25.9	17.4	10.7	20.0
에콰도르	68.0	48.0	37.1	26.0	21.5
엘살바도르	45.9	41.6	38.8	35.1	29.2
온두라스	66.1	63.3	50.0	58.8	64.3
멕시코	37.0	30.8	28.2	27.6	43.6 (2016)
파나마	39.4	38.3	25.3	20.3	22.1 (2016)
파라과이	38.2	40.3	33.0	20.5	26.4
페루	50.5	44.6	30.0	20.7	21.7
도미니카공화국	32.6	49.5	34.7	33.0	30.5 (2016)
우루과이	11.2	23.7	12.0	7.5	7.9
베네수엘라	43.2	40.5	29.5	23.3	33.1 (2015)

자료: World Bank Open Data(2019).

있다. 심지어 많은 국가들에서 극빈층은 10% 이상을 기록하고 있다 (Cateano and De Armas, 2016: 236). 세계은행의 통계에 따르면 〈표 3-1〉에서 나타난 바와 같이 상황은 더욱 심각하다. 빈곤 인구가 전체 인구의 10% 미만인 국가는 칠레와 우루과이뿐이며 대다수의 국가에서 빈곤 인구는 전체 인구의 20%를 넘어서고 있는데, 최근 중국 경제의 둔화에 따른 라틴아메리카의 경기침체로 라틴아메리카의 빈곤층이 다시 증가하는 추세이다. 특히 국가 위기 상황까지 경험하고 있는 베네수엘라의 상황은 매우 심각하다. 최소한의 의식주 해결조차 쉽지 않은 상황을 견디지 못한 수많은 베네수엘라인들이 국경을 넘어 콜롬비아, 칠레, 페루 등으로의 이주를 결심하면서, 베네수엘라의 이웃 국가들은 빈곤으로 인한 난민 사태와 맞닥뜨리고 있다. 미국으로의 이주를 위한 중앙아메리카발(發) 카라반 행렬 또한 오랫동안 해결하지 못한 중앙아메리카의 빈곤을 그 원인으로 보아야 할 것이다.

신자유주의 도입 이후 빈곤 현황이 전반적으로 나아졌다고는 하지만 한 가지 기억해야 할 것은 그 개선의 효과가 모든 인구군에 골고루 돌아가지는 않았다는 점이다. 특히 인종 그룹 간 빈곤율 차이는 라틴아메리카의 빈곤과 불평등 간의 관계를 보여주는 좋은 예이다. 유색인종(원주민과 흑인)의 빈곤율은 전체 인구의 빈곤율보다 더 높은데, 특히 파나마와 같은 경우 전체 국민을 대상으로 한 빈곤율은 23%인 데 반해 유색인종의 빈곤율은 88%에 이른다. 이러한 통계는 전체 빈곤율의 개선이 해결하지 못하는 사회적 약자의 빈곤 문제가 심각하다는 점과 빈곤 및 불평등 문제는 서로 뿌리 깊게 얽혀 있다는 것을 보여준다(Cateano and De Armas, 2006: 240)

인종 간 빈곤율의 격차와 함께 도농 간 빈곤율의 격차 또한 주목할 만하다. 〈그래프 3-2〉에서 볼 수 있듯이 라틴아메리카 13개국 평균 빈곤율이 23.2%인 데 반해 농촌의 빈곤율은 47.9%에 달해 2배가 넘는 차이를 보였다. 도농 간 격차가 상당한 나라는 브라질, 볼리비아, 페루, 파나마 등이다. 전통적으로 라틴아메리카의 농촌은 도시에 비해 다양한 사회서비스로부터 소외되었고 재화와 용역에 대한 접근성도 낮아 빈곤에 취약한 구조였다. 이러한 구조는 신자유주의 정책하에서 개선되지 않은 것으로 보인다.

〈그래프 3-2〉 거주지에 따른 빈곤율 현황(라틴아메리카 13개국, 2013)

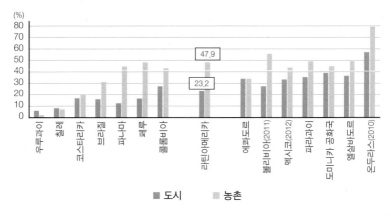

자료: Cateano and De Armas(2016: 241).

최근 라틴아메리카 빈곤 지표 중 우리가 주목해야 할 또 다른 지표
는 바로 어린이들의 빈곤율이다. 〈그래프 3-3〉에서 볼 수 있듯이 2013
년 기준으로 그래프에서 제시한 15개 국가의 빈곤율(ECLAC 데이터 기
준)을 연령별 그룹으로 세분화해 분석한 결과, 15세 이하 인구군의 빈
곤율은 콜롬비아를 제외한 모든 국가에서 평균 빈곤율보다 높았다. 좀
더 자세히 데이터를 분석한 결과, 15세 이하 인구군의 빈곤율은 65세
이상 인구군의 빈곤율보다 무려 4.1배 이상 높았다(Cateano and De
Armas, 2016: 239). 놀라운 것은 2013년은 대다수의 국가들이 호황의
영향으로 빈곤율 감소를 경험하던 시점이라는 것이다. 따라서 이 통계
는 라틴아메리카의 정부들이 호황 시기에 공공 교육의 강화, 유아교육
의 확대, 특히 빈곤층 어린이들을 위한 투자 기회를 놓쳤다는 뜻으로,
다시 맞은 호황으로 개선된 빈곤율 감소의 지속가능성을 의심할 수밖

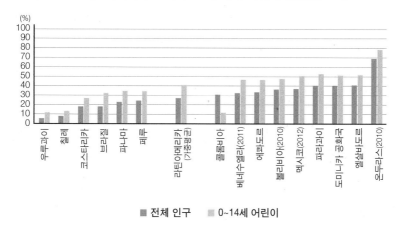

〈그래프 3-3〉 라틴아메리카 15개국 15세 이하 어린이 빈곤율(2013)

■ 전체 인구   ■ 0~14세 어린이

자료: Cateano and De Armas(2016: 239).

에 없는 수치이다.

신자유주의 도입 이후 라틴아메리카 빈곤 현황 추이를 분석해 보면 빈곤의 증감은 올곧이 경제의 부침에 영향을 받는다는 결론에 도달할 수 있다. 즉, 빈곤의 감소는 경기회복, 빈곤의 증가는 경기침체 내지 경제위기의 결과라는 뜻이다. 이는 신자유주의하의 빈곤에 대해 몇 가지 시사점을 제공한다. 우선 경기의 부침이 가져오는 충격을 흡수해 빈곤층을 보호할 만한 안전장치가 부재하다는 뜻이다. 무려 50% 이상 빈곤층이 줄어들었다가 다시 그 수치가 경제위기와 함께 두 배로 증가하는 현 패턴은 빈곤층이 경기 상승과 하강의 충격을 어떠한 사회적 안전망 없이 온몸으로 받아내고 있다는 것을 뜻한다. 국가의 경제 개입 최소화를 주장하는 신자유주의 모델하에서 중산층의 몰락이나 빈곤층의 극빈화를 방지할 만한 정부 정책 도입이 부족할 수 있었으나, 이른바 포스트 신자유주의 정부하에서 다양한 빈곤 완화 정책이 도입되었음에도 불구하고 이러한 문제가 해결되지 못하였다는 것은 신자유주의 정책하의 사회징책이 갖는 한계, 즉 보편적 복지가 아닌 선택적 복지가 갖는 한계를 드러내는 것이다.

나아가 경기의 변화가 빈곤의 증감에 이렇듯 극단적인 영향을 끼친다는 것은 신자유주의 정책을 통해 경제를 발전시키고 그 결과 빈곤을 감소시킬 수 있다는 신자유주의자들의 믿음에 내포된 모순을 드러낸다. 라틴아메리카는 신자유주의를 도입한 뒤 30여 년 동안 적어도 세 번 이상의 심각한 경기침체를 경험하였으며, 이러한 경기침체는 또는 경제위기는 라틴아메리카 국가들의 경제정책 운용 실패의 결과가 아니라 미국의 부동산 위기, 유럽의 금융 위기, 중국의 경기침체와 같은 외부 요인으로 인하여 촉발되었다. 신자유주의 이후 강화된 대외의존적 무역구조와 경제 시스템은 다시 한번 라틴아메리카 경제를 외부 충격에 그대로 노출시켰으며, 역설적이게도 이러한 충격을 온몸으로 받아들여야 했던 것은 라틴아메리카의 빈곤층이었다. 신자유주의의 도입을 통해 지속가능한 경제발전을 추구했던 라틴아메리카의 여러 국가는 다시 한번 1920년대에 품었던 질문을 던질 수밖에 없었다. 과연 대외의존도를 높이고 정부의 개입을 줄인 경제구조가 라틴아메리카인들에게 안정적인 삶을 보장해 주는가? 중국의 경기침체가 멕시코 오악사카(Oaxaca) 소농의 삶을 위협하는 경제 모델이 과연 지속가능한 것인가?

마지막으로 라틴아메리카의 빈곤은 낮은 생산성이나 경제성의 결과가 아니라 높은 불평등지수의 결과물이다(Cateano and De Armas, 2016:

235). 미주개발은행은 라틴아메리카의 빈곤과 불평등에 대해 다음과 같이 언급하였다.

라틴아메리카의 불평등이 갖는 가장 독특한 특징은 상위 10%의 소득과 나머지 인구의 그것 사이에 존재하는 엄청난 간극이다. 라틴아메리카의 극단적인 소득 불평등은 이 지역의 빈곤이 확대되는 원인이기도 하다. …… 만약 라틴아메리카가 국제 기준에 걸맞은 수준의 소득불평등을 기록하였다면, 라틴아메리카의 빈곤은 지금의 절반에 그칠 것이다. 만약 현 라틴아메리카의 소득이 동남아의 불평등 수준에 기반을 두어 재분배된다면 빈곤층은 현재의 1/5에 불과하게 된다. 아프리카와 비교해도 마찬가지이다. 만약 현 라틴아메리카의 소득을 아프리카의 불평등 수준에 근거해 재분배한다면 현존하는 빈곤층의 절반이 사라질 것이다(IDB, 1998: 18)

미주개발은행의 주장은 라틴아메리카의 경제력에 비해 높은 빈곤율의 원인이 심각한 소득불평등에 있다는 것을 강조하고 있다. 즉, 라틴아메리카 사회는 소득불평등이 다시 빈곤에 악영향을 끼치는 악순환에 놓여 있다는 것이다. 신자유주의자들은 빈곤은 정책적 고려의 대상이지만, 불평등에 대해서는 비교적 관대한 견해를 보여왔다. 심지어 소득불평등은 자본주의사회에서 어쩔 수 없는 결과로 치부하기도 하였다. 하지만 라틴아메리카의 사례에서 확인할 수 있듯이 빈곤과 불평등은 긴밀하게 연관되어 있으며, 불평등의 확대는 빈곤의 악화에 치명적인 역할을 한다. 그렇다면 신자유주의는 과연 라틴아메리카의 불평등에 어떤 영향을 끼쳤을까?

2) 불평등

1990년대 라틴아메리카의 평균 지니계수는 0.522로 같은 시기 0.342였던 OECD 평균, 0.328이었던 동유럽 평균, 0.421이었던 아시아와 0.450인 아프리카 평균에 비해 크게 높았다. 라틴아메리카의 평균 지니계수는 2017년 현재 0.467로 여전히 세계 여러 지역에 비해 높은 수치를 보인다. 하지만 1990년대에 비해 다소 낮아진 지니계수는 지난 20여 년간 라틴아메리카의 불평등이 꾸준히 개선되었다는 뜻이기도 하다. 우려스러운 점은 불평등 지표의 개선이 라틴아메리카 국가들이 최근 경험하고 있는 경기침체와 원자재 가격 하락의 여파로 둔화되고 있다는 점이다.

라틴아메리카가 다른 지역에 비해 불평등 지표에서 더욱 눈에 띄는 것은 최상위 20%와 나머지 인구 간의 극심한 소득 격차이다. 2002년 최상위 20%의 소득이 전체 국민소득의 절반을 웃도는 50.7%를 차지했다가 2016년 45%로 감소한데 반해, 같은 기간 최하위 20%의 소득은 전체 소득의 4.8%에서 6.2%로 증가하였다. 물론 그 격차는 여전히 선진국에 비해 높은 상황이지만, 〈표 3-3〉에서 볼 수 있듯이 2000년대 들어 라틴아메리카의 많은 국가에서 근소하게나마 불평등이 완화된 듯하다 (ECLAC, 2018: 35~36).

라틴아메리카에서 최상위 20%는 2012년 현재 최하위 20%가 얻는 소득의 7.2배를 얻는다. 이는 2002년의 10.7배와 비교하면 감소한 수

〈표 3-3〉 라틴아메리카 GINI 계수 변화 추이(2002~2016)

(단위: %)

	2002~2008	2008~2014	2014~2016
아르헨티나	-2.4	-1.0	0.7
볼리비아	-2.9	-1.4	-0.7
브라질	-1.0	-0.7	0.5
칠레	-1.0	-0.7	-2.0
콜롬비아	-0.3	-0.6	-2.5
코스타리카	-0.4	0.0	-0.3
도미니카 공화국	-0.8	-1.4	4.0
에콰도르	-1.3	-1.5	0.6
엘살바도르	-1.5	-1.9	-2.3
과테말라	-2.2	-0.5	0.0
온두라스	-1.2	-0.9	3.3
멕시코	0.2	-0.4	-3.1
니카라과	-2.5	1.3	0.0
파나마	-1.1	-0.6	0.1
파라과이	-2.0	0.2	-2.0
페루	-2.2	-1.7	0.8
우루과이	-0.7	-2.4	-0.6
베네수엘라	-1.7	-0.1	0.0
라틴아메리카 평균	-1.5	-0.7	-0.2

자료: ECLAC(2018: 39).

치이지만 선진국들과 비교해 보면 여전히 높다. 예컨대 독일의 경우 소득 최상위 20%의 소득은 최하위 20%의 소득의 약 6배(2015)이며, 일본도 약 6배(2008)로 보고되었고, 영국은 5배(2017) 정도이다. 선진국 중 라틴아메리카보다 더 큰 소득격차를 보이는 국가는 미국으로 2017년 기준으로 약 9.4배에 달한다(World Bank Data, 2018).

2000년대 라틴아메리카 각국에서 출현한 포스트 신자유주의 정부의 노력으로 전반적인 불평등지수는 다소나마 개선되고 있으나, 이는 신자유주의 도입 이전 지수에 비해 여전히 매우 높은 편이다. 특히 신자유주의의 도입으로 극단적인 부유층이 등장한 점은 주목할 만하다. 나이트 프랭크(Knight Frank) 컨설팅 회사가 작성한 2015년 「세계 부(富) 리포트(The Wealth Report)」에 따르면, 세계에서 가장 부유한 이들 중 9902명이 라틴아메리카에 거주한다. 이는 전체 최상위 부유층, 즉 개인 자산이 3000만 달러 이상인 부유층의 약 5.7%가 라틴아메리카에 거주한다는 뜻이다. 이 보고서에 따르면, 지난 10년간 라틴아메리카의 최상위 부유층의 성장세는 두드러진다. 일례로 베네수엘라에서는 최상위 부유층의 숫자가 약 30배, 우루과이도 약 30배, 파라과이는 약 19배 늘어났다(Latin Trade, 2015). 그중 대표적인 인물이 멕시코의 통신 재벌 카를로스 슬림(Carlos Slim)이다. 그는 신자유주의 정책의 도입으로 민영화의 대상이 된 국영 통신사 텔멕스(Telmex)를 사들여 최대주주로 성장하였고, 금융시장의 개방을 이용해 세구로스 데 멕시코(Seguros de México), 피난사스 라 과르디아나(Finanzas La Guardiana), 카사 데 볼사 인부르사(Casa de Bolsa Inbursa)를 매입해 금융 그룹인 그루포 피난시에로 인부르사(the Grupo Financiero Inbursa)를 설립하면서 멕시코 금융시장에서 대규모 지분 또한 확보하였다. 그는 멕시코 시장에서의 독점적 지위를 이용해 미국의 스페인어 채널인 우니비시온(Univisión)의 최대주주가 되었고, ≪뉴욕 타임스≫의 주식 또한 매입했다. 그 결과 슬림은 2010년부터 2013년까지 ≪포브스(Forbes)≫가 뽑은 세계 최고의 부자였고, 2018년 현재 5위의 자리를 지키고 있다(Forbes, 2018).

신자유주의가 라틴아메리카의 불평등에 끼친 영향은 무엇일까? 신자유주의 모델의 핵심 정책인 무역개방은 그 자체로는 국내 소비자에게 다양한 상품을 소비할 수 있는 기회를 제공하고, 국내 생산자들에게 더 다채로운 시장을 열어준다는 점에서 긍정적인 효과가 있다. 하지만 라틴아메리카의 무역 개방은 치밀한 제도 정비와 대기업에 대한 적절한 규제 없이 이루어지는 바람에 그 긍정적인 효과는 소수만이 누릴 수 있었다. 게다가 수출 부문 및 수출과 직접 연관이 없는 부문 간 격차가 확대되었다. 더욱 심각한 것은 재정과 환율 정책이었다. 정부의 시장 개입을 최소화한다는 취지에서 환율은 시장에 의해 정해졌고, 정부는 재정지출을 최소화하였다. 하지만 시장은 신자유주의자들의 예상과는 달리 은행과 몇몇 투기 자본들의 손에 놀아나는 현상을 보였고, 그 결과 부의 집중은 심화되었다.

앞서 카를로스 슬림의 예에서 볼 수 있듯이 민영화 또한 산업 경쟁력 강화보다는 투명성이 결여된 추진 과정 속에서 공공의 자산이 정부와 유착한 몇몇 집단에 귀속되는 결과를 가져왔다. 칠레의 경우 겨우 8개의 대기업이 1974년부터 1978년까지 단 4년 동안 민영화로 인한 기업 인수 투자의 65%를 담당하였고, 주요 은행과 연계된 몇 안 되는 사적 연금 기금의 운용을 도맡았다. 대기업들이 정부 관료와 제휴해 민영화 과정을 통제하였으며, 독재정권의 경제정책을 책임지던 공무원들이 주요 은행과 전기, 장거리통화 회사의 중책을 맡았다. 라틴아메리카에서 가장 평등한 국가 중 하나였던 칠레는 현재 가장 불평등한 국가 중 하나가 되어 오늘날 최상위 10%가 전체 국가 소득의 47%를 손에 쥔 나라가 되었다(레이가다스, 2006: 187).

노동시장의 유연화 또한 신자유주의자들이 약속한 방향으로 진행되어 노동시장의 경쟁력 강화와 해외투자 유치로 이어진 것이 아니라 이미 취약하게 조직된 노동자들의 힘을 더욱 약화해 노동자의 권리와 노동조건은 더 나빠졌으며, 비정규직의 양산으로 고용불안이 심화되었다. 결국 더 많은 경제적 자원, 강력한 사회적 네트워크, 높은 교육 자본을 지닌 사회집단은 신자유주의가 가져온 세계화의 이익 중 지나치게 많은 몫을 획득한 반면, 인구 대다수는 이러한 자원으로부터 일찌감치 제외되어 변화된 환경에 적응하는 데 막대한 어려움을 겪었다(레이가다스, 2006: 196). 극단적인 시장개방과 노동시장의 유연화라는 환경 속에서 가장 역동적인 기업과 가장 숙련된 노동력만 성공적으로 살아남을 수 있었다. 비극적인 것은 라틴아메리카의 노동자 대다수가 비숙련 직종에 종사하는 육체노동자라는 점이다(레이가다스, 2006: 197; 트라베르사, 2014).

신자유주의의 원칙하에 정부의 재정을 확충하기 위하여 추진된 조세개혁도 라틴아메리카의 소득불평등을 확대하는 역설적인 결과를 나타냈다. 일반적으로 조세개혁이 소득의 불평등을 축소시키고자 추진되는 다른 지역의 사례와는 달리 라틴아메리카에서의 조세개혁은 소득불평등의 완화보다는 부족한 정부 재정을 확충하는 것을 목표로 추진되었다. 그 결과, 라틴아메리카의 조세개혁은 중소기업과 개인에게 세금을 더 부과함으로써 부족한 재원을 메우는 방식을 취하는 경향이 있다. 이를 지역 평균을 통해 살펴보면 직접세는 세수의 3분의 1에 조금 못 미치는 정도이며, 대부분의 세수는 소비세와 다른 간접세에서 나오는 상황이다. 소득이 높은 이들에게 누진세를 적용하기보다는 빈곤한 개인들의 세금 부담을 가중하였으며, 특히 최저소득층의 다수를 차지하고 있는 여성에게 크게 영향을 미치는 부가가치세와 같은 간접세를 확대함으로써 오히려 소득불평등을 악화하는 결과를 가져왔다(폰테, 2017: 141).

이와 함께 정부의 시장개입을 축소한다는 취지하에 소득불평등을 해소하기 위해 정부가 추진했던 다양한 사회복지정책들이 축소되거나 폐기되었다. 게다가 신자유주의 모델하에서 라틴아메리카가 직면해야 했던 경제위기의 충격까지 겹쳐 라틴아메리카에서 신자유주의는 '퇴보적인(regressive) 정책'이라는 오명을 얻었다(Baer, 1997).

신자유주의가 라틴아메리카의 빈곤과 불평등에 끼친 영향은 대체로 부정적이다. 빈곤의 경우 경기의 부침에 그대로 노출된 빈곤층의 삶은 개선되지 않았고, 인종 그룹이나 사회적 약자들에게 빈곤이 집중되는 현상은 유지되었다. 불평등의 경우는 악화되었다는 것이 학계의 공통된 의견으로 보인다. 특히 신자유주의와 함께 추진된 많은 정책들이 라틴아메리카의 불평등에 직접적으로 악영향을 미친 것으로 보인다. 민영화와 함께 출현한 소수의 대기업들, 무역자유화의 이익을 독점한 수출 분야 그리고 금융시장 개방과 함께 성장한 해외 자본 세력은 최상위 10%가 국민소득에서 차지하는 비중이 세계에서 가장 높은 지역이라는 오명을 라틴아메리카에 안겨주었다. 빈곤하고 불평등한 현실을 극복하기 위해 라틴아메리카의 사회적 행위주체 특히 국가는 무엇을 했을까, 신자유주의와 함께 작은 국가로 자리매김한 라틴아메리카 국가들은 국가의 역할을 어떻게 재해석했을까, 정말 라틴아메리카 국가들은 작아졌는가? 이런 질문의 답을 찾는 과정은 우리에게 라틴아메리카 신자유주의 정책의 다양한 역동성을 가늠해 볼 수 있는 기회를 제공한다.

2. 작은정부의 빈곤퇴치 정책

신자유주의 모델이 빈곤과 불평등에 끼친 영향은 실망스러운 것일 수 있으나, 그럼에도 불구하고 이러한 모순들을 극복하려는 다양한 시도는 계속되었다. 특히 극빈층을 지원하고 원주민, 여성, 어린이와 같은 사회적 약자의 소외를 해소하기 위한 정부 프로그램은 물론이고 시민사회의 노력은 주목해서 보아야 할 점이다. 최근 10여 년간 이른바 포스트 신자유주의 정부가 빈곤의 해소를 위해 쏟은 노력은 예산에서 드러난다. 〈그래프 3-4〉에서 볼 수 있듯이 1990년대부터 2000년대까지 '작은정부'를 주창하는 신자유주의 덕분에 거의 변화가 없거나 오히려 감소하던 정부의 공공지출은 2000년대부터 소폭 상승하기 시작해 2013년 현재 1990년대 수준보다 3%p 정도 확대되었다. 이렇게 확대된 공공지출 중 사회정책에 사용하는 비중은 꾸준히 늘어 2013년 현재 1990년대보다 약 5.3%p 이상의 예산이 지출되었다. 전체 공공지출은 3%p 정도 늘어난 데에 비해 사회정책 분야에 대한 지출이 5.3%p 늘어났다는 것은 정부가 신자유주의 재정정책의 틀 안에서 다른 공공지출을 줄이고 사회정책에의 지출을 늘렸다는 것을 뜻한다. 공공지출의 증가와 예산 편성 시 사회정책에 대한 고려는 긍정적인 변화이다. 많은 연구들이 공공지출의 증가는 빈곤의 감소를 가져온다는 결론을 도출하고 있는 만큼 포스트 신자유주의 정부에서 확대된 공공지출의 확대는 환

〈그래프 3-4〉 라틴아메리카 및 카리브 국가의 공공지출 현황(1990~2013)

(단위: 전체 GDP 대비 %)

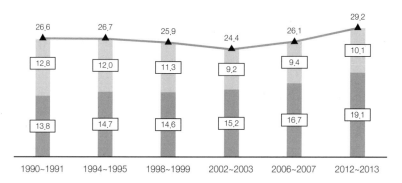

1990~1991   1994~1995   1998~1999   2002~2003   2006~2007   2012~2013

▨ 사회정책에 분야 공공지출
▨ 비(非)사회정책 분야 공공지출
▲ 전체 공공지출

자료: ECLAC(2015: 262).

영받을 만하며, 이 시기가 빈곤층과 극빈층의 감소에 긍정적인 영향을
끼쳤을 것으로 추정된다(Cateano and De Armas, 2016: 243).

신자유주의하에서 시행된 공공지출의 상당 부분은 신자유주의의 모
순을 극복하는 프로그램, 즉 빈곤퇴치 정책에 활용되었다. 하지만 이
프로그램들은 신자유주의의 큰 틀을 벗어나지 않는 범위 안에서 추진
되었다는 특징이 있다. 우선 모든 시민에 대한 보편적 복지정책의 취
지에서 공공요금의 인하, 생필품 관련 보조금 지급, 최저임금 인상 등
의 방식으로 공공지출이 사용되던 수입대체산업화시기와는 달리 신자
유주의하에서 추진된 사회정책은 지출의 대상을 지정하는 타겟팅
(targeting), 즉 선택적 복지를 근본 원칙으로 한다. 즉, 복지는 더 이상

시민이면 누릴 수 있는 보편적 권리가 아니라 복지가 필요한 국민에게만 주는 일종의 서비스가 되는 것이다. 이는 신자유주의의 세계관에 걸맞은 변화라고 할 수 있다. 국가는 서비스를 제공하고 시민은 필요에 따라 이러한 서비스를 활용하는 고객이 되는, 사회복지 시스템마저 시장논리의 지배를 받는 시대가 열린 것이다.

그렇다면 라틴아메리카에서 국가의 사회보장서비스를 받을 대상으로 특정된 것은 어떤 집단일까? 크리스티나 곤살레스(Cristina González)의 연구(González, 2015)에 따르면 그들은 최소한의 생계도 보장받지 못하는 실업자와 그의 가족들이다. 자산 조사 결과에 따라 이들에게 지급되는 혜택은 수혜자가 소득이 낮음을 스스로 증명하는 것을 전제로 한다. 또한 사회보장서비스를 계속 받기 위해서는 끊임없이 구직활동을 하거나 기본적으로 최소한의 노동을 하는 것을 의무화하였다. 앞서 언급한 바와 같이 시민에게 보편적으로 주어지는 권리로서의 사회보장서비스가 아닌, 국가가 판단하기에 '받을 가치가 있는' 국민에게만 제한적으로 부여하는 혜택은 필연적으로 '받을 가치가 있다고' 스스로를 증명해야 하는 이들에게 낙인을 찍는 경향이 있다. 게다가 스스로 혜택을 신청해야만 주어지는 사회보장 프로그램의 틀은 신청을 할 여건이 안 되는 사람들을 차별한다(Lo Vuolo et al., 1999: 193). 노동 중심의 복지 혜택은 이른바 산업예비군을 재생산하는 전략으로 활용된다. 이러한 프로그램들의 도입은 라틴아메리카에서 사회적 시민권이 얼마나 위축되었는지를 보여준다. 시민들의 권리는 책임으로 변질되었고, 일할 권리는 일을 할 의무로 바뀌었다(Britos, 2002).

신자유주의적 빈곤퇴치 프로그램의 가장 중요한 특징 중 하나는 임시예산으로 운영된다는 것이다. 국민연금이나 교육 지원 혹은 가족수당과 같은 프로그램과는 달리 빈곤퇴치 프로그램에 대한 예산 지원은 늘 한시적으로 이루어진다. 그 결과, 지속가능하고 장기적인 지원은 어려워졌다. 또한 빈곤퇴치 프로그램의 대상을 가족으로 설정하는 것도 신자유주의하에 추진된 빈곤퇴치 정책의 특징이다. 이는 신자유주의의 원칙과 신자유주의의 발전을 위하여 가족이 갖는 도구적 효용성에 근거한 것이다. 신자유주의는 원칙적으로 국가가 사회문제에 개입하는 것에 부정적이나, 가족이 스스로 문제를 해결할 능력이 없다는 것을 증명할 경우 예외적으로 제한적인 지원을 한다. 하지만 무엇보다도 가족이 빈곤퇴치 프로그램의 핵심적인 주체로 떠오른 주요한 이유는 가족이 담당하는 노동력 재생산 기능이 자본주의의 지속을 위하여 필수적이기 때문이다(González et al., 2008).

이러한 경향을 보여주는 대표적인 프로그램이 아르헨티나가 추진한 세대주 프로그램(Jefes y Jefas de Familia)으로 2002년부터 실시되었다. 이 프로그램의 목표는, 단 1년 만에 빈곤율을 38.3%에서 53%로 증가시킨 2001년의 심각한 경제위기의 영향을 완화하는 것이었다(González, 2015: 137). 이 프로그램이 아르헨티나에 도입된 기존의 신자유주의적 사회보장 프로그램과 다른 점은 프로그램의 운영과 감독을 시민사회에게 맡기기 위하여 지역 운영위원회를 두었다는 것이다. 또한 여성을 세대주로 인정함으로써 참가자의 64%에 달하는 여성들이 참여할 수 있는 길을 열어주었다. 세대주 프로그램은 참여자가 생산직 노동 혹은 공공근로를 하는 대가로 매달 지원금을 지급하였다. 18세 미만의 자녀 혹은 나이와 상관없이 장애가 있는 자녀를 둔 실업 상태의 여성 혹은 남성 세대주에게 혜택이 주어졌으며, 추가로 여성의 경우에 내연녀이거나 동거녀라도 임신 중이면 프로그램의 대상이 되었다. 아울러 이 프로그램을 통하여 자녀들의 취학과 건강검진이 의무화되었고, 프로그램의 수혜자들이 정규교육을 받거나 직업교육을 받아 다시 취업할 수 있는 기회가 제공되었다(González, 2015: 137).

라틴아메리카에서 채택된 가족을 중심으로 한 신자유주의적 빈곤퇴치 프로그램 중 가장 주목을 받은 정책은 브라질의 볼사 파밀리아(Bolsa Familia) 프로그램이다. 세계은행과 미주개발은행으로부터 "21세기 가장 혁신적인 빈곤퇴치 프로그램"이라는 찬사를 받은 이 프로그램은 2003년에 그동안 존재하던 다양한 빈곤퇴치 프로그램들을 통합하며 출범하였다. 빈곤 가정에 한 달에 70헤알(당시 환율로 약 30달러)의 생계지원금을 지급하는 대가로, 정부는 수혜자 가족이 자녀를 학교에 보내고 정기 건강검진을 받게 하도록 요구하였다. 이 프로그램의 실시로 약 1100만 가구의 4600만 빈곤 인구가 혜택을 본 것으로 보고된다. 지원금의 90% 이상이 하위 소득 40%에 해당하는 이들에게 지급되었으며, 지원금은 대부분 식비, 학용품 구입비, 자녀들의 의류 구입비로 사용된 것으로 조사되었다(Saad-Filho, 2015)

여기 소개된 두 프로그램 이외에도 다양한 빈곤퇴치 프로그램이 라틴아메리카에서 실시되었다. 이는 초기 신자유주의의 도입으로부터 생겨난 각종 부작용, 특히 빈곤과 불평등의 악화를 해결하기 위한 한시적 대안이었다. 이러한 프로그램은 앞서 언급한 사회권의 침해, 빈곤 인구에 대한 낙인찍기와 차별 문제 외에도 라틴아메리카의 민주주의를 후퇴시켰다는 비판도 받고 있다. 웨일랜드(Weyland, 2004)에 따르면, 신자유주의의 사회적 비용이 상당했기에 많은 시민운동 단체는 신자유주의자들이 지지를 호소하기 위해 건네는 빈곤퇴치 프로그램들의 혜택을 받아들일 수밖에 없었다. 빈곤층이 가난을 증명하고 승인받는 형식으로 진행된 신자유주의하의 빈곤퇴치 프로그램은 매우 정치화되었고, 정치적 후원주의를 강화하기 위해 조직적으로 활용되었다. 대표적인 사례가 멕시코의 살리나스 고르타리(Salinas de Gortari) 정부(1988~1994)와 페루의 알베르토 후지모리(Alberto Fujimori) 정부(1990~2000)이다. 이 두 정부는 모두 빈곤퇴치 프로그램들을 활용하여 사회운동을 포섭하거나 분열시킴으로써 이들이 정부로부터 자율성을 유지할 수 있는 능력, 특히 정치 전반에 대해 요구를 관철할 수 있는 능력을 제거하였다(Weyland, 2004: 148).

라틴아메리카 사회의 가장 중요한 사회적 행위주체 중 하나인 국가는 신자유주의의 부작용인 빈곤과 불평등 악화를 해결하기 위해 공공지출을 늘리고 사회정책에 대한 투자 또한 확장하는 모습을 보였다. 그 결과, 신자유주의가 주장한 국가개입의 축소라는 원칙은 상당히 훼손되었다. 그러나 공공지출의 확대가 곧 신자유주의의 포기를 의미하지 않는다는 것을 잘 보여주는 예가 바로 라틴아메리카에서 신자유주의하에 추진된 빈곤퇴치 프로그램이다. 다시 한번 신자유주의는 정책이 아니라 이념과 세계관이라는 것을 증명하는 셈이다. 라틴아메리카 국가가 공공지출 예산을 늘리는 행동은 신자유주의의 수정처럼 보일 수 있었겠으나, 신자유주의의 핵심적인 원칙 즉 국가개입 축소와 시장논리의 확대는 살아남았다. 그 결과 빈곤퇴치 프로그램은 국가가 중심이 되는 프로그램이 아니라 가족 혹은 지역공동체라는 '민간'의 영역이 담당하는 프로그램이 되었고, 이러한 프로그램의 수혜는 모든 시민의 보편적 권리가 아니라 자격이 되는 일부 시민들이 권리를 다하겠다고 약속할 때 주어지는 특별한 혜택이 되었다. 특히 시민들이 스스로의 자격을 증명하고 이를 승인받는 과정은 국가의 지지 세력 규합 도구로 활용되는 결과를 낳았다.

여기서 우리는 신자유주의하의 빈곤과 불평등이 왜 지속가능한 감소를 경험하지 못했는지 이해할 수 있다. 한시적인 예산편성의 대상이자 정치화된 빈곤퇴치 프로그램은 경제 상황이나 정권의 부침에 취약할 수밖에 없었다. 전 세계의 칭송을 받았던 브라질의 볼사 파밀리아 프로그램의 미래가 브라질 노동당의 몰락과 함께 불투명해진 것은 신자유주의하의 빈곤퇴치 프로그램의 한계를 분명히 보여준다.

앞서 소개한 빈곤퇴치 프로그램들은 신자유주의하의 국가가 신자유주의의 모순을 극복하는 사회적 행위주체로서 갖는 한계 또한 드러낸다. 신자유주의의 이념과 세계관에 대한 근본적인 도전 없이 프로그램을 설계하고 도입하는 일련의 행위를 통해 신자유주의가 가져다준 부작용을 해소할 수는 없었다. 빈곤 문제에 대한 신자유주의적 해석에 기반을 둔 빈곤퇴치 정책은 시민을 빈곤퇴치 프로그램에서 제공하는 서비스의 소비자로, 국가를 이러한 서비스의 생산자로 만들어 공공정책에서 역시 시장논리를 강화하는 방향으로 발전하였다. 신자유주의하의 빈곤퇴치 프로그램들은 시장의 폐해로 발생한 사회문제를 시장의 논리로 해결할 수 없다는 것을 잘 보여주는 한편, 신자유주의의 틀 안에서 진보적인 개혁을 추진한 포스트 신자유주의 정부들의 한계 또한 가늠해 볼 수 있는 기회를 제공한다. 이 정부들의 시도가 지속가능하

지 못했거나, 권위주의적 포퓰리즘으로 변질된 것은 우연이 아니었다
는 깨달음을 얻게 된다.

3. 결론: 지켜지지 않은 낙수효과의 약속

경제발전이 시민의 복지를 가져온다는 가정하에 출발한 워싱턴 컨센
서스의 약속은 현실이 되지 못하였다. 1990년대 중반까지 라틴아메리
카는 우려할 만한 수준의 실업률과 빈곤의 악화를 경험하였다. 구조조
정의 부정적 효과를 상쇄하고자 보상적 의미의 다양한 정책들이 실행
되었으나, 빈곤은 계속 증가하였고, 낙수효과[4]의 약속은 지켜지지 않았
다(González, 2015: 138).

그럼에도 불구하고 신자유주의의 도입과 함께 빈곤과 불평등에서 나
타난 변화는 서로 다른 양상을 보인다. 신자유주의적 구조조정이 실행
된 직후 빈곤은 급격히 악화되었다. 이에 대응하기 위하여 각국에서
도입한 빈곤퇴치 프로그램들과 경기 활성화의 영향으로 1990년대 중반
부터 빈곤은 감소하는 듯하다가 2000년대 초 미국발 경제위기로 빈곤
인구가 다시 한번 증가하였다. 이렇듯 부침을 거듭하는 라틴아메리카
의 빈곤 문제에 대응하기 위하여 신자유주의를 주창했던 국제금융기구

---

4   낙수효과란 대기업 혹은 고소득층의 성장을 촉진하면 덩달아 중소기업과 소비자 혹은 중산층,
    나아가 빈곤층에게도 혜택이 돌아가 총체적으로 경기가 활성화된다는 가설을 설명하는 개념
    이다(한경 경제용어사전).

들까지도 신자유주의 정책의 문제를 수정할 사회 프로그램들의 도입을 라틴아메리카 정부에 요구하였다. 이와 같은 프로그램의 운용은 시민 사회 특히 NGO들에게 맡기고 정부의 역할은 이 단체들을 모니터링하는 것으로 제한함으로써, 정부의 역할을 강화하되 경제와 사회에 대한 정부의 직접 개입은 여전히 최소화하는 기조를 유지하였다. 이 시기 이른바 포스트 신자유주의 정부에서 "좋은 정부(good governance)"라는 구호 아래 추진한 시민참여 증진 및 분권화(decentralization)는 모두 신자유주의하에서 국가의 제한된 개입을 허락하는 원칙에서 벗어나지 않았다(González, 2015: 139).

신자유주의가 라틴아메리카의 빈곤에 끼친 영향은 대체로 부정적이다. 무엇보다도 경제에 대한 정부의 개입을 최소화한다는 미명하에 장기적이고 보편적인 빈곤퇴치 프로그램들은 축소되거나 폐기되었고, 한시적이고 특화된 빈곤층을 위한 지원 프로그램들만 때때로 시행되다가 사라졌다. 그 결과 라틴아메리카의 빈곤율은 경기침체의 충격과 호황의 효과를 여과 없이 투영하는 지표가 되어버렸고, 1990년대부터 현재까지의 빈곤율 현황은 이를 그대로 드러낸다. 특히 신자유주의하에서 추진된 높은 대외의존도 중심의 경제정책은 라틴아메리카 경제가 대외환경의 영향을 직접적으로 받는 결과를 초래하였으며, 라틴아메리카 빈곤 인구의 운명이 국제경제의 흐름 속에서 결정될 수밖에 없는 구조가 강화되었다.

게다가 라틴아메리카 지역의 빈곤율이 개선되었다는 통계치조차 자세히 분석해 본 결과 신자유주의의 모순을 그대로 보여주고 있었다. 전체 인구의 빈곤율을 크게 웃도는 유색인종(원주민과 흑인), 15세 미만 인구, 농촌 거주 인구의 빈곤율은 일괄적인 평균화로 환원하기 어려운 라틴아메리카 빈곤의 집중과 사회적 약자들의 개선되지 못한 삶의 질을 그대로 보여준다.

이 지점에서 우리는 라틴아메리카의 빈곤이 불평등과 깊은 연관이 있다는 것을 알 수 있었다. 라틴아메리카의 풍요로움과 최근 빠른 산업화의 결실에도 불구하고 라틴아메리카의 많은 인구가 빈곤을 겪고 있는 이유는 신자유주의자들이 주장하는 바와 같이 경제발전이 불충분했기 때문이 아니라 그 결과물이 공정하게 분배되지 않았기 때문이다. 특히 시장논리를 강조하는 신자유주의의 도입과 함께 추진된 민영화, 무역자유화, 규제완화, 노동시장의 유연화, 금융시장 개방 및 국가의 개입 축소는 모두 불평등한 소득 구조를 개선하기보다는 악화하는 결과를 낳았다.

충분한 법적 테두리와 민주적인 감시 체제 없이 추진된 민영화는 이미 오랜 정경유착의 노하우를 알고 있는 대기업들에게 국민 세금으로 유지되던 공공 자산을 손쉽게 취득할 수 있는 기회를 제공하였다. 이 대기업들은 저가로 시장에 나온 공기업들을 사들여 독점 혹은 과점 체제를 구축하고 부를 축적하였다. 대외 시장에 대한 개방과 함께 추진된 무역자유화는 라틴아메리카 경제 엘리트들 중 전통적인 강자인 수출 부문의 엘리트들에게 유리하게 작용한 반면, 내수 시장을 중심의 활동하던 제조업이나 유통업에는 치명적인 환경을 제공함으로써 국내 기업들 중에서도 몇몇 승자들에게만 경제 권력이 집중되는 결과를 낳았다. 각종 규제완화를 통해 기업의 활동 여건이 개선되는 듯했으나 역으로 국내 산업을 보호하던 규제들도 같이 완화됨으로써 국내 산업의 위축을 가져왔고, 특히 노동시장의 유연화를 통해 비정규직이 양산되고 노동조건 자체가 불안정해지면서 고학력 및 숙련 노동자들을 제외한 대다수의 저학력 및 비숙련 노동자의 실질임금이 감소하였다. 금융시장 개방으로 환율과 금리가 시장에 의해 결정되는 과정에서 투기 세력에 대한 규제가 제대로 작동하지 못해 불안정한 환율과 금리를 이용해 부를 축적하는 국내외 투기 자본들이 급성장할 수 있었다. 게다가 일반적으로 불평등 완화를 위해 도입되는 조세개혁 조치가 라틴아메리카에서는 역진세에 속하는 간접세 강화로 귀결되면서 오히려 소득불평등을 악화하는 결과를 보였으며, 국가가 중산층의 보호와 빈곤퇴치를 위해 추진하는 다양한 사회보장 프로그램들이 폐지되거나 축소되면서 이 역시 소득불평등 악화를 가져왔다.

신자유주의하의 라틴아메리카는 세계에서 가장 불평등한 지역으로 거듭났고, 빈곤율 또한 획기적으로 낮추지 못한 채 경기의 상승과 하강에 가슴을 쓸어내려야 하는 처지를 벗어나지 못하고 있다. 신자유주의하에서 악화된 빈곤과 불평등에 대한 불만은 라틴아메리카의 사회적 행위주체, 특히 국가의 각성을 촉구하였다. 그 결과 라틴아메리카의 정부들은 기존의 신자유주의적 노선을 수정해 사회정책에서 국가의 역할을 강화하고 공공지출을 늘리는 성과를 거두기도 하였다. 이러한 일련의 움직임은 포스트 신자유주의 정부들의 출범과 깊은 연관이 있다.

그러나 이른바 포스트 신자유주의 정권하에 추진된 빈곤퇴치 프로그램들은 공공지출을 늘리고 국가개입 정도를 높이는 기술적인 측면에서 신자유주의에 수정을 가한 듯 보이지만, 신자유주의의 원칙과 이념에서는 크게 벗어나지 않은 것을 확인할 수 있었다. 특히 보편적인 권리로 모든 시민에게 주어지던 복지 지원이, 자신이 빈곤하다는 것을 증명하고 그 내용을 국가로부터 승인받은 특정 그룹에 부여되는 사회서비스가 되었으며, 시민의 권리를 보장할 국가의 책임은 도움이 필요한 시민에게 지원을 제공하는 국가의 기능으로 전락하였다. 이뿐만 아니라 빈곤퇴치 프로그램의 대상이 되기 위하여 끊임없이 노동하거나 혹은 노동할 의지가 있음을 증명할 것으로 빈곤층에게 요구함으로써 시민이라면 누구나 누릴 수 있었던 '굶어죽지 않을 권리'는 국가가 인정하는 자격을 갖춘 시민들만이 누릴 수 있는 혜택이 되었다.

포스트 신자유주의 정부하에서 추진된 빈곤 정책들에서 유지된 신자유주의의 핵심 원칙들을 환기하는 것은 포스트 신자유주의의 한계를 고찰하는 데에 많은 영감을 준다. 보편적 시민들의 필수 불가결한 권리를 보장하고자 하는 프로그램이 아니라 그때그때 수요가 있는 곳에 창출되는 상품같이 도입되는 빈곤퇴치 프로그램은 그 지속가능성과 재정의 건전성에서 모두 한계를 지닐 수밖에 없다. 또한, 시민참여와 가족의 강화 및 분권화 등의 정치적 미사여구에도 불구하고 국가의 승인을 받는 일부 수혜자들을 대상으로 한 프로그램의 운용은 많은 빈곤퇴치 프로그램을 정치화하였고, 국가와 정권의 유지를 위해 시민을 동원하는 기제로 활용되었다. 이는 왜 몇몇 포스트 신자유주의 정권들이 권위주의적 포퓰리즘으로 변질되어 시민들에게 외면받았는지 이해할 수 있는 단초를 제공한다.

아쉽게도 신자유주의가 라틴아메리카의 빈곤과 불평등의 해결을 위해 약속했던 낙수효과는 일어나지 않았다. 오히려 신자유주의의 부작용이 소수에게 집중되면서 라틴아메리카의 불평등은 악화되었고, 이는 이후에 다룰 다양한 사회문제의 원인으로 지목되기에 이른다. 이 장에서 우리는 신자유주의의 이러한 모순을 극복하기 위해 대표적인 사회적 행위주체인 국가가 어떤 식으로 행동했는지 살펴보았고, 그 한계를 짚어보는 과정에서 포스트 신자유주의 몰락의 원인까지 미루어 짐작해 보는 기회를 얻을 수 있었다. 하지만 라틴아메리카 신자유주의가 빈곤과 불평등에 끼친 악영향에 대해 대응한 사회적 행위주체에는 국가만 있는 것은 아니다. 신자유주의의 모순에 대하여 가장 역동적으로 반응한 사회적 행위주체 중 하나는 바로 가족이다. 가족은 국가와 때로는 독립적이고 때로는 상호보완적인 관계를 형성하면서 라틴아메리카인들, 특히 빈곤층 인구가 신자유주의하에서 살아남는 데에 지대한 기여를 하였다. 이와 관련해서는 제5장 가족 편에 더 자세히 다루었다.

제**4**장

노동과 이주

저자가 이 책을 마무리하던 시점에 라틴아메리카와 관련해 한국 언론에서 가장 크게 다뤄졌던 사건은 바로 중앙아메리카에서 미국으로 출발한 이민자 행렬, 카라반이다. 온두라스를 시작으로 중앙아메리카의 여러 국가 국민들이 미국으로의 이주를 꿈꾸며 걸어서 시작한 그 여정은 한창 반이민 정서를 이용해 중간선거전을 펴고 있던 도날드 트럼프 미 대통령에게 좋은 선거 전략을 제공하는 듯하였다. 트럼프 대통령은 미국을 향한 여정을 계속하며 그 수가 수천 명에 이르는 이주 행렬 속에 범죄자와 이슬람 극렬분자들이 숨어 있다는 거짓 뉴스를 퍼뜨리는가 하면, 카라반을 중단시키지 못하면 중앙아메리카 국가들에 대한 원조를 끊어버리겠다는 협박까지 일삼았다(*Washington Examiner*, 2018). 동시에 미국 민주당의 이민에 대한 우유부단한 태도가 카라반을 부추기고 있다고 공격하는가 하면, 멕시코와 미국 사이에 장벽을 세워 앞으로 이런 일이 다시는 일어나지 않도록 하겠다고 장담하였다(*The New York Times*, 2019).

트럼프 대통령의 공격 속에서도 카라반은 멕시코와 과테말라 간 국경을 건넜고, 수천 명의 사람들은 자녀를 데리고 혹은 친구와 함께 수개월이 걸리고 동시에 매우 위험한 미국으로의 도보 여행을 계속하였다. 하지만 왜 이들이 이주를 하게 되었는지, 이들은 누구인지 그리고 미국은 왜 이들에게 매력적인 이주처로 떠올랐는지에 대한 진지한 논의는 실종되었다. 자극적인 사진과 근거 없는 공포가 난무하는 가운데 중앙아메리카는 순식간에 범죄와 빈곤, 그리고 부패가 판을 치는, 수천 명이 목숨을 걸고 조국을 버릴 수밖에 없는 지역이 되었다. 그러나 여기서 우리가 던져야 할 질문 중 하나는 과연 중앙아메리카인들만 고국을 떠나 선진국으로 향하고 있냐는 것이다. 매년 가장 빠른 속도로 증가하고 있는 미국 내 소수 인종이 아시아인들이라는 점, 높은 청년실업률을 타개할 방법으로 우리나라의 정부도 청년들에게 해외 취업을 적극적으로 권하고 있다는 점, 우리나라에 거주하는 외국인의 숫자가 이미 230만 명을 넘어서며 우리도 다문화사회로 들어섰다는 점은 이주가 라틴아메리카만의 특이한 현상이 아니라 오늘을 살아가는 세계인의 일상이 되었음을 보여준다.

우리는 라틴아메리카뿐만 아니라 전 세계적으로 확대되고 있는 이주의 규모를 신자유주의하에서 노동이 경험한 변화의 결과물로 이해해야한다. 자본과 상품의 이동이 최대한 자유로워야 한다고 주장하는 신자유주의 모델하에서 자본주의의 3대 요소 중 노동의 자유로운 이동만제한되는 이 모순된 현실은 당연히 '합리적인' 개인에게는 극복해야 할대상이다. 신자유주의하에서 많은 노동자들이 감내해야 했던 노동시장의 유연화는 사용자 입장에서 노동자를 자유롭게 고용하고 해고할 수있는 권리의 확장이라고 볼 수 있다. 그렇다면 노동자의 자유는 어떻게 확장되었을까? 노동자 역시 자본을 마음대로 고르겠다는 움직임 중하나가 바로 이주가 아닐까?

이 장에서는 신자유주의하에서 노동에 일어난 변화를 사용자가 아닌노동자의 입장에서 분석하였다. 또한 국내 노동시장의 변화가 세계 노동시장의 변화를 추동하였다는 가정하에 신자유주의가 노동에 끼친 영향의 연장선상에서 이주라는 사회현상에 일어난 변화 또한 고찰하였다. 그 결과, 국내 노동시장의 붕괴 및 악화가 국제 이주를 추동하는원동력이 되고 있다는 결론에 도달하였다. 마지막으로 라틴아메

리카의 이주를 둘러싼 다양한 사회적 행위주체들의 대응을 초국가
주의(transnationalism)의 관점에서 분석하였다.

1. 신자유주의적 구조조정과 노동

신자유주의가 라틴아메리카에 끼친 영향을 고려할 때 가장 분명한
결과물 중 하나로 거론되는 것이 노동시장의 유연화와 고용의 악화이
다. 자유화와 탈규제 및 시장개방으로 경제가 성장하고 몇몇 산업 분
야에서 고용이 촉진된 사례도 있으나 전반적인 노동 통계를 확인해 보
면, 신자유주의하에서 노동자들이 겪는 사회적 소외는 심화되었고 실
업은 증가하였으며 실질임금 또한 정체되었거나 감소하였다(올레스커,
2017: 74). 〈그래프 4-1〉과 〈표 4-1〉에서 확인할 수 있듯이, 결론적으
로 노동자 계층의 삶은 크게 퇴보한 것으로 보인다.

2018년 현재 라틴아메리카 전 지역 노동자의 8.1%가 실업 상태이다.
게다가 지역 전체의 비공식 부문은 확대되어 1980년 비공식 부문은 전
체 일자리의 28.9%에 불과했던 반면, 1990년대에 그 비중은 크게 늘어
42.8%가 되었고, 21세기 초반에는 46.4%까지 늘어났다. 순식간에 라틴
아메리카의 일자리 중 절반 정도가 비정규직으로 전환된 것이다. 1990
년부터 1999년까지 새로 생겨난 일자리는 2900만 개인데 이 중 2000만
개가 비공식 부문에서 생겨났다(레이가다스, 2006: 192). 게다가 앞서 불
평등을 연구하며 알게 된 바와 같이 라틴아메리카의 노동시장에서 숙련
노동자와 비숙련 노동자 간의 임금격차는 더욱 커졌다. 단순히 임금격차

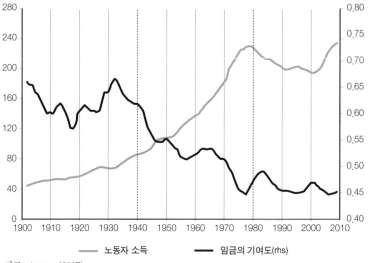

〈그래프 4-1〉 라틴아메리카의 노동자 소득 및 임금의 기여도 추이(1990~2010)

—— 노동자 소득　　—— 임금의 기여도(rhs)

자료: Astorga(2017).

만 늘어난 것이 아니라 전체 소득, 사회보장 혜택, 고용 수준까지 격차가
상당해진 것으로 보인다(Katzman and Wormald, 2002: 46~49).

그렇다면 구체적으로 신자유주의의 도입과 함께 라틴아메리카의 노
동시장에는 어떤 변화가 있었을까? 우선 농업 분야의 일자리가 대거
축소되었다. 따라서 농업 분야에 종사하던 노동자들이 도시나, 일자리
가 있는 그 밖의 다른 장소로 이주하는 일이 일어났다. 물론 농촌으로
부터 도시로의 이주는 신자유주의를 도입하기 수십 년 전부터 일어났
던 사회현상이다. 하지만 신자유주의적 구조조정과 함께 농촌을 떠나
는 농민 인구는 급속도로 증가하였고, 그 결과 소규모인 전통적 양식의
농업은 더욱 축소되었다. 신자유주의하에서 소규모 농민들은 더 이상

〈표 4-1〉 라틴아메리카 국가별 실업률 추이(2006~2015)

	2006	2007	2008	2009	2010	2011	2012	2013	2014	2015
아르헨티나	10.2	8.5	7.9	8.7	7.7	7.2	7.2	7.1	7.3	6.5
바하마	7.6	7.9	8.7	14.2	n.a.	15.9	14.4	15.8	14.8	12.0
바베이도스	8.7	7.4	8.1	10.0	10.8	11.2	11.6	11.6	12.3	11.3
벨리스	9.4	8.5	8.2	13.1	12.5	n.a	15.3	13.2	11.6	10.1
볼리비아	8.0	7.7	4.4	4.9	n.a.	3.8	3.2	4.0	3.5	n.a
브라질	10.0	9.3	7.9	8.1	6.7	6.0	8.2	8.0	7.8	9.3
칠레	7.8	7.1	7.8	9.7	8.2	7.1	6.4	5.9	6.4	6.2
콜롬비아	12.2	10.7	11.0	12.3	11.8	10.9	10.6	10.1	9.5	9.2
코스타리카	6.0	4.8	4.8	8.5	7.1	7.7	9.8	9.1	9.5	9.7
쿠바	1.9	1.8	1.6	1.7	2.5	3.2	3.5	3.3	2.7	2.4
에콰도르	8.1	7.4	6.9	8.5	7.6	6.0	4.9	4.7	5.1	5.4
엘살바도르	5.7	5.8	5.5	7.1	6.8	6.6	6.2	5.6	6.7	n.a.
과테말라	n.a.	n.a.	n.a.	n.a.	4.8	3.1	4.0	3.8	4.0	2.8
온두라스	4.6	4.0	4.1	4.9	6.4	6.8	5.6	6.0	7.5	8.8
자메이카	5.8	6.0	6.9	7.5	8.0	8.4	9.3	10.3	9.4	9.5
멕시코	4.0	4.0	4.3	5.9	5.9	5.6	5.4	5.4	5.3	4.7
니카라과	7.0	5.9	6.1	7.9	7.8	5.9	5.9	5.6	6.6	n.a.
파나마	8.4	5.8	5.0	6.3	5.8	3.6	3.6	3.7	4.1	4.5
파라과이	8.9	7.2	7.4	8.2	7.2	7.1	8.1	8.1	8.0	6.8
페루	8.5	8.4	8.4	8.4	7.9	7.7	6.0	5.9	5.9	6.5
도미니카 공화국	6.2	5.4	5.3	5.8	5.7	6.7	7.2	7.9	7.2	6.9
트리니다드 토바고	6.2	5.6	4.6	5.3	5.9	5.1	5.0	3.7	3.3	3.5
우루과이	11.3	9.8	8.3	8.2	7.5	6.6	6.7	6.7	6.9	7.8
베네수엘라	10.0	8.4	7.3	7.9	8.7	8.3	8.1	7.8	7.2	7.0

자료: CEPALSTAT을 토대로 저자 재구성.

정부의 보조금을 기대할 수 없었으며, 상당한 보조금 혜택을 받고 자본력을 갖춘 해외의 농업자본과 맞닥뜨려야 하였다. 멕시코 정부의 추산에 따르면 1993년부터 2002년까지 농업 분야에서 약 130만 명이 일자리를 잃었다고 한다(Babb, 2005: 211~ 212). 특히 멕시코에서 농업 부문의 일자리가 많이 줄어든 것은 북미자유무역협정의 체결과 무관하지 않다. 1994년 체결된 북미자유무역협정의 이행은 토지개혁 관련 법안을 개정해 멕시코 농민과 농업이 미국·캐나다의 농민 및 농업과 같은 조건에서 경쟁하도록 하였다. 이를 위하여 멕시코 농촌의 오랜 관습인 에히도(Ejido) 제도[5]가 붕괴되었으며, 멕시코 농민들은 토지를 잃고 자신들의 땅을 떠나야 하였다(헬만, 2006: 298).

신자유주의하에서 노동시장에 영향을 끼친 또 다른 요인은 바로 국영기업의 민영화이다. 라틴아메리카 국영기업의 민영화는 대부분 규모를 축소하는 구조조정을 동반하였으며, 그 결과 많은 노동자들이 해고되었다. 지난 20여 년 동안 수많은 개발도상국에서 정규직이 줄어들고 비정규직이 증가했는데, 라틴아메리카도 예외는 아니었다. 즉, 라틴아메리카의 노동은 길에서 껌을 파는 노점상이나 소규모 의류공장의 하청업자와 같은 프리랜서나 자영업자들이 대표하게 되었다(Portes and Hoffman, 2003). 혹자는 이러한 비공식 부문 종사자들을 국가의 지나친 규제와 잘못된 조세제도를 극복한 창의적인 기업가 정신의 소유자라고 칭송하지만(De Soto, 2002), 다른 이들은 이와 같은 라틴아메리카 노동

---

5 에히도(Ejido) 제도는 원주민들의 공동경작 전통을 멕시코 혁명 정부가 법제화한 것으로. 토지에 대한 원주민공동체의 공동소유를 인정하는 제도이다.

시장의 변화가 국가가 규제하는 안정적인 일자리를 불안정하고 임금이 낮으며 생산력 또한 낮은 일자리로 교체한 것이라고 주장한다(Farrell, 2004).

신자유주의적 재정정책 또한 라틴아메리카의 노동시장을 위축시켰다. 특히 경제위기와 그에 따른 신자유주의적 구조조정을 경험한 국가들은 긴축재정을 실천해야 했는데, 이는 해외투자자들의 신뢰를 얻고 국제통화기금과 같은 국제금융기구의 지원을 받기 위해 필요한 조치였다. 따라서 정부는 인플레이션율을 낮추는 것을 재정정책의 최우선 과제로 삼았으며, 행정부로부터 독립된 중앙은행의 위상을 제고하고자 법률을 개정하기도 하였다. 특히 인플레이션 억제책으로 즐겨 활용된 방식이 고금리 유지였고, 높은 금리 덕분에 낮아진 국내 투자는 결국 해고와 대량 실업으로 연결되었다(Babb, 2005: 212).

아울러 시장개방과 함께 국내 시장으로 쏟아져 들어온 값싼 제품의 홍수 속에서 도산한 수많은 국내 기업들은 라틴아메리카의 노동시장을 더욱 위축시켰다. 이렇게 해고된 노동자들이 라틴아메리카 경제의 비공식화를 가속화했다면, 무역자유화의 물결 속에서 도산한 국내 자본가들은 라틴아메리카 자본가의 재구성을 가져왔다. 한 연구에 따르면, 칠레의 시카고 보이스들이 강력한 자유무역주의 정책을 펼치던 시기에 칠레에서 강력히 부상한 기업들은 해외자본시장에 접근이 가능한 거대 수출기업이었다(Silva, 1996).

한편 신자유주의와 함께 확산된 자유무역지대에서 생겨난 일자리들은 좀 더 낮은 임금을 찾아 거점을 옮기는 기업과 자본의 횡포에 취약할 수밖에 없다. 1994년부터 2001년까지 미국의 멕시코에 대한 직접

투자는 연간 50억 달러에서 연간 160억 달러로 상승하였다. 그러나 1990년대 북미자유무역협정의 결과 생겨난 일자리의 대부분은 마킬라도라[6] 지역에 집중되었으며, 기업들이 중국으로 옮겨가면서 마킬라도라에 창출되었던 일자리 중 약 30%가 사라졌다(Babb, 2005: 213). 이렇듯 신자유주의하에서 창출된 일자리가 지닌 불안정성과 열악한 노동조건은 해외 직접투자의 증가만으로 해결될 수 없었으므로, 많은 라틴아메리카 노동자들은 실업과 낮은 임금수준을 감내해야 하였다(Portes and Hoffman, 2003).

게다가 노동자들의 권익과 노동조건의 개선을 위해 투쟁할 노동조합도 신자유주의로 인해 상당히 약화되었다. 라틴아메리카의 많은 노동조합들은 분열되거나 가입자 수 급감을 경험하였으며, 나아가 신자유주의 이전에 누렸던 정치적인 영향력마저 사라지는 것을 목격할 수밖에 없었다. 노동조합의 약화는 무역자유화, 노동시장의 규제완화, 공공부문 노동자의 해고, 공기업 민영화와 관련이 있다. 이러한 일련의 조치들은 단기적으로는 실업률을 증가시켰고, 장기적으로는 노동자들을 위한 법적 보호 장치를 제거하였다. 동시에 금융자유화 덕분에 고용주들은 투자를 회수하겠다는 압력을 통해 노동자와의 협상에서 자신들의

---

6 '마킬라도라'는 멕시코의 자유무역지대를 일컫는 용어이다. '마킬라'란 멕시코 농부들이 옥수수를 갈기 위하여 방앗간에 지불하는 수고비로, 옥수수 가루의 양을 재는 단위이다. 마킬라도라라는 용어는 자유무역지대를 거대한 방앗간으로, 그리고 그 지역에 입주한 다국적기업들을 방앗간을 사용하는 농부로 비유한 데에서 유래되었다. 즉, 다국적기업들이 마치 농부들처럼 방앗간인 멕시코에 옥수수(즉, 제품을 만들기 위한 재료들)를 제공하고, 멕시코 정부는 그 수고비(즉, 임금과 생산비)를 챙기는 방앗간 주인처럼 행동한다고 볼 수 있다(김명혜, 1998: 90).

입지를 강화할 수 있었다. 결국 노동조합은 조직을 유지하는 것조차 버거운 상황에 처하였다(Weyland, 2004: 147).

하지만 2000년대에 포스트 신자유주의 정부들이 들어서면서 라틴아메리카의 노동 상황은 개선되는 듯하였다. 2000년과 2004년 사이에 고용률이 평균 56%에서 소폭이지만 58%로 증가하였고, 사회보장제도의 혜택을 누릴 수 있는 일자리가 증가함으로써 신자유주의 도입 이후 노동의 질 저하를 양산한 비공식성(informality)도 감소하였다. 포스트 신자유주의 정부들이 추진한 보건과 교육제도에의 접근성 개선은 노동자들의 삶에 긍정적인 영향을 끼쳤으며, 그 결과 실질임금은 상승하였다. 나아가 많은 라틴아메리카 국가들에서 최저임금을 인상해 노동자 간의 임금격차가 줄어들었다(올레스커, 2017: 75).

포스트 신자유주의 정부하에서 노동조건의 개선이 일어날 수 있었던 주요 원인은 무엇보다도 경제성장에 있었다. 라틴아메리카에서 생산되는 원자재의 수요가 증가하면서 가격이 상승해, 라틴아메리카가 근본적으로 신자유주의적 노선을 수정하지 않고도 노동시장의 개선과 내수시장의 활성화 및 임금인상을 경험할 수 있는 바탕이 되었다. 하지만 경기회복에만 의지한 노동환경의 개선은 한계에 봉착할 수밖에 없다. 그 한계를 최근 라틴아메리카의 국가들이 보여주고 있다.

2008년부터 시작된 세계 원자재 가격의 하락과 중국의 경기침체는 라틴아메리카 경제의 불황으로 이어졌다. 이는 2000년대 포스트 신자유주의 정부하에서 개선되었던 각종 노동지표가 다시 악화될 수 있는 환경을 만들었다. 1992년 72.39%에 달하던 노동시장 참여율은 지속적으로 감소해 2018년 현재 58.2%에 불과하고, 라틴아메리카의 실업률은

1992년 8.3%에서 1999년 11.2%까지 증가했으나 다시 2006년을 기준으로 8.6%로 감소하였고 최근에는 7.8%로 다시 축소되었다. 하지만 아직도 청년실업률은 심각한 수준이다. 2018년 기준으로 19.6%의 청년실업률을 기록했는데, 이는 5명 중 1명의 청년(15세에서 29세)이 실업상태에 놓여 있다는 것을 뜻한다(World Bank Open Data; ILO, 2018; CEPALSTAT).

신자유주의의 도입과 함께 악화된 노동환경을 극복하지 못한 많은 노동자들이 결국 일자리를 찾아 고국을 등지는 선택을 하게 된다. 이주의 출추효과7 중 하나인 일자리 부족으로 고통받는 라틴아메리카인들에게 이주는 합리적인 선택이었다.

2. 자유화와 이주

신자유주의의 중요한 축인 자유화는 경제를 구성하고 있는 요소들의 자유로운 이동과 경쟁을 보장하자는 것이다. 신자유주의의 다양한 정책들은 이를 실현하기 위하여 고안되었는데 정교한 제도의 발전과 국제금융기구의 압력 행사라는 양날의 칼을 활용한 결과, 오늘날 자본은

---

7 이주에서의 출추효과(Push Effect)란 이주를 보내는 국가가 이주민을 밀어내는 효과를 의미하는데 이러한 출추요인 중 가장 대표적인 것은 인권유린, 과다한 인구, 경쟁적 배제, 경제 문제가 있다. 출추효과와 반대되는 개념으로 이주를 받아들이는 국가가 이주민을 끌어들이는 것을 인치효과(Pull Effect)라고 칭하며, 대표적인 인치요인으로는 인구의 고령화, 경제성장, 세계화가 있다.

그 어느 때보다 자유로운 이동을 보장받고 있다. 무역자유화를 통해 상품의 이동 또한 매우 자유로워졌다. 예컨대 칠레의 경우 세계에서 가장 많은 자유무역협정을 맺은 까닭에 말 그대로 전 세계 상품이 칠레에 수입되며 동시에 칠레의 상품이 전 세계로 수출된다. 우리가 마트에서 질 좋은 칠레산 와인을 싼 가격에 즐길 수 있는 것도 바로 무역자유화 덕분이다.

하지만 노동은 자본과 상품처럼 자유롭게 이동하지 못한다. 이주를 위해 노동자가 거쳐야 하는 각종 절차와 규제는 좀처럼 완화되지 않고 있으며, 오히려 선진국의 곳곳에서 반이민 정서를 등에 업고 이주민을 차별하고 이주의 문턱을 높이고자 하는 움직임들이 활발하다. 멕시코 농민이 재배한 아보카도가 국경을 넘어오는 것에는 너무나도 관대한 미국이 멕시코 농민의 이주를 막기 위해 국경지대에 거대한 장벽을 건설하겠다고 공언하는 현실은, '모든 인간이 시장 앞에서 평등하고 자유로우며 종국에는 국가라는 촌스러운 제도가 사라져버릴 것'이라고 신자유주의자들이 그렸던 미래는 분명 아니었다.

그럼에도 불구하고 신자유주의하에서 이주는 더 활발해졌다. 신자유주의로 인한 라틴아메리카 노동시장의 악화 때문이다. 북미자유무역협정 체결 후 강화된 국경 통제에도 불구하고 멕시코인들의 미국으로의 불법 이주는 상당히 늘어났다. UN의 보고서에 따르면 1990년부터 2000년 사이에 전체 이주민 증가율은 14%를 기록하였다(Babb, 2005: 215).

이렇듯 신자유주의의 도입과 함께 급증한 국외 이주는 라틴아메리카 신자유주의의 모순을 보여준다. 시장개혁을 통해 자국 경제를 국제적

인 상품 및 통화의 순환구조 안에 통합하려 열을 올렸던 미국과 선진
국들은 막상 노동시장의 초국적화(transnationalization)에는 소극적이거
나 심지어는 적대적이었다. 간단하게 말해서, 유의미한 이주법 개혁이
부재한 미국에서 자본은 순환하지만 노동시장은 최소한 법적으로는 자
국 내에 묶여 있다(Roberts, 2009: 12).

이주 자체는 대표적인 자유주의의 상징이다. 이주는 오로지 시장에
서 살아남으려는 개인의 의지에 기반을 둔 행위로 공익을 지향하는 공
동체적 행위와는 거리가 멀다. 그렇지만 라틴아메리카의 경우, 이주를
중심으로 새로운 형태의 공동체가 생겨나는 흥미로운 현상을 목격할
수 있다. 소규모로 송금하고, 소규모로 예금·투자 및 창업할 수 있는
기회를 엿볼 수 있도록 도와주는 새로운 공동체 중심의 금융기관이 생
겨났으며, 고국의 수요에 부응하기 위한 사회발전 프로그램들을 공동
으로 지원하는 향우회(hometown association)가 미국 전역에서 생겨났다
(Roberts, 2009: 12).

미국과 선진국들의 비협조적인 태도에도 불구하고 합법 및 불법 이
주가 꾸준히 증가한 원인은 무엇일까? 가장 중요한 원인은 이미 앞서
언급한 라틴아메리카 노동시장의 악화이다. 윅스와 윅스(Weeks and
Weeks, 2013)에 따르면 1990년대 많은 라틴아메리카 국가들은 이미 자
국의 노동시장이 젊은 노동자들을 흡수할 수 있는 일자리를 창출하지
못하고 있다는 것을 인정하였다. 반면 미국의 경제는 호황을 누리며
스스로 채울 수 없는 수많은 비숙련 노동자들의 일자리를 양산하였다.
'잃어버린 10년'을 겪고 있던 라틴아메리카에서 호황으로 일자리가 넘
치는 미국으로의 대규모 이주는 자연스러운 선택이었다.

하지만 이주의 원인이 오로지 경기침체 혹은 호황만은 아니라는 매우 흥미로운 주장도 있다. 라틴아메리카의 여성들이 이주를 선택하는 이유, 특히 농촌의 여성이 남편과 함께 이주를 계획하는 이유는 단순히 노동시장의 열악한 상황 때문만은 아니라는 것이다. 주디스 헬만(2006)에 따르면, 농촌 거주 여성들이 농촌을 떠날 결심을 하는 것은 이주가 그 여성들에게 농촌의 억압적 가부장제로부터 탈출할 기회를 제공하기 때문이다. 헬만은 "다수의 진보적인 사람들이 신자유주의와 그 치명적인 효과를 이데올로기적으로 비난하는 데에 전념"(헬만, 2006: 298)하면서 정작 여성들이 왜 이주를 하는지에 대한 진지한 연구는 외면한다고 비판한다. 헬만에 따르면 농촌 여성들은 자신이 직접 이주를 하거나 남편의 이주 계획을 지지하면서 나중에 남편과 합류하기를 희망하는데, 그 이유는 여성들이 겪는 시집살이와 학대 때문이다. 특히 남편이 먼저 이주를 한 경우, 홀로 남겨진 아내의 삶은 남편의 가족들의 구속과 감시의 대상이 될 뿐이며, 이러한 환경을 극복하는 방법의 하나로 동반 이주를 선택한다는 것이다. 이렇게 이주한 라틴아메리카의 여성들은 자녀들을 가족 내 다른 여성이나 가까운 친척 여성에게 맡기고 선진국으로 이주해 선진국 여성의 아이를 돌보며 가사노동을 한다(폰테, 2017: 145). 돌봄 노동의 국제적 분업이라는 흥미로운 사회현상이 광범위하게 일어나고 있는 것이다.

이 두 연구는 이주민의 다면성과 이주의 다층적 의미를 보여준다는 점에서 매우 흥미롭다. 이렇듯 다양한 이유로 이주를 선택한 사람들은 누구일까? 라틴아메리카와 관련해서는 미국의 미디어를 그대로 수입하다시피 하는 우리 언론에 비친 이주민의 모습은 학력이 낮고 가난하며

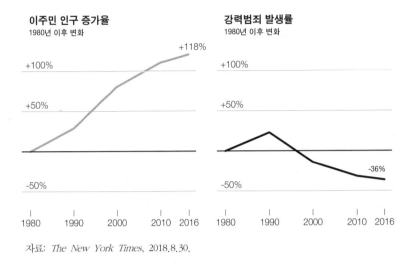

〈그래프 4-2〉 미국 도시의 이주민 증가와 강력범죄 발생 건수 추이(1980~2016)

이주민 인구 증가율
1980년 이후 변화

+118%

+100%

+50%

-50%

1980 1990 2000 2010 2016

강력죄 발생률
1980년 이후 변화

+100%

+50%

-50%

-36%

1980 1990 2000 2010 2016

자료: *The New York Times*, 2018.8.30.

특별한 기술이 없거나 범죄를 저지르고 도피 중인 위험한 남성들이다.
그러나 연구 결과에 따르면 이러한 우리의 이미지는 매우 잘못된 것이
다. 멕시코에서 미국으로 이주하는 이들을 고찰한 결과, 이주민들 중에
는 친지와 동행하지 않은 여성의 숫자가 남성의 숫자보다 더 많으며,
알려진 바와는 달리 교육 수준이 높고 도시 출신이 우세하고 농촌 출
신일 경우 농촌 지도자의 비율이 높았다. 특히 농촌의 학교 교사는 마
을에서 가장 영향력 있는 인물로 종종 마을 신부보다 훨씬 중요한데,
멕시코에서 미국으로 이주하는 농촌 출신 이주자의 압도적인 다수가
교사 출신이었다. 실제로 미국으로 이주를 희망하는 이들은 교양 수준,
교육 수준, 기술 훈련 수준, 심지어 건강 수준까지도 이주를 하지 않고
자국에 남아 있는 이들보다 높았다(헬만, 2006: 303).

이주민들이 범죄를 저지른다는 주장 또한 편견에 지나지 않음을 밝히는 연구들이 속속 발표되고 있다. 라이트와 밀러(Light and Miller, 2017)는 1990년부터 2014년까지 미국의 50개 주와 워싱턴 D.C.의 강력범죄 데이터를 분석하여 이주와 강력범죄 간에는 관계가 없을 뿐 아니라 오히려 이주가 강력범죄를 감소시키는 효과가 있음을 밝혀내었다. ≪뉴욕 타임스≫는 2018년 8월 30일 게재한 "The Myth of the Criminal Immigrant(범죄자 이주민이라는 신화)"라는 기사를 통해 뉴욕주립대학교의 연구 결과를 소개한다. 〈그래프 4-2〉에서 알 수 있듯이, 미국의 200개 대도시의 범죄 데이터를 분석한 결과, 1980년대 이래 이주민의 유입으로 인구가 증가한 지역에서 오히려 강력범죄가 감소하였다는 사실을 밝혀내었다(The New York Times, 2018.8.30).

지금까지 신자유주의하에서 노동에 일어난 변화를 국내와 국외로 나누어 고찰하였다. 신자유주의의 도입과 함께 취약해진 노동시장이 근본적인 해결책을 찾지 못한 채 여전히 취약한 상태로 남아 있다는 것도 확인하였고, 신자유주의가 약속한 자유화는 노동자들이 국경을 넘어 일자리를 찾을 자유와는 무관하다는 사실도 알게 되었다. 이렇듯 어려움에 봉착한 라틴아메리카의 노동이라는 분야에서 어떤 사회적 행위주체가 어떤 방식으로 신자유주의의 모순에 대응하였을까? 놀랍게도 신자유주의의 여파로 가장 큰 타격을 입었다는 노동 분야에서 국가, 노동조합, 향우회 등의 사회적 행위주체들이 초국가주의적 대응이나 저항을 조직해 내고 있었다.

3. 초국가주의적 대안들

초국가주의(transnationalism)란 세계화의 결과로, 개인들이 자신이 속한 국가와의 밀접성은 낮아진 반면, 국제적 연계는 높아지는 현상을 뜻한다(Weeks and Weeks, 2013: 122). 신자유주의하의 라틴아메리카를 살아가는 시민들 중 자국의 현실만을 고려해야 하는 사람들은 아무도 없을 것이다. 신자유주의와 함께 추진된 다양한 자유화 정책들은 생산과 소비 등 개인의 삶이 필연적으로 국제사회와 결부되는 결과를 가져왔다. 따라서 라틴아메리카의 노동과 이주에 대한 분석은 사회적 행위주체들이 추구하는 초국가적인 현실에 대한 초국가적인 대안을 중심으로 이루어져야 한다.

1) 초국가주의적 노동운동의 탄생

초국가주의적 기업의 탄생 앞에 노동운동 또한 초국가적인 연대를 통해 대응해야 한다는 주장은 매우 설득력 있다. 그러나 국가를 초월한 노동운동의 연대를 위한 노력은 각 국가의 서로 다른 이해관계와 국가 간 권력 차이라는 장벽에 막혀 그간 이렇다 할 성과를 내지 못해왔다. 특히 가장 시급해 보이는 라틴아메리카와 미국 노동자 간의 연대는 미국 노동운동이 보호무역주의적인 성향을 보여왔고, 심지어 미국의 반동적 외교정책을 지지해 왔던 전통으로 인해 미국 내에서도 큰 지지를 받지 못하였다. 사정은 라틴아메리카에서도 마찬가지이다. 라틴아메리카의 노동운동은 지방 엘리트를 지지하며 민족주의적 성향을 보이는 경우가 많았고, 여성, 비공식 노동자, 주변화된 사회적 약자들의 요구에 무감한 모습을 보이며 한계에 다다라 있었다(아너, 2006: 407).

기본적으로 자국의 현실에 뿌리를 두고 있는 노동운동이 국제적인 연대를 꾀하는 것은 선진국과 개발도상국 모두에 어려운 과제이다. 하지만 개발도상국의 경우 기업의 본부가 국외에 있는 상황을, 그리고 선진국의 경우 기업의 생산기지가 국외로 이주해 버린 현실을 각각 자국의 국내 정치만으로 풀어내기는 쉽지 않다. 이러한 어려움을 타계하고자 최근 초국가주의적 노동의 연대가 일어나고 있다. 특히 북미자유무역협정과 같은 지역주의 무역협정이나 세계무역기구와 같은 국제적 무역 동맹은 노동조합이 국제화할 수밖에 없는 현실을 의미한다. 개도국의 하청업체들이 자행하는 노동권 및 환경권 침해에 대해 이를 용인한 선진국의 기업에 항의함으로써 선진국 기업의 상품 이미지에 타격을 입히는 것과 같은 노동운동의 초국가주의적 전략은 "대항적 헤게모니의 세계화"(Evans, 2000: 230) 가능성을 보여준다.

대표적인 사례 중 하나가 중앙아메리카의 수출가공지대에서 일어난 노동조합운동이다. 중앙아메리카 국가들은 신자유주의적 세계화와 함께 국제적인 의류 생산기지로 성장하였다. 1990년대 초반 수출가공지대가 호황을 이루면서 다양한 다국적 의류 기업들이 중앙아메리카의 낮은 임금을 활용하고자 생산기지를 직접 설립하거나 다국적 의류 기업들에 납품하는 하청업체들이 공장을 대거 가동하기 시작하였다. 그러나 다국적 의류 회사들이 이동성이 높은 하청업체에 저임금의 노동 집약적인 생산 단계를 위탁하는 형식의 국제적인 외주 체계하에서 수

출가공지대 내의 노조운동은 일국적 전략으로 성공하기가 쉽지 않았다
(Evans, 2000: 411).

중앙아메리카의 노동자들은 국제적인 외주 체계하에서 저임금과 노
동권 침해를 겪어내야 하였으며, 미국의 직물·의류 노동자들은 대규모
실업과 이에 따른 노조의 약화, 임금의 하락을 경험해야 하였다. 결국
미국의 직물섬유노동조합(UNITE)은 과거 자신의 일자리를 빼앗아간다
고 여겼던 사람들, 즉 중앙아메리카의 생산기지 노동자들과의 연대를
모색하였다. 미국의 직물섬유노동조합은 중앙아메리카의 수출가공지대
에서 노동조합운동을 지원함으로써 의류산업의 일자리를 끊임없이 저
임금과 노동조합이 취약한 나라로 이전하도록 만드는 '바닥을 향한 경
주'를 중단시키고자 하였으며, 이를 위하여 수출가공 지대의 노동조건
개선을 위해 노력하였다(Evans, 2000: 412).

미국 직물섬유노동조합과 국제 직물섬유노동조합은 온두라스에서
필립스-반 호이센을 생산하는 유양이라는 기업 노동자들을 접촉해 노
동조합운동을 벌였다. 필립스-반 호이센 본사에 대한 압력과 함께 온두
라스 현지에서 노조 결성을 진행한 결과, 2000년 12월 유양 노동자들
은 노동조합을 합법적으로 인정받았으며, 이후 사업장과 본사에 대한
국제적 투쟁을 지속적으로 벌여 2001년 첫 번째 단체협상안을 도출하
였다. 2001년 엘살바도르에서 전개한 노조 건설 운동도 성공적인 결과
를 거뒀다. 타이완계 갭(Gap) 하청업체인 타이난에서 노동조합을 건설
하기 위해 노력하던 미국 직물섬유노동조합의 노동자들은 타이난 소속
공장 중 한 군데에서 무려 56%의 노동자들을 조직해 노동조합을 결성
하고, 단체협약을 체결할 것을 사측에 요구하였다. 그러나 타이난은 노

동조합 결성으로 사업 운영이 어려워졌다며 노동자들을 해고하였고, 2002년 4월 공장폐쇄를 예고하였다. 하지만 미국 직물섬유노동조합과 엘살바도르 타이난 노동조합은 함께 갭 본사를 압박하였고, 결국 갭은 타이난에서 해고된 노동자들이 스스로 공장을 설립하도록 돕겠다고 약속하였다(아너, 2006: 415).

물론 모든 투쟁이 다 성공적이었던 것은 아니었다. 온두라스에서 갭의 하청업체로 의류를 생산하던 키미라는 한국계 회사에서는 미국 직물섬유노동조합의 노력으로 노조가 설립되는 데는 성공했으나 예상보다 낮은 노동자들의 참여와 사업주의 공장폐쇄로 많은 노동자들이 실직하는 결과를 초래하였다. 그럼에도 불구하고 미국 직물섬유노동조합과 중앙아메리카 하청업체 노동자 간의 연대는 새로운 가능성을 제시하였다. 자본의 국제화에 대항하기 위한 노동운동의 초국가적 연대가 갖는 효율성이 바로 그것이다. 중앙아메리카 외주 업체 노동자의 문제를 미국 본사에 항의함으로써 외주 업체의 노동환경을 개선한 사례들은 다양한 초국가적 전략으로 진화하였다. 예컨대 온두라스노동자연합(Confederación Unitaria de Trabajadores de Honduras: CUTH)과 같은 노동단체는 미국 노동조합 활동가들과 함께 연대하지는 않았으나 개별 사업장에서 일어나는 문제에 대해 국가에 직접 항의하는 방식을 채택해 국가의 사업장에 대한 보호·감독을 요구하였으며, 사업장에 외주를 주는 다국적기업에 대한 압력 행사도 병행하였다. 즉, 다국적기업에 대한 다국적 압박을 병행하는 방식을 채택해 더 효율적인 투쟁을 전개할 수 있었다(아너, 2006: 416).

노동운동의 초국가적 대응이 개별 사업장의 노동운동 강화만을 도모하는 것은 아니다. 미주 대륙에서의 신자유주의적 세계화와 무역자유화에 대항하는, 미국의 노동자와 라틴아메리카의 노동자가 연대한 네트워크를 출범시키기도 하였다. 1994년 미국은 북미자유무역의 체결과 함께 미주 대륙에서 쿠바를 제외한 34개국이 참여하는 미주자유무역지대(Free Trade Area of America: FTAA)의 창설을 2005년까지 완성하겠다는 목표를 분명히 하였다. 이에 대항해 1998년 캐나다, 미국, 라틴아메리카의 노동자 및 시민단체가 함께 모여 미국 주도의 신자유주의적 지역통합에 대한 대안을 모색하였고, 1999년 그 성과를 바탕으로 미주사회동맹(La Alianza Social Continental: ASC)을 결성하였다(아너, 2006: 423).

그동안 자유무역지대에 대한 라틴아메리카 노동조합들의 견해는 다양하였다. 다국적기업의 진출로 인해 창출되는 일자리에 대한 긍정적인 평가에 근거해 자유무역협정을 찬성한 멕시코의 노동조합총연맹(Confederación de Trabajadores de México: CTM)과 같은 거대 노조도 분명히 존재하였으며, 대부분의 거대 노조들은 멕시코의 노동조합총연맹과 같이 자유무역지대에 대해 확실한 지지를 보내지는 못하더라도 국가의 경제발전이라는 민족주의적인 호소로부터 자유로울 수는 없었다. 하지만 수년에 걸친 자유무역지대의 경험 속에서 라틴아메리카 노동조합들은 북미자유무역협정을 모델로 하는 자유무역의 확대를 중단시켜야 한다는 확신을 얻었다(아너, 2006: 425).

그 결과, 브라질의 대표적 거대 노총인 브라질 노총(Central Única dos Trabalhadores: CUT)과 같은 남미의 주요 노동조합 조직들이 미주자유무역지대 형성에 강력히 반대를 표명했으며, 이러한 시도의 비민주성을 고발하였다. 이들은 어느 나라에서 일하는지, 법적 지위가 무엇인지를 불문하고 모든 노동자의 기본권이 보장되는 것이 가장 중요하다는 점을 강조하였는데, 그 중심에는 초국가적 노동조합 및 시민단체들의 연대인 미주사회동맹이 있었다. 미주사회동맹은 미주 정상회의 및 각료회의가 열리는 곳에서 민중 정상회의와 항의시위를 조직하여 대안적 목소리를 공식 회의에서 들리도록 선전전을 벌였고, 남반구와 북반구 그리고 노동자와 시민단체를 연결하는 가교 역할을 하였다. 물론 초국가적 활동을 전개한다는 것이 초래하는 엄청난 비용과 에너지의 소비는 미주사회동맹이 고심해야 할 문제 중 하나이다. 하지만 초국가적 신자유주의의 흐름에 대응하기 위한 초국가적인 사회적 행위주체의 결성이라는 성과는 신자유주의하의 라틴아메리카가 겪고 있는 사회변동의 또 다른 동학을 이해하는 데 중요한 단서를 제공한다(아너, 2006: 425~428).

2) 이주자들의 초국가적 연대

이주자들은 자신들의 운명을 '예전의' 조국으로부터 거둬들여 '새로운' 조국에 맡기는 사람들이다. 연구에 따르면 그들은 이전 조국과 새로운 조국이라는 두 공간 모두에서 살아가고 있다. 즉, "국경과 문화 차이를 초월한 강력한 사회, 경제 및 정치적 연계성(interconnectedness)은 이주자들로 하여금 다양한 정체성과 충성심을 유지할 수 있도록 해준다(Lewitt and Waters, 2006: 6)"고 한다. 그리고 이렇듯 두 조국 모두와 연계되어 있는 개인들이 자신이 속한 '국가들'의 사회변동에 영향을 끼치리라는 것은 자명하다.

라틴아메리카 이주의 경우 초국가주의와 관련하여 두 가지의 중요한 특성을 보인다. 우선, 라틴아메리카의 이주는 그 거대한 규모로 인해 국가를 초월하는 삶을 선택하는 수많은 인구를 양산한다. 합법 혹은 불법적인 방법으로 점점 더 많은 인구가 해외 이주를 선택하며, 이는 라틴아메리카 국가들이 더 이상 무시할 수 없는 현실이다. 가장 눈에 띄는 이주 경로는 미국으로의 이주이겠으나, 상당히 많은 인구가 주변 국으로 이주하며 유럽으로의 이주 또한 무시할 수 없는 현상이다. 이들은 좀 더 나은 일자리와 좀 더 안전한 삶의 터전을 찾아서 조국을 떠난 에콰도르의 콜롬비아인, 아르헨티나의 볼리비아인, 칠레의 페루인, 스페인의 에콰도르인들이다. 라틴아메리카 이주의 초국가적인 경향을 보여주는 또 다른 특징은 이주민들이 정식으로 한 국가 이상의 국가와 관계를 유지한다는 것이다. 이는 이중국적의 유지가 국가와 시민 모두에게 유리하게 작용한다는 뜻이다(Weeks and Weeks, 2013: 123).

이중국적을 유지하는 라틴아메리카 이주민들의 숫자가 갈수록 늘어나는 상황에 대해 라틴아메리카 국가들의 대응 방식은 이들과의 관계 유지와 강화를 위해 적극 노력하는 것이다. 이와 같이 라틴아메리카, 특히 멕시코 정부가 초국가적인 노력을 경주한 계기는, 우선 미국이 '이민법'을 개정하고 국경 통제를 강화한 데서 비롯되었다. 1986년 통과된 미국의 이민법 개정안(the US Immigration reform and Control Act)과 관련 수정안들은 국경 통제를 강화하는 방안을 포함하고 있었고, 라틴아메리카 국가들이 미국에 거주하는 자국민들과 소통하는 것은 그 어느 때보다도 중요해졌다. 왜냐하면 새로운 '이민법'으로 인해 강화된 국경 통제는 불법체류자들이 고국으로 돌아가는 것을 더욱 비싸고 어려운 일로 만들었기 때문이다. 따라서 자칫하면 이주민들과 고국과의 관계가 단절될 수 있고, 이러한 단절은 많은 라틴아메리카 국가에는 자원의 심각한 손실을 의미하기 때문에 라틴아메리카 국가들은 국외의 이민자들과 적극적으로 소통하기 시작하였다(Weeks and Weeks, 2013: 126).

라틴아메리카의 해외 이주자들이 고국의 가족에게 송금하는 액수는 매해 늘어나고 있으며, 〈그래프 4-3〉에서 알 수 있듯이 전체 라틴아메리카 경제에서 송금이 차지하는 비중은 매우 높다. 멕시코의 경우 이주자들이 멕시코에 거주하는 가족 혹은 친지에게 개인적으로 혹은 집단적으로 송금한 금액은 2004년 166억 달러에서 2005년 200억 달러로 늘어났으며, 그 액수는 꾸준히 멕시코 전체 경제에서 중요한 비중을 차지해 왔다. 멕시코 사회가 해외 이주자로부터 받는 송금은 수많은 마을과 도시 경제에 핵심적인 요소가 되었으며, 송금액 전체는 관광산업, 제조업, 농업 수출을 통해 벌어들이는 외화 규모를 훨씬 초과해 이를 넘어서는 부문은 석유 수출밖에 없을 정도이다(헬만, 2006: 306).

해외에서 이주자들이 보내주는 송금이 국가경제에서 큰 역할을 담당하는 나라에는 멕시코뿐만 아니라 중앙아메리카의 국가들도 포함된다. 그러나 여러 라틴아메리카 정부 중 특히 멕시코 정부가 전 세계의 자국 이주민들, 그중에서도 미국 내 이주민들과의 관계를 지속하고자 노력한 배경에는 라틴아메리카 이주민들이 스스로 조직한 향우회(hometown association)가 있었다. 향우회는 이주민들이 고향 마을과 연

〈그래프 4-3〉 해외 이주자의 라틴아메리카로의 송금액 현황(2015)

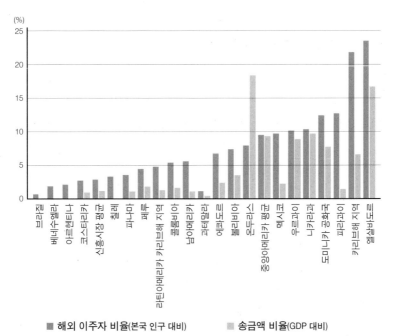

■ 해외 이주자 비율(본국 인구 대비)　　■ 송금액 비율(GDP 대비)

자료: United Nations Populatin Division; World Bank; IMF, World Economic Outlook database.

계를 강화하고 미국 내에서의 삶을 영위하는 데에 필요한 다양한 네트워크를 만들고 유지할 목적으로 결성한 단체들을 일컫는다. 이 향우회의 구성원들은 송금액을 모아 고향 마을에 보건소를 건설하고, 마을 중앙 광장을 수리하고, 학교 및 교회 보수를 위한 재정을 지원하며, 대중적 행사, 수호신을 기리는 축제, 팀 스포츠, 카니발, 콘서트 등을 후원한다(헬만, 2006: 305).

라틴아메리카의 이주민들이 만든 향우회는 신자유주의하에 변화된 노동환경에 적극적으로 대처하는 중요한 사회적 행위주체 중 하나이다. 향우회는 이주민들과 고국을 연결하는 디아스포라의 핵심이며, 이주민들을 위한 사회 네트워크의 중심이자 일자리, 이주민의 권리, 그리고 다른 중대 사안에 대해 정보와 조언을 얻을 수 있는 창구이다. 미국에서 활동하는 멕시코계 향우회는 약 600개에서 많게는 3000개에까지 이른다고 추정되며, 엘살바도르계 향우회도 약 268개 정도 존재한다고 보고되었다(Somerville, Durana and Terrazas: 2008). 역설적이게도 이 향우회들은 미국이 '이민법'을 강화해 엄격한 국경 통제와 이주민 관리를 통한 추방 정책을 채택하기로 결정한 이래 기하급수적으로 늘어났다. 즉, 이들 향우회는 신자유주의하에서 노동의 자유에 역행하는 미국 정부의 정책에 대한 라틴아메리카 이주민들의 대응이다.

라틴아메리카계 향우회들의 활발한 활동에 대해 라틴아메리카 정부들도 적극적으로 화답하였다. 멕시코 발파라이소시(市) 시장은 발파라이소 출신 이주민들을 만나기 위해 무려 26시간을 운전해 캘리포니아를 방문하였다(Thomson, 2005). 그는 여행길에 그가 원하는 모든 공공사업의 명단을 들고 가서 발파라이소 향우회의 도움을 요청하였다. 한편 로스앤젤레스를 비롯하여 잦은 미국 방문으로 구설에 오른 가르시아 사카테카스 주지사는 방문 이유를 묻는 기자들에게 "나는 사카테카스가 이중국적주(州)라고 생각한다"고까지 발언하였다(Thompson, 2005). 실제로 로스앤젤레스에는 사카테카스의 주도인 사카테카스의 인구보다 많은 수의 사카테카스 출신 멕시코인들이 살고 있다(Weeks and Weeks, 2013: 130). 2008년에는 일단의 엘살바도르 시장, 시의원, 지방단체장들이 매사추세츠를 방문해 재미 엘살바도르 향우회에게 엘살바도르에 대한 지원을 요청하였다(Sacchetti, 2008).

재미 라틴아메리카계 향우회와 라틴아메리카 정부 간 협력이 보다 제도화된 가장 대표적인 사례가 재미 사카테카스 향우회와 멕시코 정부의 협업이다. 1992년 사카테카스 주 정부는 재미 사카테카스 향우회가 보내오는 모든 달러화에 주정부 예산을 투입해 두 기관이 함께 사카테카스의 발전을 위한 사업을 진행하는 "도스포르우노(Dos-Por-Uno: 일석이조)" 프로그램을 실시하였다(헬만, 2006: 306~307). 그리고 이 프로그램의 성공에 힘입어 멕시코 연방정부는 2002년 "트레스포르우노(Tres-Por-Uno, 일석삼조)" 프로그램을 실시하는데 이 프로그램은 향우회가 고향에 지원하는 금액만큼 주정부의 예산과 연방정부의 예산까지 투입해 지역발전에 기여하는 프로그램이다. 정부가 투자하는 예산은 약 2000만 달러의 상대적으로 적은 액수로, 주로 소규모 개발 및 문화 프로젝트에 지원되었다(Fox, 2007: 327~328). 하지만 트레스포르우노 프로그램은 교민사회에서 멕시코 정부의 입지를 다지는 데에 기여하였고, 프로그램으로 지원받는 사업의 설계 및 승인 과정에 멕시코 정부와 재미 멕시코 향우회들이 함께 참여함으로써, 멕시코 정부와 향우회 간의 관계가 더욱 돈독해질 수 있었다(Weeks and Weeks, 2013: 129). 멕시코 정부의 영향을 받아 엘살바도르 정부도 1999년에 정부가 향우회의 고향 지원에 매칭 펀드를 제공하는 '연대를 위한 협력(Unity for Solidarity)' 프로그램을 실시하였고, 2002에는 농업은행(Banco de Agró cola)를 통해서 송금하는 향우회의 경우 은행이 매칭 펀드를 지원하는 '엘살바도르를 위해 맞잡은 손(United Hands for El Salvador)'이라는 프로그램도 시작하였다(Orozco and Rouse, 2007).

멕시코의 사례는 특히 라틴아메리카 정부와 재미 향우회 간의 관계를 돈독히 하기 위해 지방정부의 역할이 중요하다는 점을 보여주었다. 멕시코의 주정부들은 매칭 펀드 사업을 실시하는 데에 핵심적인 역할을 하였으며, 프로그램들의 운영을 위하여 초국가적인 향우회 조직을 적극적으로 활용하는 모습을 보인다(Goldring, 2002)

라틴아메리카 국가들과 라틴아메리카계 향우회와의 초국가적인 협업은 다양한 장점에도 불구하고 문제점 또한 안고 있다. 멕시코 정부 등 라틴아메리카 정부가 공공지출을 향우회의 집단적 송금에 의존하는 현상은 신자유주의로 인해 축소된 국가의 모습을 반영하는 것이며, 국가가 억압받는 개인에게 의존하는 부적절한 행위로 해석되기도 한다. 즉, 극도로 열악한 환경에서 위험을 무릅쓴 채 살아가는 개인들의 기부로 형성된 기금을 통해, 국가가 예산으로 해결해야 할 사회간접자본 확충이나 발전 프로그램들을 실행하는 것이 바람직하고 더 나아가 지속 가능한 것인가에 대한 논의가 필요하다는 것이다(헬만, 2006: 308).

이러한 비판에도 불구하고 라틴아메리카 정부와 재미 향우회들 간의 관계는 더욱 긴밀해지고 있으며, 특히 미국의 반이민 정서로 인해 이주자들의 입지가 좁아지고 있는 상황에서 고국의 정부가 이주민들의 입장을 대변하고자 하는 노력까지 경주되고 있다. 라틴아메리카 정부들이 공동으로 미국의 '이민법' 개정이나 반이민 정서에 대응하는 것은 매우 의미심장한 초국가주의적 변화로 평가된다.

1990년대 이래 라틴아메리카의 대통령과 외교관들은 미국의 대통령 및 외교관들과 '이민법' 관련 문제를 놓고 수많은 대화와 협상을 진행하였다. 특히 1996년에는 벨리즈, 캐나다, 코스타리카, 도미니카공화국, 엘살바도르, 과테말라, 온두라스, 멕시코, 니카라과, 파나마 등 라틴아메리카 11개국의 대표들과 미국 대표가 멕시코에서 제1회 '이주에 관한 지역 컨퍼런스(Regional Conference on Migration)'(혹은 최초 개최지를 따서 the Puebla process, 이하 RCM)를 열었다. 이 컨퍼런스에서 미국과 라틴아메리카 정부 대표들은 이주 관련 주요 의제들을 다루었으며 이주로 발생하는 다양한 문제를 해결할 대안 또한 모색하였다(Weeks and Weeks, 2013: 130).

RCM의 목적은 "법적 지위와 관계없이 이주자들의 인권을 보장하고, 질서 있고 안전한 이주 절차를 지향하며, 이주를 주제로 국가 간 대화와 협력을 이어나가는 한편, 관련 시민사회의 활발한 참여를 독려한다"(RCM Website)는 것이다. RCM을 통해 각국의 이민 관련 부처들은 서로 정보를 공유하고 이민정책을 조율해 왔으며, 특히 난민과 인신매매 관련 연례회의를 개최해 왔다(Weeks and Weeks, 2013: 130). 하지만 이런 모든 노력이 2001년 미국의 9·11 테러 사건으로 허사가 되었다. 2001년 멕시코는 미국과 함께 '이민법' 개정 관련 고위급 회담을 열었고, 그해 2월 조지 부시(George Bush) 대통령이 멕시코를 방문하였다. 같은 해 멕시코의 비센테 폭스(Vicente Fox) 대통령이 워싱턴 D.C.를 방문해 2001년 9월 6일 두 대통령이 공동 회견문을 발표하기도 하였다. 하지만 같은 해 9월 11일 9·11 테러 사건이 발발하자 미국 정부는 '이민법'에 관한 모든 논의를 중단해 버렸고, 당시 외교부 장관이던 호르헤 카스타네다(Jorge Castañeda)는 미국의 '이민법' 개혁을 도출해 내지 못한 데에 책임을 지고 2003년 사임하였다(Storrs, 2006: 5).

최근 미국의 트럼프 정부가 추진하는 반이민적 정책들, 특히 멕시코 국경 지역 장벽 건설 계획은 멕시코 정부의 강한 반발을 불러일으키고 있다. 2000년대 초 미국과의 '이민법' 개혁 협상을 추진했던 폭스 전 멕시코 대통령은 국경에 장벽을 건설하려는 미국의 계획을 "멍청하고, 차별적이며, 부끄러운 것"(Harman, 2006)이라고 비난하였다. 2006년 과테말라의 에두아르도 스테인(Eduardo Stein) 부통령 또한 미국은 무역은 원하지만 "우리 국민은 마치 흑사병 취급 한다"(Tobar, 2006)며 개탄하였다. 상품의 자유로운 이동은 장려하지만 노동자의 이동에는 소극적이다 못해 적대적인 신자유주의는 과테말라 부통령의 말대로 노동자를 흑사병 취급하는 지경에 이른 것이다.

신자유주의에 대한 노동의 초국가적인 대응과 비교하면 이주에서 일어나고 있는 초국가주의적인 흐름은 매우 흥미롭다. 노동에서 일어나는 초국가주의적 대응, 즉 노동 대 국가·자본이라는 구도하에서 국경을 초월한 연대를 조직하는 흐름은 참신할지언정 신기하게 들리지는 않는다. 신자유주의하에서 노동자의 권리를 지켜내기 위해 대항해야 할 대상에는 국경, 국가, 자본 모두가 포함되기 때문이다. 하지만 이주에서 일어나는 초국가주의 현상은 국가를 둘러싼 기존의 여러 전제 자체에 도전한다. 즉, 국가의 범위, 주권(sovereignty)의 개념, 시민의 권리, 국경의 의미 등에 대한 전반적 재규정을 요구한다.

미국 내에 수없이 생겨난 향우회들은 자본과 상품의 자유로운 이동은 장려하지만 노동자의 이동에는 적대적인 신자유주의의 모순을 극복하려는 사회적 행위주체들의 적극적인 노력의 일환이다. 이들은 제도 속에서 주어지지 않는 정보, 일자리, 네트워크, 심지어 정치력까지도 향우회라는 자발적인 조직을 통해 스스로 획득한다. 미등록 이주자를 위한 라디오 방송국을 운영하고, 초기 정착자들에게 여러 정보를 제공하는 등 다양한 활동을 벌이는 향우회 소속 이주 노동자들은 현실 신자유주의의 모순을 극복한, 어찌 보면 진정한 시장의 자유를 추구하는 신자유주의자들이다. 하지만 이들의 활동이 현실 신자유주의에만 도전하는 것은 아니다. 이들은 국경의 강력한 통제를 토대로 형성된 국민국가라는 개념, 그리고 그것을 바탕으로 성장한 시민권과 전통적 의미의 제도적 민주주의에 도전하고 있다.

한 개인이 한 국가의 시민으로서 국가에 충성과 의무를 다하는 대신 국가의 보호와 각종 서비스를 제공받는 근대국가의 틀로는 재미 라틴아메리카 향우회를 설명하기 어렵다. 그들은 미국과 라틴아메리카의 고국에 모두 충성과 의무를 다하지만, 어느 국가로부터도 완전한 보호와 사회서비스의 보장을 약속받지 못하는 경계선에 위치한다. 미국 사회의 경제발전에 끊임없이 기여하는 이주자들은 미국에 세금을 내고 미국의 안위를 걱정하며 미국에서 아이들을 교육시킨다. 하지만 동시에 이들은 고국의 발전, 특히 고향의 복지를 개선하고자 송금을 하고, 지역 정치인들을 만나며, 심지어는 적극적으로 본국의 투표에 참여하기도 한다. 한 개인이 복수의 국가에 애정을 갖고 발전에 기여하고자 하는 상황은, 국가라는 개념 자체가 한물간 것이라고 보았던 신자유주의자들이 상상했던 미래가 이미 우리 안에 있다는 것을 의미한다. 하지만 이렇듯 우리 안에 도래한 미래적 존재들에 대해 신자유주의의 종주국인 미국이 사뭇 적대적이고 방어적인 태도를 보이는 반면, 라틴아메리카 국가들은 적극적으로 이들의 신자유주의적 이중성을 끌어안았다. 그 대표적인 예가 이중국적의 허용이다.

이중국적은 말 그대로 한 개인이 두 국가의 시민권을 유지하는 상태를 의미한다. 라틴아메리카 국가의 절대다수는 국민들의 이중국적을 인정한다. 엘살바도르, 파나마, 페루, 우루과이는 1986년 미국이 '이민법' 개정을 통해 이민에 대한 제한 및 국경 통제를 강화하기 이전부터 이중국적을 허용해 왔다. 브라질, 콜롬비아, 코스타리카, 도미니카 공화국, 에콰도르, 과테말라, 멕시코, 베네수엘라는 1990년대에 관련 법안을 통과시켰다. 볼리비아와 칠레의 경우 2001년 9·11 테러 사건 이후 강화된 미국의 이민 환경에 대응하고자 2004년부터 이중국적을 허용하기 시작하였다(Weeks and Weeks, 2013: 123). 이는 국가 스스로 시민들에게 행사할 수 있는 독점적 권리를 포기하는 것으로, 세계화를 연구해 왔던 많은 이들이 국민국가 소멸의 대표적인 징후로 꼽았던 정책이다. 시장의 권력은 시민권 혹은 국적을 분해하며, 개인의 시민권 혹은 국적은 국가권력보다 시장의 영향하에 놓이게 될 것이라는 주장이 그 근거로 활용되었다(Ong, 2006). 시장논리에 따라 이주를 감행하는 이들이 국민국가의 탈영토화(deterritorialization)를 추동하고, 국경을 희석시키며, 결국에는 국가의 권위를 축소시킬 것이라는 주장 또한 이러한 논리에 힘을 실어주었다(Basch, Schiller and Blanc, 1994).

라틴아메리카의 사례를 비추어보면 이 주장은 반만 맞는 듯하다. 실제로 시장의 논리에 따라 국경을 넘은 이주민들은 국민국가의 영토적 경계를 희석시키는 데에 일조하였고, 이중국적에 대한 요구는 국가가 개인에게 갖는 독점적 지위에 대한 도전이 될 수 있었다. 하지만 신자유주의하에서 급속도로 추진되는 세계화의 흐름 속에서 국민국가가 소멸할 것이라는 몇몇 주장과는 달리 라틴아메리카계 미국 이주민들은 고국과 미국에 모두 충실한 모습을 보인다. 미국의 노동자로서 미국의 경제발전에 기여하고 조직된 공동체를 형성하며 미국 사회에 녹아드는 한편, 고국의 발전과 성장을 위해 송금을 하고 발전 계획을 만들며 고국의 정치 지도자들에게 정치적 책무를 요구하는 시민으로서의 역할을 수행하는 것이다. 이러한 라틴아메리카계 이주민들의 태도는 초국가적 시대의 국경, 국가, 시민권을 이해하는 데에 중요한 단초를 제공한다.

라틴아메리카계 이주민들이 기존의 국민국가와 탈국적화에 대해 흥미로운 사례를 제공한다면, 라틴아메리카 국가들은 더욱더 놀라운 사례를 제공한다고 할 수 있다. 국민국가의 경계를 분명히 하고 국가가 갖는 시민에 대한 독점적 지위를 요구하며 탈국적화에 저항하는 선진국과 달리, 라틴아메리카는 적극적으로 이중국적을 허용하고 이주한 시민들의 안위를 위해 국경을 넘어 활동하는 모습을 보임으로써 국가가 시민을 유치하려는 노력을 경주할 수 있다는 사실을 보여준다. 초국가주의 시대에서 노동이 국가를 자유롭게 선택한다면, 국가 또한 노동을 유치하기 위해 서로 경쟁하는 시대가 열리는 것도 자연스럽다. 그런 의미에서 라틴아메리카의 국가들은 누구보다 시대를 앞서나가는 것일 수도 있다.

이러한 라틴아메리카 국가의 행보가 사실상 타국으로 이주한 시민들의 어떠한 측면도 통제할 수 없는 처지에서 비롯된 것이라는 주장도 있다. 라틴아메리카는 가장 인기 있는 이주자들의 행선지 미국과의 국경을 사실상 스스로 통제하지 못하며, 미국 '이민법'에 끼칠 수 있는 영향도 제한적이다. 미국으로 해외 이주를 결정한 자국의 시민들에게도 라틴아메리카 국가가 행사할 수 있는 통제 수단은 많지 않다. 이런 상황에서 라틴아메리카 국가로서는 빠져나가는 시민들과의 관계를 계속 유지하는 것이 국가의 권위와 정당성을 유지하는 유일한 방식이라는 것이다. 하지만 이 논리는 역사 이래 라틴아메리카 국가들이 국경이나 이주와 관련해 통제권을 완벽히 행사한 적이 없다는 사실을 간과하고 있다. 라틴아메리카 국가들의 국경 및 이주에 대한 취약한 통제가 역사 이래 상존했던 조건이라면, 이러한 조건은 이주자들을 조국의 배신자라고 낙인찍었던 혁명기를 겪은 멕시코가 오늘날 신자유주의하의 이주자들을 조국을 위하는 영웅으로 치켜세우는 현상을 설명할 수는 없다(Weeks and Weeks, 2013: 125; 헬만, 2006: 307). 결국 라틴아메리카 국가들이 이주 및 이중국적에 대하여 보이는 유연한 태도는 그것이 국가의 붕괴인가 확장인가라는 질문에서부터 왜 그런 태도가 발생되었는가, 이는 초국가화된 세계의 반영인가 혹은 돌연변이인가 등 앞으로 밝혀야 할 무수한 연구 주제를 제공한다.

마지막으로 멕시코를 비롯한 라틴아메리카 국가들이 미국과 벌이는 '이민법' 개정에 관한 협의 그리고 이를 위한 라틴아메리카 국가 간 연대는 다시 한번 국민국가와 그 주권의 범위가 매우 유동적이 된 신자유주의하의 현실을 투영한다. 엄밀히 말해 일국의 '이민법'은 그 국가의 주권에 관한 사항으로 주변국이 이에 대해 의견을 개진할 여지는 매우 적다. 한 국가가 자국의 영토와 국민을 관리하고 규정하는 방식에 대한 문제이기 때문이다. 하지만 라틴아메리카 국가들은 미국의 '이민법'과 관련해 마치 자국의 문제를 대하듯이 적극적으로 대처하고, 의견을 개진하며, 라틴아메리카 국가 간 연대를 통해 미국에 압력을 넣기도 한다. 심지어 라틴아메리카 정부가 미국의 로비스트 그룹을 고용해 국회의 '이민법' 논의에 목소리를 보태기도 하였다(Weeks and Weeks, 2013: 125). 미국이 자국의 법률을 개정하는 데 타국 정부가 로비스트를 이용해 영향력을 행사하도록 용인하는 상황 자체가 기이하다. 이주는 미국에서 일어나지만 국제적으로 영향을 끼치는 대표적인 인터메스틱[8]한 이슈라 하더라도 라틴아메리카 정부들의 미국에 대한 과감한 내정간섭은 신자유주의하 초국가시대에서 국가의 정치 행위의 범위를 다시 한번 생각해 보는 계기를 제공한다.

4. 결론: 신자유주의 극복을 견인할 노동의 역동성

신자유주의는 라틴아메리카의 노동에 어떤 영향을 끼쳤는가? 신자유주의하에 추진된 다양한 정책은 라틴아메리카의 실업률을 상승시키고, 실질임금을 감소시켰으며, 일자리를 비공식화하였다. 숙련 노동자와 비숙련 노동자 간의 임금격차는 확대되었고, 농업 부분의 붕괴로 농업 노동자들의 일자리는 급격히 줄어들었다. 신자유주의 경제정책들을 도입하면서 정부가 노동자들에게 했던 약속은 지켜지지 않았다. 공기업의 민영화로 기업의 경쟁력이 높아지고 시장에서의 경쟁이 강화되어 좀 더 많은 일자리가 창출될 것이라고 약속했으나, 공기업의 민영화는

---

8 인터메스틱이란 인터내셔널(international)과 도메스틱(domestic), 즉 '국제적인'과 '국내의'라는 두 형용사가 결합된 단어로 국제적인 이슈이지만 국내에 끼치는 영향이 상당한 이슈들을 의미한다. 대표적인 예로 이주와 마약 거래 등이 있다.

공기업 구조조정 과정에서 수많은 공공 부문 노동자들의 일자리를 앗아갔으며, 민영화된 공기업들이 각종 공공요금을 인상하면서 노동자들의 실질임금은 하락하였다. 무역자유화를 통해 해외 자본이 유입되면 수출 부문을 중심으로 질 좋은 일자리들이 생겨날 것이라고 설득했던 정부는 무역자유화와 함께 붕괴된 국내 산업에 종사하다가 거리로 내몰린 노동자들에게 자유무역지대의 불안정한 일자리를 제공할 수 있을 뿐이었고, 이마저도 '세계의 공장'이라고 불리는 중국에 빼앗길 수밖에 없었다. 노동시장의 유연화는 고용주가 노동자를 쉽게 채용하고 해고할 권리를 주었으나, 노동자가 자유롭게 노동조합을 결성하거나 더 좋은 일자리를 찾아 자유로이 이동할 수 있는 권리와는 거리가 멀었다.

신자유주의하에서 상당한 타격을 입은 라틴아메리카의 노동은 이에 대한 대응책을 정부에 요구하였고, 포스트 신자유주의 정부들은 이러저러한 정책을 통해 노동시장에 나타난 문제점을 해결하고자 하였다. 그러나 엄밀히 말해서 포스트 신자유주의 정부하의 노동지표 개선은 정부가 노력한 결과라기보다는 당시 라틴아메리카에서 생산되는 원자재의 국제 수요 증가와 이에 따른 원자재 가격 상승이 가져온 호황의 결과물이라고 보는 것이 정확하다. 즉, 정부가 일자리를 창출하기 위해 적극적으로 노력하였다거나 반노동적 경제정책을 수정하였다고 보기는 어렵다는 것이다. 포스트 신자유주의 정부들의 이러한 경향은 빈곤퇴치 프로그램에서도 이미 확인된 사실이다. 근본적으로 인간의 노동을 시장의 상품으로 보는 신자유주의적 세계관을 수정하지 않은 상태에서 한시적으로 운용되는 프로그램과 제한적인 정책 수정으로는 신자유주의가 지닌 반노동적인 특성을 극복할 수 없기 때문이다.

그 결과 수많은 라틴아메리카의 노동자들은 신자유주의자들의 조언대로 합리적인 개인이 되어 좀 더 나은 조건에서 자신의 노동을 팔 수 있는 지역으로 이주를 시작하였다. 안타까운 것은 신자유주의하에서 상품과 자본의 자유로운 이동은 격하게 환영받은 반면, 노동의 이동은 제한되고 규제되었으며 때론 적대시되고 있다는 사실이다. 이주를 선택하지 않은 노동자들은 신자유주의의 모순을 극복하기 위하여 초국가주의적 노동연대로 대응하였다. 다국적기업에 의한 노동권의 침해에 맞서기 위해 다국적 노동자 연대를 시도한 것이다. 미국의 노동조합과 엘살바도르의 노동조합이 힘을 합쳐 세계적인 의류 브랜드 갭에 압력을 행사하는가 하면, 미주 정상회담이 열리는 곳에 민중 회의를 소집해 국적을 초월하는 노동자들의 목소리를 공식 회의에 포함시켰다.

라틴아메리카의 노동자들이 초국가적 연대를 통해 신자유주의의 모순을 극복하려고 노력하는 동안, 라틴아메리카계 이주자들은 초국가적 연대를 통해 고국의 경제와 사회 발전에 기여하고자 노력하였다. 미국에서 조직된 수많은 라틴아메리카계 향우회들은 어떠한 제도적 배려도 받지 못하는 미등록 노동자들에게 정보와 사회적 안전망 그리고 일자리까지 지원하는 역할을 수행하는 한편, 고국 정부와 힘을 합쳐 낙후된 사회간접자본을 개선하고, 문화공간을 마련하는 등 역동적인 네트워크로 성장하였다. 라틴아메리카계 이주자들에 대한 라틴아메리카 국가들의 대응 또한 놀라울 정도로 유연하며, 국민국가의 범주를 지키기 위해 이주자들을 배신자로 낙인찍었던 과거와는 달리, 노동자들의 이중국적을 인정하는 등 적극적인 포용 정책을 펴면서 미국의 이민정책에도 압력을 행사하고 있다. 그런 의미에서 초국가적 활동을 펴는 것은 라틴아메리카계 이주자뿐 아니라 라틴아메리카의 국가도 마찬가지이다.

　신자유주의하의 라틴아메리카 노동의 현실은 암울하다. 수많은 이들이 고향을 등지고 낯선 땅으로, 그것도 차별과 혐오의 시선이 가득한 곳으로 목숨을 걸고 가야 할 정도로 암울하다. 그럼에도 불구하고 신자유주의가 라틴아메리카의 노동에 끼친 영향을 연구하면서, 신자유주의의 모순을 극복하기 위한 사회적 행위주체들이 노동 분야만큼 역동적일 수 있을까 하는 생각이 들었다. 그들은 해고를 무릅쓰고 다국적기업의 하청업체에서 노조를 결성하였고, 목숨을 걸고 국경을 넘어 좀 더 나은 노동환경을 선택하는 이들이었다. 그들은 국적, 나이, 직업을 불문하고 노동자의 권리를 보장해야 한다는 공동의 목표하에 연대를 마다하지 않는 사람들이었고, 조금이라도 더 나은 삶을 가족과 친지들에게 줄 수 있다면 어렵게 번 임금을 쪼개어 고향으로 송금하는 사람들이었다. 무엇보다도 신자유주의가 제공한 조건을 가장 창의적으로 재해석하는 사람들이었다. 다국적기업이 노동 현장을 장악하자 다국적 노동운동으로 대응할 줄 알았고, 신자유주의의 약속인 노동의 자유가 보장되지 않는 모순된 현실에 맞서기 위해서 초국가적인 네트워크를 스스로 건설해 모순을 극복하기 위한 행동을 국가에 촉구하는 행위주체들이었다. 어떤 의미에서 신자유주의하에서 노동 분야는 가장 혹독한 대가를 치렀음에도 불구하고 여전히 사람이 중심이 된 동력이 유지되는 분야이다. 어찌 보면 '역전앞' 같은 동어반복이겠으나 역시 노동의 중심은 사람이었다.

　이 글을 쓰는 지금도 여전히 중앙아메리카에서 미국으로 향하는 이주 행렬은 계속되고 있다. 지친 아이를 안고 석양을 등지고 걸어가는 노동자 아버지의 사진은 중앙아메리카 노동자의 고단하고 절망적인 이미지를 전달한다. 하지만 이런 이미지들은 잘못되었다. 더 나은 삶을 찾아 사랑하는 가족을 안고 국경을 건너고 사막을 횡단하는 노동자보다 더 역동적인 이미지가 어디 있을까? 더욱이 국경을 건너는 과정이 평탄치 않을 것이며, 가는 길목마다 혐오와 차별이 있을 것을 뻔히 알면서도 그럼에도 불구하고 현실에 안주하지 않고 길을 떠난 그 노동자의 엄청난 결단과 미래에 대한 낙관의 크기는 쉽게 상상하기 어려울 정도이다. 미국으로의 이주를 꿈꾸는 노동자의 카라반은 성공할 수도 있고, 무참히 실패할 수도 있다. 그러나 그들의 행동은 참혹한 중앙아메리카 경제와 정치의 현실을 전 세계가 깨닫게 하였으며, 좀 더 나은 삶을 찾아 국경을 넘는 노동자들을 우리가 어떻게 대해야 할 것인가에 대한 근본적인 질문을 던져주었다. 그런 의미에서 카라반도, 신자유주의하의 라틴아메리카의 노동도, 어려운 현실에 대한 비관을 넘어 이를 극복할 대안에 대한 끊임없는 고민을 요구한다는 점에서 서로 닮아 있다.

제**5**장

가족

멕시코를 소개하는 한 여행 프로그램에서 진행자가 한 청년에게 가족이 몇 명이냐고 묻자 돌아온 답변은 50명이었다. 가족 구성원의 수가 50명이라는 청년의 답변에 놀란 진행자가 가족의 수가 어떻게 그렇게 많을 수가 있냐고 되묻자, 할아버지, 사촌, 삼촌, 손자, 손녀를 모두 합하면 50명 정도 되며 최소한 3개월에 한 번은 만나고 가족의 생일이나 축하할 일이 있으면 또 만난다고 대답한다(세계테마기행, 2018). 1인 가구의 수가 급속도로 증가하고, 핵가족이 주류를 이루는 한국 사회와 비교해 볼 때 가족 구성원의 수를 50명이라고 말하는 멕시코 청년의 답변은 놀라운 것이다. 이는 한국의 가족구조가 경험하고 있는 변화와는 확연히 다른 현상이 라틴아메리카의 가족구조에서 일어나고 있다는 것을 미루어 짐작하게 한다.

우리가 라틴아메리카 가족에 대해 관심을 갖는 이유는 단순히 확대가족이 유지되고 있다는 점 때문만은 아니다. 라틴아메리카 가족이 현대 라틴아메리카 사회를 이해하는 데에, 특히 신자유주의의 영향을 분석하는 데에 중요한 역할을 하는 이유는 가족이 신자유주의의 부작용을 완화하는 중요한 완충제로서 작용한 라틴아메리카의 독특한 현실 때문이다. 라틴아메리카의 가족은 일찍이 국가가 제공하지 못한 사회 안전망을 제공하는 역할을 해왔으며, 경제위기 시 부족한 자원을 공동으로 운영하며 위기를 극복하는 전략의 핵심으로 작용하였다(De la Rocha, 1994). 나아가 가족은 파편화되고 원자화된 신자유주의하의 라틴아메리카 사회에서 개인에게 안정감을 주고 행복감을 주는 원천으로 지목되어 왔다(Graham and Pettinato, 2001).

전 세계는 그 정도는 다르지만 고령화와 저출산이라는 인구학적 현실에 직면해 있다. 이러한 변화의 흐름에서 빗겨 있는 지역은 아마도 아프리카가 유일할 것이다. 따라서 100세 이상의 기대수명이 예상되며 동시에 저출산이 일반화되는 세계적 추세 속에서 가족이라는 사회집단이 현재 경험하고 있는 변화와 앞으로 겪을 변화에 대해 다양한 연구가 이루어지고 있다. 신자유주의는 이렇듯 강도 높은 변화를 경험하고 있는 가족구조에 또 다른 변동 요인으로 작용한다. 신자유주의의 이념과 철학이 강조하는 개인주의적 사회관은 인간이 가장 기본적으로 형성하는 공동체로서의 가족을 해체하는 데에도 기여하였다고 평가된다. 특히 개인의 행복과 이익을 추구하는 도구로서 가족을 규정하는 이른바 신자유주의적 가족관은 가족의 해체를 초래했으며, 가족의 의미는 자본축적의 전진기지로서의 기능과 자본의 상속을 통한 계급 유지의 역할로 축소되었다(이미경, 1999). 이러한 변화를 가장 적나라하게 보여주고 있는 곳이 오늘날 한국이라고 해도 과언이 아니다. 다양한 연구들을 통해 우리는 오늘을 살아가고 있는 한국인들이 가족을 도구적으로 접근하고 있으며, 가족이 행복의 근원이기보다는 책무와 갈등의 원인으로 작용한다는 사실을 알 수 있다(김혜경·오숙희·신현욱, 1992; 함인희, 2003; 김혜영, 2016).

한국 사회의 가족이 신자유주의의 이념과 철학적 전제에 충실한 가족의 도구화와 원자화를 경험하였다면, 라틴아메리카의 가족은 신자유주의에 대항해 라틴아메리카적 전략을 구사하는 전초기지로 부상하였다. 대표적인 예가 전통적인 핵가족의 가치가 강화된 한국 사회와는 달리 라틴아메리카에서는 한부모가정을 중심으로 한 대가족이 확대되고, 동거 및 비혼 커플이 증가한 것이다(González, 2015: 139). 이

밖에도 라틴아메리카의 가족이 신자유주의하에서 겪은 변화가 라틴아메리카의 특수성을 보여주는 예는 많다. 이 장에서는 라틴아메리카 사회의 특수성을 가장 잘 드러내는 사회조직으로서의 가족을 살펴보고, 신자유주의가 라틴아메리카 가족을 어떻게 변화시켰는지 분석하였다. 특히, 신자유주의에서 파생된 다양한 경제적 어려움을 극복하기 위한 가족 전략이 가족과 공동체의 강화를 이끈 라틴아메리카의 사례에 주목하였다.

라틴아메리카 가족 연구에 본격적으로 들어가기에 앞서, 가족 연구의 어려움을 잠시 언급할 필요가 있다. 가족은 인간에게 가장 기본이 되는 사회 단위이다. 가족을 경험하지 않은 사람은 없고, 그 결과 가족에 대해 의견을 갖지 않는 사람도 없다. 사회의 가장 기본이 되는 단위로서의 가족은 수많은 사회에서 가장 이념적으로 이용되는 개념이며, 가족의 가치에 대한 (그 가치가 무엇이든 간에) 도전은 사회에 대한 도전이 된다. 그 결과, 아리아가다(Arriagada, 2002)가 지적했듯이 가족은 객관적으로 연구하거나 고찰하기 매우 어려운 대상일 뿐 아니라 어떠한 사회 변화 속에서도 유지되어야 하는 절대불변의 대상으로 여겨진다. 그리고 그 불변의 가족은 주류사회가 인정하는 특정 형태를 갖추어야 하며, 이른바 '정상'적인 가족의 범주를 벗어나는 형태의 가족 혹은 이런 범주에 도전하는 모든 시도들은 위험하거나 반사회적인 것으로 치부되어 막상 현실 속에 존재하는 다양한 가족의 형태는 무시된다 (Arriagada, 2002: 139).

그러나 역설적이게도, 한국과 라틴아메리카 가족 연구를 통해 공통적으로 깨달을 수 있는 사실은, 가족이야말로 사회구조의 변화에 가장 민감하게 반응하는 단위라는 것이다. 절대 불변의 단위이기는커녕, 가족은 외부의 변화로부터 가족 구성원을 보호하는 안전망이 되기 위해서 변화하며, 동시에 외부 변화가 가족 내의 위기를 심화하기도 한다. 예컨대 심각한 경세위기를 경험한 멕시코 사회에서 가족은 해고를 당한 구성원의 안녕을 돌보는 최전방의 사회 단위로 작동하는 동시에, 경제위기를 극복하기 위한 여성의 노동시장 진입이나 가족 구성원의 이주 등과 같은 상황에서 극심한 스트레스를 견뎌야 하는 단위이기도 하다(Arriagada, 2002).

이 장에서는 그동안 한국 학계에서 거의 연구되지 않았던 라틴아메리카 가족을 다루었다. 라틴아메리카 가족의 특수성을 고찰하고, 이러한 특수성이 신자유주의를 만나 경험한 변화를 분석하였다. 특히 라틴아메리카 가족을 신자유주의로 인한 난관을 수동적으로 받아들이는 대상이 아니라 이러한 도전에 적극적으로 대응하는 사회적 행위주체로 인식함으로써 라틴아메리카 가족의 회복력을 이해하고, 이러한 회복력이 라틴아메리카 사회 전반에 끼친 영향을 살펴보았다.

1. 라틴아메리카적 가족의 특수성

라틴아메리카 고대문명의 가족구조는 다양하였으며, 결혼과 성에 대한 입장은 이후 식민주의자들이 이식한 가부장적인 그것에 비해 개방적이었다. 고대문명을 일군 여러 부족들은 다양한 가족관을 보여주는데, 상당히 많은 부족들이 모성 중심의 가족구조를 지녔고, 혼인 이전의 성

관계에 대해 개방적이었으며, 혼인 제도는 필요에 따라 종결될 수 있는 사회제도로 인식하였다. 이는 혼인을 신성시하며 혼전 순결을 강조하고 부계 중심의 가족관을 강조하던 스페인이나 포르투갈의 전통과는 배치되는 것으로, 식민주의자들은 원주민을 가톨릭으로 개종시킴으로써 라틴아메리카 원주민의 전통적 가족관을 와해시켰다(Carrillo et al., 2012: 72).

라틴아메리카의 가족구조, 특히 도시를 중심으로 한 메스티소 가족은 스페인 식민기의 영향을 크게 받았다. 스페인 식민기의 가족은 가부장적인 전통 안에서 사적 영역으로 치부되었고, 남성은 여성의 성과 가족의 명예를 모두 지배하는 강력한 권력을 행사하였으며, 이를 위하여 부성성은 남성성을 확인하는 도구로 활용되었다. 그 결과, 남성은 다양한 계급과 인종의 여성들과 성적인 관계를 맺고 여성들을 지배하는 것이 용인되기도 하였다. 이와 같은 가부장적인 전통은 오늘날 라틴아메리카의 가족구조에 상당 부분 남아 있다(Arriagada, 2002: 138).

가부장적인 전통, 특히 여성에 대한 남성의 지배가 식민주의의 영향으로 라틴아메리카 가족구조 안에 자리매김하였다면, 대부·대모제(compadrazo) 또한 식민기를 거쳐 라틴아메리카에 뿌리내린 가톨릭 전통[9]의 산물이다. 강력한 대부·대모제 전통은 오늘날도 여전히 라틴아메리카 가족구조의 중요한 특징이다. 라틴아메리카인들에게 혈통에 근거한 가족이 아닌, 가상(fictive)의 가족인 대부와 대모의 역할은 피를

---

9 혹자는 대부·대모제가 라틴아메리카 고대문명의 전통, 특히 마야문명의 전통에서 기원하였으며, 식민주의자들이 이 전통을 가톨릭 전통으로 둔갑시켰다고 주장한다(González, 1943: 201).

나눈 가족 못지않게 중요성을 지닌다. 피를 나눈 생물학적 관계뿐만 아니라 친분과 우정으로 연계된 관계까지도 가족구조 안으로 통합한다는 점에서, 라틴아메리카의 대부·대모제는 라틴아메리카의 가족구조가 지니는 확장성과 유연함의 근거가 된다.

대부모는 친부모에 의해 매우 조심스럽게 선택된다. 이들은 종종 친족 중 중요한 사람이나 특히 친밀한 사이에 선택되며, 친족인가 아닌가보다는 지역에서의 평판과 인품이 더 중요하게 작용한다. 종종 대부모는 친부모를 대신해 양육을 책임지기도 한다. 이런 경우 자녀들은 친부모보다 대부모와 더욱 돈독한 관계를 유지하기도 하며, 특히 농촌지역에서는 생계가 어렵거나 자녀를 돌보기 어려운 경우 서로 도움을 주고받는 관계로 성장하기도 한다(임상래 외, 1998: 131~132).

이처럼 대부 혹은 대모는 라틴아메리카의 가족이 혈연의 경계를 넘어 확장되는 대표적인 기제이다. 전통적인 의미의 대부·대모제는 가톨릭의 전통이 깊은 라틴아메리카에서 아기가 세례를 받고 세례명을 받을 때 부모의 절친한 친구, 혹은 동료가 아이의 대부나 대모의 역할을 맡는 것이다. 하지만 라틴아메리카에서의 대부·대모는 세례를 받을 당시 필요한 역할을 담당하는 데에 그치지 않고, 아이의 훈육, 가족 간의 유대, 나아가 다양한 사회적 교류 차원에서도 끈끈한 인연을 유지하며 유사 가족 형태를 띠는 경향을 보인다.

멕시코의 대부·대모제를 연구한 켐퍼(Kemper, 1982)에 따르면 많은 이들이 대부·대모제는 멕시코 농촌의 전통적인 가족구조의 특징으로 근대화 및 산업화와 함께 약화되어 도시에서는 찾아보기 힘들 것이라고 예상한 바와는 달리 도시에서도 대부·대모제는 활발히 활용되고 있으며, 심지어 도시화와 함께 생겨난 다양한 사회관계들을 반영하는 여러 형태의 창의적인 대부·대모제가 존재한다. 멕시코인들은 대부·대모제를 통해 양육의 의무를 공유하는 성인의 범위를 넓힐 뿐만 아니라 아이의 사회적 관계망을 확대함으로써 아이에게 도움이 될 만한 미래의 네트워크를 구축하고 부모의 인맥 또한 공고히 한다.

이렇듯 라틴아메리카에서의 가족은 직접적인 혈연관계를 넘어서는 친밀한 관계로서 구성원들에게 네트워크를 제공하고, 안전망이 되어주며 나아가 개인의 정체성과 행복을 가늠하는 가장 중요한 요소로 작용한다. 그 결과 많은 학자들은 라틴아메리카의 가족구조는 가족주의(familism)라고 불릴 만큼 강력한 유대감에 기반을 두는 제도로 성장하였다고 본다. 라틴아메리카 가족 구성원들은 가족과의 유대와 가족 정체성을 매우 중요시하며, 다른 가족 구성원과의 물리적·심리적 거리를 가까이하고자 노력한다. 예컨대 많은 라틴아메리카 가족에서 연장자들은 그들이 직계가족이 아닐지라도 가족행사 및 가족 구성원의 의사결정 과정에 중요한 역할을 담당하며, 어린 자녀들은 부모뿐만 아니라 삼촌, 이모, 조부모 및 사촌들의 보살핌을 받으며 자란다. 이렇게 자란 자녀들은 성인이 되어서도 가족과의 유대감을 중시하고 다양한 가족 구성원으로부터 감정적이고 사회적인 지지와 함께 재정적인 도움도 받는다(Carlo et al., 2007).

라틴아메리카의 가족은 라틴아메리카 사회에서 유대감을 형성하는 가장 기초적인 단위이자 가족 구성원에게 안전망을 제공하는 역할을 해왔다. 라틴아메리카 가족의 놀라운 특징은 산업화와 함께 그 범위가 핵가족으로 좁아진 많은 다른 사회와는 달리, 확대된 핵가족 또는 연계된 대가족이라는 가족의 틀을 유지하고 있다는 점이며, 나아가 대모·대부제에서 볼 수 있듯이 혈연관계가 아닌 친분 관계를 통한 가족의 구성이 일반화되어 있다는 점이다. 이 또한 갈수록 핵가족화되어 가고 심지어 붕괴되어 간다는 평가까지 받고 있는 산업화된 다른 대다수 국가의 가족들과 비교해 볼 때 매우 독특한 라틴아메리카의 특수성이다.

그러나 이렇듯 독특한 라틴아메리카의 가족구조에도 최근 여러 가지 변화가 감지되고 있다. 다음 절에서는 최근에 라틴아메리카 가족구조에 일어난 다양한 변화를 살펴보고, 이러한 변화와 신자유주의 간의 관계를 살펴보았다.

2. 가족구조의 변화와 신자유주의

라틴아메리카의 가족은 다른 라틴아메리카의 사회제도와 마찬가지로 신자유주의의 영향을 받았다. 앞서 언급된 바와 같이 라틴아메리카 사회에서 가족이 갖는 중요성은 가족이라는 제도를 통해 사회의 변화를 고찰하고자 하는 학문적 노력을 양산하였다. 특히, 신자유주의 시기를 거쳐 급격히 약화되기보다는 그 명맥을 끈질기게 유지한 라틴아메리카의 대가족제도에 대한 고찰을 통해, 라틴아메리카에서 가족이 갖는 생존 전략으로서의 위치에 대한 관심이 높아졌다. 나아가 신자유주의 정책을 통해 촉발된 다양한 사회문제를 해결하기 위한 새로운 형태의 사회정책을 입안하는 과정에서도 라틴아메리카의 가족은 사회정책 운용의 기초 단위로 활용되었다(González, 2015: 139).

〈그래프 5-1〉 라틴아메리카의 출산율 변화(1970~2011)

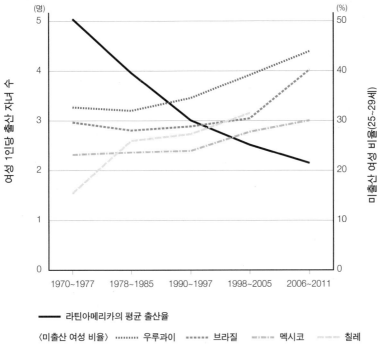

라틴아메리카의 평균 출산율

〈미출산 여성 비율〉 ········ 우루과이 ▪▪▪▪▪ 브라질 ▪ ▪ ▪ 멕시코 ― ― ― 칠레

자료: *The Economist* (2013).

신자유주의가 라틴아메리카의 가족에 끼친 영향을 언급하기에 앞서, 라틴아메리카의 가족구조가 경험한 변화를 먼저 언급할 필요가 있다. 다른 지역과 마찬가지로 라틴아메리카도 저출산과 고령화의 인구구조 변화를 경험하고 있다. 우리나라와 비교하면 그 변화의 속도나 강도가 상대적으로 덜하다고 느껴질 수 있으나, 라틴아메리카에서 출산율과 고령화의 문제가 심각한 우루과이, 칠레, 쿠바와 같은 나라는 출산율이 2016년 기준으로 각각 1.995, 1.774 및 1.722를 기록하며 인구유지 출산율로 여겨지는 2.1을 크게 밑돌고 있다(World Bank, 2019). 최근의 출산율이 비교적 완만하기는 하지만, 지속적으로 낮아지고 있는 아르헨티나, 코스타리카, 브라질, 멕시코 등의 경우를 종합해 고려할 때 중앙아메리카의 몇몇 국가들을 제외하면 라틴아메리카 역시 장기적으로는 저출산과 고령화의 시대를 맞이할 것으로 예상된다.

이러한 인구구조의 변화로 인해 가족의 규모가 상대적으로 큰 라틴아메리카에서도 노인으로 구성된 1인 가구의 비중이 늘어나고 있으며, 무자녀 가정의 수도 함께 늘어나고 있다. 하지만 한국 사회와 비교해 볼 때 흥미로운 점은 전반적인 가족 규모의 축소나 자녀수 감소와 동시에 한부모가족, 특히 여성이 부양을 책임지는 한부모가족이 빠르게 늘어나고 있다는 점이다. 예컨대 칠레의 경우, 1980년대부터 1999년 사이에 혼인 연령이 남성은 26.7세에서 29.4세로, 여성은 23.8세에서 26.7세로 높아졌다. 같은 기간 동안 총혼인 수는 줄어든 반면, 혼인을 무효로 하는 사례는 크게 늘어났다.[10] 그런데 같은 기간 동안 전체 출산율은 감소한 반면, 동거나 미혼의 한부모가족과 같이 혼인제도 밖에서 태어난 아이들의 수는 크게 늘어났다. 1999년의 경우 전체 신생아 중 47.7%가 혼외에서 태어난 것으로 보고되었는데, 이는 1990년의 34.3%에서 크게 증가한 것이다(Arriagada, 2002: 142~143).

한부모가족의 성장을 추동한 원인은 다양하다. 앞서 언급한 바와 같이 이혼의 증가로 한부모가족이 증가하였다면, 법적 혼인보다는 동거

---

[10] 칠레의 경우 2004년까지 이혼이 불법이었으므로, 이혼을 원하는 부부들은 혼인의 원천 무효를 신청하는 방식으로 혼인 관계를 청산하였다.

를 선호하는 최근 경향 또한 미혼모와 미혼부를 증가시켰다. 혼인보다 동거를 선호하는 태도는 역사적인 현상이다. 혼인 특히 일부일처제를 중시해 왔던 서구사회와 달리 라틴아메리카는 식민기부터 혼인제도에 접근할 수 없는 이들이 흔히 동거를 해왔다(Esteve and Florez-Paredes, 2018).

특히 동거 상황에서 아이를 키우는 어머니들의 숫자는 1970년대 이래로 3배 이상 증가하였다. 앞서 언급한 바대로 라틴아메리카에서의 혼인율은 급속히 감소하고 있으며, 이는 동거의 증가율과 거의 일치한다. 흥미로운 것은 라틴아메리카의 경우 동거 커플들의 동거 시작 시기나 출산 시기가 혼인한 부부보다 결코 늦지 않다는 것이다. 즉, 라틴아메리카인들은 새로운 가족을 구성하는 제도로서 혼인을 대신하여 동거를 선택하고 있다는 뜻이다.

여전히 아버지와 어머니, 자녀로 구성되는 핵가족 구조가 이른바 주류 가족 모델로 여겨지고 있으나, 라틴아메리카 사회는 혼인 제도의 유연화와 대가족제도의 변형을 경험하면서 다양한 가족 형태의 출현을 목격하고 있다. 특히 라틴아메리카 전역에서 관찰되는 현상은 여성이 부양을 책임지는 한부모가족의 높은 비중이다. 이 경우, 여성은 누군가와 동거 혹은 혼인 중이 아닌 상태에서 아이를 부양하고 있음을 뜻한다. 한부모가족은 1990년대부터 꾸준히 늘어났으며, 전체 가족 중 경우에 따라서는 약 1/3을 차지했으나, 2000년대에 들어 그 비중이 약 16% 정도 감소한 것으로 나타난다. 최근 이렇듯 여성이 부양을 책임지는 가족의 수가 줄어들고는 있지만, 문제는 여성이 부양을 책임지는 가족의 경우 빈곤층에 속할 확률이 높다는 점이다. 코스타리카와 도미니카공화국의 경우 극빈층 가구의 절반 이상이 여성이 부양을 책임지는 가구이다(Arriagada, 2002).

여성이 부양을 책임지는 가족의 높은 비중과 함께 최근 라틴아메리카 가족구조에 나타난 또 다른 변화는 비전통적인 확대가족의 등장이다. 라틴아메리카에서 최근 '확대가족이 감소하고 있다'는 주장에서 사용되는 확대가족이란 전통적인 의미의 확대가족, 즉 부부와 자녀 그리고 부부의 부모 이렇게 3대가 함께 거주하는 확대가족을 뜻한다. 하지만 최근 연구에 따르면 라틴아메리카의 가족구조는 훨씬 복잡해졌고, 비전통적인 확대가족들이 늘어나고 있다. 한 연구에 따르면 라틴아메리카의 0세에서 4세 어린이 중 약 25%가 세대주의 자녀가 아니다. 그들은 자신의 부모가 아닌 다른 친족, 예컨대 삼촌이나 이모 혹은 조부모 손에 양육되고 있으며, 심지어 혈연관계가 아닌 이웃 혹은 부모의 친구에게 보호받기도 한다. 이는 앞서 언급된 대모·대부제가 실제로 라틴아메리카 가족의 복합성에 기여하고 있다는 반증이다(Esteve and Florez-Paredes, 2018).

가족 연구에서 확대가족의 의미는 농경사회에서 일어나는 대표적인 현상으로 해석된다. 유럽의 역사에 비추어 가족 구성원이 많다는 것은 높은 노동생산성을 의미하며, 이는 농경사회에서 선호되던 가족의 형태로서 산업화가 진행될수록 확대가족은 감소한다고 간주된다. 하지만 라틴아메리카의 경우, 확대가족의 의미는 유럽과는 상이하다. 물론 산업화 및 도시화와 함께 과거에 비해 확대가족의 비중이 낮아지는 추세이지만 그 감소의 폭이 최근 줄어들고 있으며, 라틴아메리카의 대다수 국가에서 여전히 20~40%의 인구가 확대가족의 일원으로 살아가고 있다.

라틴아메리카에서 확대가족은 불안정한 경제 상황으로부터 가족 구성원을 보호하는 역할을 하고 있는 것으로 보인다. 앞서 언급한 바와 같이 라틴아메리카의 확대가족은 부부를 중심으로 3대가 함께 거주하는 형태를 띠기보다는 부부가 다른 친척들과 함께 거주하는 형태를 띤다. 이는 확대가족의 형태와 내용이 매우 유연하다는 것을 보여주며, 나아가 가족의 핵심이 되는 부부가 도움이 필요한 다른 친족 혹은 친지에게 주거공간을 제공하고 있다는 것을 의미한다. 결국, 라틴아메리카의 가족은 서구의 가족이 자본주의의 발달과 함께 주로 맡았던 역할인 사유재산의 확립과 상속 기능을 통한 계급 재생산을 목표로 하는 것이 아니라, 자본주의의 발달과 함께 나타난 다양한 문제점, 특히 사회보장의 약화와 빈곤의 확대 등을 함께 극복하는 생존 방식 역할을 하고 있는 것으로 사료된다. 따라서 라틴아메리카에서 미혼모 중 약 70%가 부모와 함께 살고 있다는 것은 놀라운 일이 아니다(Esteve, García-Román and Lesthaeghe, 2012).

이렇듯 라틴아메리카에서 가족은 최근 일어난 인구구조의 변화 속에서도 가족 구성원들을 위한 사회안정망으로서의 역할을 여전히 담당하고 있는 것으로 보인다. 그렇다면 신자유주의적 경제정책하에서 더욱 취약해진 삶의 조건을 받아들여야 하는 라틴아메리카인들에게 가족이 어떠한 역할을 하고 있는지 살펴볼 필요가 있다. 특히 시장주의의 확대와 개인주의적 성향을 강화하는 신자유주의 정책의 영향 앞에서 가족이라는 공동체에 대한 라틴아메리카인들의 유대감과 친밀감은 과연 어떠한 변화를 경험했을까? 신자유주의하에서 생존 전략의 하나로 라틴아메리카 가족이 경험한 변화를 먼저 살펴보자.

1) 경제위기와 생존 전략으로서의 가족

라틴아메리카의 사회학자로서 가족과 빈곤을 오랫동안 연구한 메르세데스 데라 로차(Mercedes De la Rocha)는 1994년『빈곤의 자산: 멕시코시티의 여성과 생존(The Resources of Poverty: Women and Survival in a Mexican City)』이라는 책을 펴냈다. 이 책에서 데라 로차는 멕시코 빈민촌의 여성들을 대상으로 한 질적연구를 통해 경제위기로 인한 어려움을 극복하기 위한 멕시코시티 빈민촌 여성들의 다양한 노력을 소개하며, 이러한 생존 전략을 가능케 한 라틴아메리카 가족의 회복력과 자생력에 주목한다.

그녀에 따르면 멕시코시티의 빈민들은 갑자기 일자리가 사라지고 실질임금이 감소하는 경제위기를 극복하기 위해 가족을 중심으로 가용할 수 있는 모든 자산과 인력을 총동원해 가족 구성원들의 생존을 보장하기 위해 노력을 다한다. 그동안 노동시장에 진입하지 않았던 여성들은 풀타임 혹은 파트타임의 일자리를 구해서 가족의 소득을 늘렸다. 남성들의 경우 기존의 일자리 이외에 다른 일자리를 더 구해서 감소한 실질임금을 충당하려 노력하고, 더는 정규직 일자리를 구하기 어려울 경우 다양한 비정규직 일자리나 비공식 부문의 일거리를 찾아 나선다. 예컨대 경제위기 이전에 여성들은 세탁, 육아, 요리 등의 노동을 가족 구성원들에게만 제공해 왔다면, 경제위기와 함께 가구소득을 유지하기 위하여 여성들은 가사도우미로 취업을 하거나 여분의 음식을 만들어 판매하며 노동시장에 편입하였다. 자녀들 또한 방과 후 다양한 아르바이트를 함으로써 가계에 도움을 주고, 필요한 경우 여러 가족이 집을 공유하면서 주거비를 절약하기도 한다. 그 결과, 1982년부터 1986년까지 멕시코 과달라하라의 실질임금은 35%나 감소한 반면, 가구별 소득은 11%만 감소하였다. 그동안 증가하던 핵가족은 증가세를 멈추었고, 다시 확대가족이 늘어나기 시작하였다. 가족 구성원의 수를 늘리면서 빈곤층은 노동을 통해 가계소득에 기여할 수 있는 인원을 늘리고, 생활비를 절약해 나갔다(De la Rocha, 2001).

이른바 빈곤의 자산이라고 명할 수 있는 멕시코시티 빈곤층의 자산은 바로 가족이었고, 가족 구성원들의 희생이었다. 이를 데라 로차는 '위기의 가족화'로 명명하였으며, 극심한 경제위기 상황을 극복하기 위해 가족을 중심으로 모두가 자신의 자리에서 최선을 다하는 모습을 가감 없이 묘사함으로써 빈민들을 수동적인 경제위기의 피해자로 그린 대다수 빈곤 연구와 경제위기 연구의 문제점을 지적하였다. 더 나아가 가족이 경제위기 시 빈민들이 활용하는 생존 전략의 핵심이자 '빈자들의 자산'이라는 점을 부각함으로써 라틴아메리카 가족 연구에도 기여하였다.

그러나 이렇듯 경제위기 시 빈민들의 자산 역할을 하는 라틴아메리카 가족의 역동성과 생존력을 강조하던 그녀가 7년 후인 2001년에는 전혀 다른 주장을 펴기 시작한다. 2001년에 발표한 논문 "빈곤의 자산에서 자산의 빈곤으로?: 생존 모델의 붕괴(From the Resources of Poverty to the Poverty of Resources?: The Erosion of a Survival Model)"에서 그녀는 7년의 구조조정과 신자유주의적 경제정책의 도입으로 멕시코시티의 빈민들이 기댈 수 있었던 자산으로서의 가족과 생존 전략이 한계에 부닥쳤다고 주장한다. 그녀는 너무나 오랜 세월 계속된 신자유주의적 구조조정과 이로 인한 경제적·사회적 어려움은 라틴아메리카 빈민들이 가지고 있던 빈곤의 자산마저 고갈시켜 버렸으며, 경제위기 시 라틴아메리카 빈곤층들이 활용하는 생존 전략이라는 개념이 이제 더는 멕시코에서도 라틴아메리카에서도 유용하지 않다고 고백한다(De La Rocha, 2001: 72).

사실 빈곤의 자산이라는 라틴아메리카의 가족 중심 생존 전략은 경제위기를 극복하기 위한 단기 전략이었다. 한 사람이라도 더 일하고, 한 사람이라도 더 비용을 절약하며 가족으로서 함께 위기를 극복해 나가는 방식은, 그러나 불행하게도 경제위기가 장기화되고 신자유주의적 노동 정책이 정착될 경우 효과를 보기 어렵다. 즉, 일하고 싶어도 일자리가 없거나 일자리의 질이 낮은 경우, 실질임금이 너무 낮아져서 여러 개의 일을 하더라도 생계유지가 어려운 경우에 가족을 중심으로 한 생존 전략은 더 이상 힘을 발휘하기 어렵다. 오히려 가족 구성원 중 다수가 실업자일 경우, 전체 가족의 생존마저 위협받는다. 앞서 노동 분야에서 일어난 신자유주의적 변화에서 고찰한 바와 같이, 신자유주의하에서 라틴아메리카의 경제는 양질의 일자리를 충분히 만들어내는 데에 성공하지 못하였다. 가족 구성원의 고용과 노동에 의존하던 빈곤층의 생존 전략은 따라서 신자유주의하에서 실패하고 만다.

신자유주의 경제정책하에서 특히 일자리를 구하기 어려웠던 젊은 남성들은 또 다른 생존 전략을 선택한다. 그것이 바로 이주이다. 그들의 이주는 결국 가족이 선택한 생존 전략의 일환이다. 하지만 역설적이게도 가족의 생존을 위한 젊은 남성들의 이주는 종종 가족의 분리 및 해체로 이어진다. 한시적인 일자리를 찾아 미국으로 이주하였던 젊은이들은 이제 미국으로의 완전한 이주를 꿈꾸며 멕시코를 떠나기 시작하였으며, 이러한 젊은이들의 이주는 장기적으로 가족의 해체와 함께 가족 구성원 중 가장 경제적으로 활발한 노동자를 잃게 만든다(De La Rocha, 2001: 90).

전통적으로 남성들이 종사하던 일자리가 줄어드는 상황에서, 상대적으로 여성들을 위한 비정규직 혹은 비공식 부문의 일자리는 늘어난다. 그 결과 많은 라틴아메리카 국가에서 여성들이 남성을 대신해 가족을 부양하는 현상이 나타난다. 앞서 언급했던 여성이 부양을 책임지는 가구의 증가는 이러한 신자유주의적 현실과 무관하지 않다. 하지만 남성들보다 낮은 임금을 받으며 훨씬 더 불안정한 일자리에 만족해야 하는 여성들의 수입만으로는 빈곤의 자산을 유지하기 어려웠다. 나아가 가사노동과 집 밖에서의 노동을 병행해야 하는 여성들의 삶 또한 더욱 고단해졌다.

라틴아메리카에서의 가족은 사회가 제공하지 못하는 안전망의 역할을 해왔다. 경제위기 속에서도 라틴아메리카의 가족은 구성원들의 노력을 응집하는 중심축으로서 빈곤의 자산이 되어주었다. 하지만 신자유주의적 노동시장의 변화를 겪어낸 라틴아메리카에서 가족은 더 이상 빈곤의 자산이 되지 못하는 듯했다. 그렇다면 이제 가족은 라틴아메리카인들에게 피난처가 되어주지 못하는 것일까? 흥미롭게도 라틴아메리카 국가, 특히 포스트 신자유주의 정부의 생각은 달랐다. 가족을 개인의 안녕을 보장할 수 있는 가장 최소 단위로 보아 사회정책의 파트너로 여긴 라틴아메리카의 포스트 신자유주의 정부는 신자유주의 정책의 결과인 복지 정책의 축소를 가족의 사회정책 참여로 만회하고자 노력하였다.

2) 복지정책의 축소와 가족주의

신자유주의는 국가의 축소와 시장논리의 강화를 추구한다. 이러한 이념을 관철시키기 위해서 가장 먼저 개혁해야 할 대상은 국가개입의 상징처럼 여겨지던 복지정책이었다. 국가가 제공하던 의료 및 교육 혜택은 강력한 민영화의 대상이 되었으며, 빈곤을 극복하게 하는 다양한 사회보장제도들도 규모를 축소하거나 민간 기관으로 그 운영의 주체를 변경하고자 하였다.

빈곤 인구의 비율이 높고, 교육 및 의료 서비스의 질이 높지 않은 라틴아메리카에서 복지는 정부 정책에서 중요한 비중을 차지해 왔으며, 라틴아메리카는 1980년대 경제위기와 잃어버린 10년이라는 고통스러운 과정을 거쳐 다양한 복지서비스를 축소하거나 민영화하는 결정을 내렸다. 하지만 시장논리의 확대를 통해서 복지정책의 효율성을 강화할 수 있을 것이라는 많은 라틴아메리카 정부들의 기대와는 달리, 급작스러운 복지제도의 축소는 라틴아메리카 사회에 심각한 부작용을 낳았다. 연금소득을 받지 못하는 노인들의 삶은 피폐해졌고, 민영화된 의료 서비스를 받을 수 없는 빈곤층의 건강은 악화될 수밖에 없었다.

이렇듯 심각해진 복지제도의 붕괴를 극복할 수 있는 대안으로 떠오른 사회적 행위주체가 바로 가족이다. 라틴아메리카의 가족은 이미 국가가 제공해야 할 복지를 제공하는 역할을 해오고 있었다. 하지만 신자유주의의 도입과 함께 가족은 두 가지 의미에서 복지제도의 파트너로부터 복지제도의 핵심 주체로 떠올랐다.

우선 가족, 특히 빈곤한 가족이 국가가 제공하는 복지의 대상이 되었다. 그동안 국가가 개인에게 조건 없이 제공하던 보편적 복지들은 특정 조건에 맞는 대상에게만 제공되는 표적화된 서비스가 되었고, 그 대상은 조건에 맞는 개인이 아니라 가족이 되었다. 가족을, 특히 빈곤 가족을 복지정책의 대상으로 설정하는 것은 근본적으로 신자유주의적 질서에 어긋나지 않는다. 국가의 시장개입에 반대하는 신자유주의자들조차 가족이 그 구성원의 문제를 자율적으로 해결하지 못할 경우에는 국가의 개입을 허용하기 때문이다. 따라서 빈곤한 가족은 신자유주의 시스템하에서도 정부의 지원이나 개입이 정당화될 수 있는 대상이다. 또한 자본주의를 유지하기 위한 노동력의 재생산 기능을 담당하는 가족이 그러한 기능을 다하지 못하는 상황에 대한 국가의 개입은 시장을 보호하기 위한 것으로 해석될 수 있다(González, 2015).

신자유주의 정책하에서 가족의 의미가 이념적이고 상징적인 차원에서 강조되었다면, 정책의 운용에서도 가족은 중요한 도구로 활용되었다. 특히 라틴아메리카 사회에서 가족이 갖는 사회문화적인 역할은 복지정책 담당자들에게 사회자본(social capital)으로 받아들여졌으며, 가족이 갖고 있는 사회자본이라는 전략적 자산을 충분히 활용하는 복지정책의 기획과 운용이 널리 장려되었다. 일례로 UN 산하 라틴아메리카 카리브해 경제위원회는 가족이 전통적으로 구성원들을 위해 제공하던 사회안전망으로서의 역할에 주목하며, 부족한 사회서비스 및 복지제도를 보완할 수 있는 이상적인 제도로서 가족을 적극 활용할 것을 요청하기도 하였다. 그 결과 빈곤 가족을 대상으로 하는 다양한 사회복지 프로그램들이 도입되었으며, 이러한 프로그램들은 종종 그 정책 운영에서 가족의 참여, 특히 어머니의 참여를 상당 부분 요구하였다. 그 대표적인 프로그램이 '조건부 현금 지원 프로그램(Conditional Cash Transfer Program)'이다.

브라질의 볼사 파밀리아 프로그램, 멕시코의 프로그레사 오포르투니다드(Progresa Oportunidad) 프로그램, 아르헨티나의 파밀리아스 포르 인클루시온 소시알(Familias por Inclusión Social) 프로그램 등이 대표적인 현금 지원 프로그램이다. 이 프로그램들의 특징은 프로그램의 혜택을 받기 위하여 프로그램의 대상자가 정부가 제시하는 조건들을 수행해야 한다는 것이다. 볼사 파밀리아 프로그램의 경우, 일정액의 지원금을 받기 위해 자녀를 학교에 보내고 건강검진을 받도록 하였다. 조건부 현금 지원 프로그램의 대상은 빈곤층 가족인 경우가 많고, 가족들이 지원받기 위한 지급 조건을 충족하도록 관리하는 책임은 어머니의 몫이었다.

라틴아메리카에서 실시된 조건부 현금 지원 프로그램은 우호적인 평가를 받았다. 브라질의 볼사 파밀리아 프로그램의 경우 세계은행으로부터 "브라질이 추진하는 조용한 혁명"이라고 극찬을 받기도 하였다(World Bank, 2013). 이러한 정책들이 복지정책에서 여성의 참여를 증진시켰으므로 여성의 지위를 향상시키는 데에 기여했다고 평가받기도 하였다. 한 가지 확실한 것은 가족 내 여성에게 직접 현금을 지원하고 여성을 프로그램 운영의 파트너로 지정함으로써 가족 내 구성원 간의 역학 관계에 변화를 가져왔다는 점이다. 그러나 이러한 역학관계의 변화는 항상 긍정적인 방향으로 진행되지는 않은 것으로 보고된다. 특히 아버지 역할의 부재는 흥미롭다. 이는 가족을 돌보고 자녀를 교육하는 데에 아버지보다는 어머니가 더 적합하다는 전통적인 성 역할에 근거한 것으로 파악된다. 그 결과, 가족 전체를 부양할 수 있게 지원을 받는 프로그램을 유지하기 위한 다양한 노동은 어머니의 몫이 되었고, 여성들의 책임과 노동은 가중되었다.

이뿐만 아니라, 조건부 현금 지원 프로그램과 같이 가족을 수혜 대상으로 지정하는 라틴아메리카의 복지정책들은 라틴아메리카에 존재하는 다양한 가족의 형태를 무시했다는 비판에 직면하였다. 가족을 강조하는 복지정책에서 상정하는 가족의 형태는 함께 거주하는 핵가족이므로, 그 결과 한부모가족, 비전통적인 확대가족, 이주 노동자가 구성원으로 있는 가족들은 정책의 기획과 추진 과정에서 소외되었다. 이뿐만 아니라 이 정책들은 기본적으로 가족 내 갈등, 성 역할 분담, 세대별 노동참여 불균등 등에 대한 고려 없이 추진되었다. 다시 말해 가족을 동질적인 집단으로, 가족 내 관계를 전통적인 관계로 상정함으로써 결국 기존의 성역할과 세대 간 불평등을 강화시키는 데에 기여하였다는 비판에서 자유로울 수 없다.

3. 결론: 생존 전략으로서의 가족과 신자유주의의 도전

라틴아메리카 사회에서 가족은 특별한 의미를 지닌다. 식민기부터 현재까지 라틴아메리카에서 가족은 개인들이 홀로 감당하기 어려운 여러 역경을 함께 극복하는 공동체이자 생존 전략으로 기능해 왔다. 혈연을 바탕으로 한 가족의 범위는 넓게 유지되었고, 심지어 혈연이 아닌 친분관계를 통해 가족 같은 관계를 유지하는 유사 가족제도인 대부·대모제도 활성화되었다. 이러한 경향은 역사 이래 국가가 시민들에게 제대로 된 보호막을 제공해 주지 못해왔던 현실이 반영된 결과이다. 가족은 구성원들에게 교육 및 의료 서비스를 제공하며, 아이들을 돌봐주고 노인들을 부양한다. 경제적 어려움이 생겼을 때 가족은 그 어려움을 함께 극복해 나갈 수 있는 빈곤의 자산이 되어주며, 정부가 제공하는 각종 사회서비스를 받을 수 있는 창구로 작동한다.

많은 라틴아메리카 사람들이 생존 전략의 핵심으로 여기는 라틴아메리카의 가족은 친밀한 관계를 그 특징으로 하며, 가족의 경계는 매우 광범위하다. 최근 급변하는 인구구조와 다양한 사회의 수요에 부합하는 다양한 형태의 가족이 생겨나고 있으며, 다양한 형태의 가족들이 비교적 평화롭게 공존하는 복합적인 가족구조 또한 정착되어 가고 있다. 이러한 라틴아메리카 가족의 특징은 라틴아메리카 사회의 여러 측면에 영향을 끼치고 있다. 특히 흥미로운 것은 라틴아메리카의 가족이 라틴아메리카 각국에서 나타나는 높은 삶의 만족도를 설명할 수 있는 요인으로 주목받고 있다는 점이다.

라틴아메리카는 소득수준에 비해 행복지수가 매우 높은 지역이다. 2018년 UN과 갤럽이 함께 작성한 「세계행복지수 리포트」에 따르면 전체 156개 조사 대상국 중 코스타리카는 13위, 멕시코 24위, 칠레 25위를 기록하였으며, 뒤를 이어 파나마, 브라질, 아르헨티나, 과테말라, 우루과이가 각각 27위부터 31위를 차지하였다. 이 국가들보다 선진국으로 분류되는 스페인이 36위를 차지하고 일본이 54위, 우리나라가 56위를 기록하였다는 점을 고려한다면, 라틴아메리카 국가들의 행복지수는 이른바 국민소득, 치안 상황, 복지정책 등의 객관적인 조건의 불리함을 뛰어넘는 결과를 보여준다(Helliwell, 2018).

이에 대해 다양한 분석이 가능한데, 특히 가족 간의 친밀감이 이렇듯 높은 삶의 만족도를 가져다준다는 연구들이 설득력을 얻고 있다. 라틴아메리카인들은 다른 지역에 비해 부모에 대한 존경심이 높고 부모의 기대에 부응하고자 노력한다. 또한 가족에 대한 긍정적인 태도가 사회의 다른 구성원들을 대하는 태도에도 영향을 끼쳐 가까운 사람에게 도움을 주는 것을 중시하는 경향이 나타났다. 라틴아메리카 사람들의 이러한 태도는 결국 사회 구성원 간의 친밀한 관계와 상호부조를 자연스러운 것으로 받아들이고 실천하게 하는 분위기를 형성하고, 결과적으로 라틴아메리카 사람들이 느끼는 주관적 행복도를 높인다는 것이다(Beytia, 2016: 25~28; 이상현, 2018: 102 재인용).

가족은 라틴아메리카 사람들에게 친밀감과 삶에 대한 만족감을 줄 뿐만 아니라 경제위기 시 생존을 위한 자산으로 작용하기도 한다. 가족 구성원 간의 높은 친밀감과 상호부조의 전통은 경제위기 시 어려움에 처한 가족 구성원을 돕고, 나아가 위기를 극복하기 위해 가족들이 힘을 모으는 데에 기여하였다. 일자리를 잃은 가족 구성원을 돕기 위하여 자신의 노동시간을 늘리는가 하면, 가사에 전념하던 주부들이 노동시장에 적극적으로 뛰어들었다. 흩어져 있던 가족 구성원이 함께 모여 확대가족을 이룸으로써 주거비를 줄이는 한편 가구 소득을 늘리고자 공동의 노력을 기울이기도 하고, 국내 노동시장의 붕괴로 인해 이주를 선택해야 한 부모들의 자녀를 적극적으로 돌봐주는 조부모, 삼촌, 이모들이 등장하기도 하였다. 이러한 노력들은 가족을 구심점으로 개인적인 혹은 사회적인 위기를 극복해 온 라틴아메리카의 오랜 전통을 반영한 결과이다.

하지만 최근 연구에 따르면 이와 같은 가족의 기능은 신자유주의적 경제정책하에서 크게 도전받고 있다. 오랜 신자유주의 정책의 결과 더 이상 가족을 중심으로 위기를 극복하는 생존 전략 모델이 통할 수 없는 사회가 도래하였다. 가족 구성원 모두가 낮은 임금과 불안정한 고용을 감내해야 하는 비정규직이나 비공식 부문에서라도 추가적인 일자리를 더 찾아서 가계소득을 유지하는 생존 전략은 일자리가 극도로 불안하고 그나마 대규모로 창출되지 않는 신자유주의 경제모델하에서 설 자리를 잃었다. 개인의 무한 경쟁을 요구하고, 쉬운 해고와 고용을 기조로 하는 신자유주의 노동정책하에서 가족은 끊임없는 경쟁과 불안한 일자리에 내몰린 구성원들의 총합으로 전락하였다. 특히 국내에서 일자리를 찾지 못해 해외로 이주하는 젊은 남성의 수가 상대적으로 많은 멕시코의 경우, 가족 구성원 중 가장 양질의 일자리를 구할 수 있는 노동자가 빠져나간 공백을, 더욱 불안정한 일자리로 내몰린 여성들이 송금에 의지해 채워야 하는 상황을 맞닥뜨려야 하였다.

역설적이게도 이렇듯 위태로운 가족의 현실에 반해, 정부는 아직도 라틴아메리카에서 가족이 갖는 의미에 희망을 거는 듯하다. 전반적인 복지정책의 축소로 인한 빈곤층의 증가와 사회 취약 계층의 열악한 삶을 개선할 수 있는 사회 주체로서 가족이 급부상했기 때문이다. 특히 개인주의적 시장주의를 추구했던 날것의 신자유주의를 수정하고, 공동체를 복원하려는 정부의 노력에 가족이 소환되었다. 가족은 국가 혹은 사회라는 공동체적 가치에 극도의 반감을 표명했던 신자유주의의 본류를 벗어나지 않는 범위에서 지나치게 개인화되고 파편화된 사회구조를 개선하고자 했던 포스트 신자유주의 정부에게 매력적인 파트너로 떠올랐다. 가족은 각종 복지정책 수혜 대상의 최소 단위로 활용되었고, 정부가 요구하는 복지정책의 수혜 조건을 적극적으로 충족시키는 복지정책의 참여자로 거듭났다. 또한 가족은 복지 혜택의 조건을 충족시키지 못해 그 혜택을 박탈당했을 때 책임을 올곧이 받아들이는 말 잘 듣는 수혜자가 되었다. 정부는 예산과 프로그램을 제공할 뿐, 프로그램의 수행과 책임은 정부 밖에서 이루어진다는 점에서 가족을 중심으로 한 복지정책은 국가의 축소와 개인 및 시장주의의 확산이라는 신자유주의의 기본 논리에서 벗어나지 않았다. 수많은 라틴아메리카 정부들이 앞다투어 가족을 대상으로 한 빈곤퇴치 정책을 내놓은 배경에는 가족 중심의 복지정책이 보여준 포스트 신자유주의적 특성이 있다.

하지만 가족을 복지의 주체로 활용한 포스트 신자유주의적 복지정책은 가족이 직면하고 있는 본질적이고 구조적인 문제를 해결하지는 못하였다. 오히려 불안정한 노동시장에서 실직 혹은 불완전고용에 허덕이는 남성들을 대신해 가사 노동과 함께 노동시장 참여까지 감당해야 하는 여성들에게 복지정책에의 적극적인 참여를 요구함으로써, 여성들에게 또 다른 부담을 지운 것이 아니냐는 비난에 직면하였다. 아울러 갈수록 다양해지는 라틴아메리카의 가족 형태와 범위에 대한 이해 없이 부모와 자녀로 구성된 핵가족을 가족의 일반 형태로 상정한 복지정책들은 핵가족 모델에서 벗어나 있는 다양한 가족들의 요구에 적극적으로 대응하지 못하고 있다.

라틴아메리카 가족은 인구구조의 변화와 함께 신자유주의적 경제정책이 초래한 다양한 도전에 직면하고 있다. 이러한 변화 속에 라틴아메리카 가족이 그동안 국가와 사회를 대신해 담당해 온 피난처로서의 역할을 계속해 나갈 수 있을지 귀추가 주목된다. 라틴아메리카 사회가 높지 않은 국민소득과 끊임없는 경제위기, 불안한 치안 속에서도 높은 행복지수를 기록할 수 있는 비결로 언급되어 왔던 가족이 개인주의의 강화와 각종 공동체의 파편화를 가져오는 신자유주의의 도전을 극복해 내지 못한다면, 기댈 곳이 없는 라틴아메리카 사람들에게 라틴아메리카는 더 이상 행복한 땅이 되어주지 못할 것이다.

제6장

여성

2015년 라틴아메리카에는 무려 4명의 여성 대통령이 대통령직을 수행하고 있었다. 당시 국내 언론은 라틴아메리카 여성 정치인들의 부상에 주목하였고, 세계경제포럼(WEF)의 「세계 성평등 보고서 2014」에서 성평등지수가 조사 대상국 142개국 중 117위로 최하위권을 차지한 한국의 현실과 라틴아메리카를 비교하는 기사들이 쏟아졌다. 브라질의 지우마 호세프, 칠레의 미첼 바첼레트, 아르헨티나의 크리스티나 페르난데스와 코스타리카의 라우라 친치야 대통령은 단순히 그들이 여성이라는 점뿐만 아니라 포스트 신자유주의적 정권의 수반으로 강력한 리더십을 발휘하고 있다는 점에서도 라틴아메리카의 높은 성평등지수를 증명하는 듯했다.

신자유주의하에서 여성의 지위 개선은 정치 영역에만 국한되지 않았다. 1990년대에 발생한 신자유주의적 구조조정의 결과, 좀 더 많은 여성들이 노동시장에 참여할 수 있는 기회를 얻었다. 시장이 늘 여성의 이해에 반해서 움직이지는 않는다는 주장(Elson, 1992; Filgueira and Martínez, 2017: 377 재인용)이 사실로 드러났다. 신자유주의적 경제정책의 도입과 구조조정이 가속화되던 1990년대 여성들의 노동시장 참여율은 무려 14.3%p나 늘어났으며, 특히 저소득층 여성들의 노동시장 참여가 두드러졌다.

하지만 2019년 현재 라틴아메리카에는 단 1명의 여성 대통령도 남아있지 않다. 오히려 4명의 대통령이 모두 최악의 지지율을 기록하며 퇴임하였고, 심지어 임기 중 탄핵을 당하거나 퇴임 후 검찰의 수사 대상이 되는 수모를 겪고 있다. 물론 각 여성 대통령이 처한 정치 및 경제적 조건이 서로 다른 상황에서 이들의 부상과 좌절을 일반화하는 것은 어리석은 시도일 수 있다. 하지만 여성 리더십에 대한 칭송과 기대가 자자했던 2015년에 비해 차갑게 식은 여성 정치에 대한 현재의 반응은 신자유주의하에서 여성 정치의 강화가 갖는 한계를 상징적으로 보여주는 듯하다.

여성의 경제적 지위 향상 또한 그 표면적 개선의 이면에 나타나는 문제점들을 지적하는 목소리가 커지고 있다. 여성의 노동시장 참여가 확대되고, 소득이 늘어난 반면, 여성의 일자리는 불안정하고 임금은 낮으며 승진의 기회가 적은 비공식 부문에 집중된다는 것이다. 게다가 여성의 노동시장 참여가 곧 여성이 그동안 전통적으로 담당해 온 가사 및 육아에 대한 책임으로부터 자유로워지는 것을 의미하지는 않았기 때문에 직장과 가정이 모두 일터가 되어버린 여성들에게 노동시장의 참여가 삶의 질을 개선시켜 주었다고 말하기는 어렵다. 결국, 신자유주의하에서의 구조조정은 여성들에게 일자리를 주었으나 동시에 여성이 노동시장에 참여하지 않을 수 없는 불안정한 경제환경을 배태하였으며, 여성이 직장과 가정에서의 노동을 모두 담당해야 하는 이중 노동의 문제는 심화되었다.

이렇듯 신자유주의하에서 라틴아메리카 여성의 지위는 개선과 악화를 모두 경험하였다. 그 결과 신자유주의하에서 여성의 지위 개선을 위해 다양한 노력을 경주하던 여성운동 단체들 또한 각자가 중점적으로 추진해 오던 어젠다에 따라 최근 경험한 여성의 지위 변화에 대하여 서로 다른 의견을 피력하였다. 즉, 여성의 노동권 및 경제적 지위를 강화하기 위해 노력해 왔던 사회운동 단체의 경우 신자유주의하에서 여성들이 경험해야 했던 노동조건의 악화와 빈곤의 증가는 우려스러운 일이었고, 반면 여성의 정치 참여 확대를 주장해 왔던 여성운동 단체로서는 최근 확대된 여성의 정치참여 기회와 여성 정치인들의 부상이 반가운 변화일 것이다. 이는 여성이라는 정체성을 이해하기 위해서는 여성이라는 정체성과 계급, 인종, 지역 등 다른 정체성 간의 교차성(intersectionality)을 함께 고려해야 한다는 사실을 다시 한번 확인시켜준다.

서로 다른 여성 단체와 학자들이 신자유주의하에서 일어난 여성 지위의 변화에 대해 다양한 해석을 내놓고 있지만, 한 가지 모두가 동의할 만한 변화는 여성들이 라틴아메리카의 주요한 사회적 행위주체로서 자리를 잡았다는 점이다. 신자유주의가 여성의 경제에 미친 영향을 비판하면서 신자유주의 비판의 선봉에 선 여성들이 포스트 신자유주의 정부에 입각하여 다양한 정책에 여성의 목소리를 반영하는 여성 정치인들과 함께 활발한 활동을 벌이는가 하면 여성의 자기결정권을 확대하기 위해 낙태 및 이혼을 합법화하고 동성애에 대한 차별을 철폐하고자 하는 많은 여성들이 오늘도 투쟁을 이어가고 있다.

이 장에서는 이렇듯 신자유주의하에서 다양한 스펙트럼을 보여주는 여성 관련 쟁점들을 살펴보고 각 쟁점이 신자유주의하에서 어떠한 변화를 경험하였으며 앞으로 이러한 변화가 라틴아메리카 여성의 삶에 끼칠 영향을 가늠하고자 한다.

1. 신자유주의적 노동 현실과 여성

1990년대의 많은 학자들은 신자유주의가 도입된 이래 여성의 빈곤이 악화되었다는 사실을 지적하였다. UN 산하 라틴아메리카 카리브해 경제위원회에서 1995년에 발간한 『라틴아메리카 사회 개관』을 보면 1980년대 라틴아메리카에서는 여성이 가장인 가구의 빈곤율이 급증하였으며, 특히 극빈층은 도시에 거주하고, 여성이 가장인 가구에 집중되어 있다(CEPAL, 1995: 다미안·볼트비닉 2006: 218 재인용). 이러한 현상을 빈곤의 여성화라는 개념으로 설명한 이 보고서의 조언에 따라 라틴아메리카 각국에서 빈곤의 여성화의 원인과 대응 방안에 대한 다양한 연구들이 진행되었으며, 이를 바로잡고자 하는 여러 정책이 도입되었다.

남성에 비해 여성이 빈곤을 경험할 확률이 높거나 혹은 좀 더 강도 높은 빈곤을 경험하는 현상을 빈곤의 여성화(Feminization of Poverty)라고 부른다. 이 개념은 다이앤 피어스(Diane Pearce)가 1950년대부터 1970년대에 걸친 미국의 빈곤 연구를 통해 고안한 것이다. 그녀는 이 연구에서 빈곤의 여성화를 빈곤 인구 중 여성의 비율이 늘어나는 현상과 빈곤 가구 중 여성이 가장인 가구의 비율이 증가하는 것을 모두 지칭하는 개념으로 정립하였다(Pearce, 1978; Medeiros and Costa, 2008: 116 재인용). 하지만 메데이로스와 코스타(Medeiros and Costa)에 따르면 라틴아메리카에서 여성이 남성보다 더 자주 더 강도 높은 빈곤을 경험한다고 말할 수 없으며, 빈곤의 차이는 성별보다는 가족의 형태에 영향을 많이 받는다(2008: 121). 수치로 볼 때 여성이 가장인 가족에서 빈곤이 더 많이 발생한다고 여겨지는 이유는 한부모가구가 양부모 가구에 비해 빈곤을 경험할 확률이 높은데, 한부모가구 중에 여성이 가장인 가구가 압도적으로 많기 때문이다. 남성이 가장인 한부모가구와 여성이 가장인 한부모가구를 비교했을 경우 빈곤의 빈도 및 강도에서 큰 차이가 나타나지 않았고, 이는 빈곤의 여성화에 대해 다시 생각해 볼 기회를 제공한다.

신자유주의와 함께 빈곤의 여성화가 심화되었다는 주장과는 모순되게도 여성은 신자유주의적 경제정책의 도입과 함께 노동시장에서 몇 가지 긍정적인 효과를 경험하였다. 많은 라틴아메리카 국가에서 신자유주의적 구조조정은 여성의 노동시장 참여를 가속화한 것으로 나타난다. 1990년부터 2014년을 비교해 보면 노동시장에 참여하지 않고 어떠한 소득도 없는 여성의 비율은 모든 연령대에서 가파르게 감소하였다. 가장 노동생산성이 높다고 볼 수 있는 25세에서 34세 사이 여성의 경우 소득이 없는 여성의 비율이 47%에서 30%로 무려 17%p나 감소하였으며, 더욱 놀라운 것은 60세 이상의 여성 중에서는 그 비율이 43.5%에서 23%로 거의 절반 가까이 떨어졌다는 것이다(Filgueira and Martínez, 2017: 374).

같은 기간 동안 여성의 노동시장 참여 및 고용률은 높아졌다. 〈그래프 6-1〉에서 알 수 있듯이 24세에서 54세 여성들의 경우 1990년에는 47.2%에 불과하던 노동시장 참여율이 2014년에는 66.7%에 달하였으며, 고용률도 비슷한 추세로 상승하였다. 교육 수준이 높은 여성뿐만 아니라 모든 학력과 연령대에서 여성의 노동시장 참여율이 높아졌다는 점 또한 주목할 만하다.

높아진 여성들의 노동시장 참여는 라틴아메리카 사회에 어떤 변화를 일으켰을까? 우선 전통적인 가족관계에 변화가 생겼다. 이제 여성은

<그래프 6-1> 라틴아메리카 여성의 노동시장 참여율 및 고용률(1990~2014)

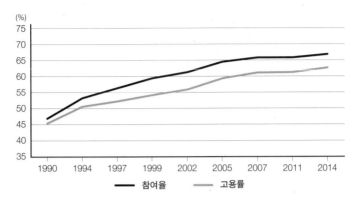

자료: Filgueira and Martínez(2017: 375).

더 이상 남편의 경제력에 생계를 의지하는 존재가 아니라 스스로 소득을 올리고 가계에 경제적인 보탬을 주는 존재로 거듭났다. 그 결과 여성들은 가계 내에서 더 높은 자율성을 요구할 수 있는 기반을 갖추었고, 다양한 사회 영역에의 참여 또한 가능해졌다. 공적 영역에의 참여는 여성의 역할과 가족의 의미에 대한 새로운 접근을 요구하는 사회 분위기를 조성하였다. 여성의 출산이 선택의 대상이 되었고, 초혼의 연령도 점차 높아지고 있으며, 자녀의 수도 줄어들고 있다. 하지만 무엇보다도 여성의 노동시장 참여가 여성에게 직장과 가사의 이중 부담을 지워 여성의 삶을 더욱 힘들게 하고 있으며, 맞벌이 부부 간의 갈등 및 직장 업무와 가사를 모두 책임져야 하는 여성들의 고민 또한 깊어졌다(Arriagada, 2002).

여성의 노동 참여가 여성 지위의 향상을 가져오지만 그 결과가 온전

〈그래프 6-2〉 라틴아메리카의 성별과 나이에 따른 일일 가사 및 육아 노동시간(2014)

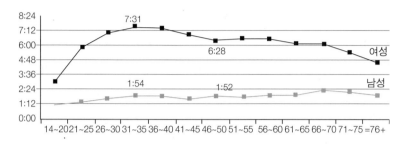

자료: Filgueira and Martínez(2017: 376).

한 성평등을 의미하지 않는다는 것은, 여성의 대규모 노동시장 유입을 먼저 경험했던 선진국들은 일찍이 깨달아야했던 교훈이다. 복지국가와 노동시장의 관계를 연구해 온 에스핑-안데르슨은 이런 현상을 '미완의 혁명'이라고 명명하였다. 여성의 노동시장 참여로 인해 여성의 지위가 괄목한 정도로 상승하였으나, 그 성과가 가부장적인 사회를 완벽히 개선하는 데에는 실패해 오히려 여성의 부담을 늘리는 결과를 가져왔다는 것이다(Esping-Andersen, 2009). 여성의 노동 참여로 인해 여성의 삶에는 상당한 변화가 일어났으나, 그 변화가 사회의 변화를 추동하지는 못하였다는 점에서 서구사회의 경험은 아쉽게도 라틴아메리카에서도 반복되었다. 전통적으로 여성의 일로 여겨져 왔던 가사와 육아의 부담은 여전히 여성의 몫이었다. UN 여성위원회에 따르면 여성은 남성에 비해 2배에서 3배의 시간을 가사 노동에 할애하고 있으며, 불평등한 가사 노동의 분업은 계속되고 있다(Filgueira and Martínez, 2017).

이러한 현실은 여성의 노동시장 참여가 진정한 성평등을 가져오는 데에 장애물로 작용한다. 직장과 가사를 모두 전담해야 하는 여성들은 레저나 자기 개발과 같은 활동에 할애할 수 있는 시간을 가질 수 없고, 나아가 여성들이 직장에서 남성과 동등하게 경쟁할 수 있는 기회가 제한된다. 여성들은 많은 노동시간과 자기 개발을 요구하는 직종에 종사하기를 꺼리게 되고, 가사와 병행할 수 있는 일자리를 선호하게 됨으로써 가사 노동의 불평등한 노동 분업이 노동시장에서의 불평등한 노동분업을 공고화하는 결과를 가져왔다(Filgueira and Martínez, 2017: 376).

신자유주의하에서 일어난 여성의 노동시장 참여 증가가 남성 중심주의적인 가부장제와 만나 온전한 성평등을 가져오는 데에 기여하기보다는 여성의 이중 부담을 가중하는 결과를 가져왔다면, 여성들이 이 시기 갖게 된 일자리의 질, 즉 노동환경 또한 논의해 볼 필요가 있다. 주지하다시피 신자유주의하에서 늘어난 여성의 노동참여가 노동시장에서의 성평등을 요구하는 시민사회의 노력이나 성평등을 시장에서 구현하려는 노동정책의 결과로 이루어진 것은 아니다. 오히려 구조조정의 결과 실직한 남성들의 임금을 보전하기 위해 일자리를 찾아 나선 여성들의 자발적 노력의 결과라고 보는 것이 옳다. 그 결과, 여성들은 임금이 낮고, 노동조건이 열악한 서비스 직종에 집중적으로 종사하였고, 2014년의 통계에 따르면 전체 서비스직의 75%를 여성이 담당하였다(ECLAC, 2014).

서비스직 외에도 신자유주의하에서 여성의 노동시장 참여가 활발히 일어난 분야는 수출을 위한 제조업 분야이다. 특히 자유무역협정 등을 통해 확대된 무관세 지역 공단에서 저임금 노동자로 일하는 여성들의 수는 꾸준히 증가하였다. 그 대표적인 사례가 멕시코의 마킬라도라 지역이다. 김명혜(1998)의 연구에 따르면 멕시코-미국 국경지대에 생겨난 관세 자유 지역인 마킬라도라의 노동자 대다수는 여성이다. 1976년에 는 여성의 비율이 무려 79%에 달하였으며 1997년에는 그 수가 줄었다 고는 하나 절반이 넘는 58%의 노동자가 여성이었다. 왜 마킬라도라의 공장들은 이렇듯 많은 여성들을 고용한 것일까?

마킬라도라 지역에 입주한 수출 산업 단지들은 단순하고 반복적인 노동을 요구하는 일자리를 양산하였다. 이러한 일자리는 전통적으로 남성성보다는 여성성에 적합한 것으로 여겨졌으며, 여성 노동자의 고 용을 선호한 것은 남성 노동자들에 비하여 여성 노동자들이 회사에 대 한 요구가 적고, 노동조합을 조직한다거나 노동권을 요구하는 데 관심 이 상대적으로 적을 것이라는 기대에 근거한다. 게다가 여성들이 남성 들에 비해 유연한 손가락과 손재주를 가졌다는 성차별적인 여성관도 한몫한 것으로 알려졌다(김명혜, 1998: 115).

마킬라도라 지역에 나타난 전통적 여성관에 기반을 둔 여성 노동자 선호 현상은 여성 노동자들에 대한 차별적인 대우로 이어졌다. 마킬라 도라 지역에 고용된 여성들은 남성보다 낮은 임금을 받았으며, 관리직 이나 경영직으로 승진할 수 있는 기회는 극히 제한되었다. 이뿐만 아 니라 임신이나 출산을 기피하는 노동환경으로 인해 고용 절차에서부터 임신하지 않았다는 것을 증명하는 불쾌한 과정을 거쳐야 하였으며, 고 용된 상태에서도 몇몇 사업장에서는 임신하지 않았다는 것을 상시 증 명할 것을 요구하는 등 상당한 인권침해가 일어나기도 하였다(김명혜, 1998: 107).

신자유주의하에서 일어난 여성의 노동시장 참여 증가에 대한 평가는

<그래프 6-3> 마킬라도라 산업 노동자들의 성별 시급 격차

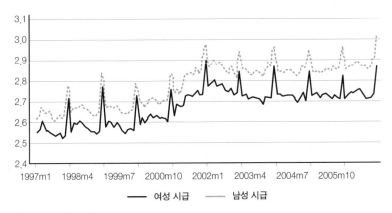

자료: Charles(2011).

엇갈린다. 가사 노동에 한정되던 여성들의 역할이 노동시장으로 확대
되고 공적 영역에 대한 여성의 참여가 늘어난 점은 여성의 목소리를
강화하고 여성의 자립을 지원하는 데에 긍정적인 영향을 끼쳤다는 평
가를 받는다(Filgueira and Martínez, 2017). 그러나 이러한 긍정적인 영
향이 노동시장에서의 전반적인 성평등과 여성의 사회적 지위 향상으로
는 이어지지 않은 것으로 보인다. 시장논리에 철저히 기초한 신자유주
의적 구조조정의 결과, 산업화를 위해 더 싸고 더 효율적인 노동자로서
여성이 선택된 것일 뿐, 여성 고용의 확대가 추구하였던 목적이 성차별
철폐 같은 가치의 실현과는 거리가 멀었기 때문이다. 뿌리 깊은 가부
장제와 남성우월주의가 해결되지 않은 상황에서 여성의 노동시장 참여
확대는 여성의 역할을 남성의 보조 역할로 제한하였으며, 〈그래프
6-3〉에서 볼 수 있듯이 여성과 남성 간의 임금격차는 유지되었다. 비

정규직 혹은 비공식 부문으로 대거 흡수된 여성 노동자들은 라틴아메리카 사회에서 가장 열악한 노동환경과 임금구조를 견뎌야 하였다. 게다가 여성이 그동안 맡아왔던 가사 노동의 부담이 축소되기는커녕 여성에게 직장과 가정에서의 이중 노동이 강요되었다는 점에서 신자유주의하에서 여성의 고용 증가는 '미완의 혁명' 혹은 '싹을 잘린 혁명'으로 평가받는다.

그렇다면 이러한 현실에 대해 여성들은 어떻게 반응하였을까? 노동시장에 참여하며 가족의 생계를 책임질 수 있는 소득원으로서 여성의 삶은 여성에게 가족과 사회에서 자신의 목소리를 낼 수 있는 작지만 분명한 토대를 마련해 주었다고 한다. 책임은 늘어났으나 그에 합당한 권리가 보장되지 않은 여성 노동자의 삶에 대해 여성들은 노동시장의 진출로 획득한 작지만 분명한 목소리로 사회에 무엇을 요구하였고, 정부는 이러한 여성의 요구에 어떻게 대응했을까? 이 질문에 답하기 위해, 우리는 라틴아메리카 여성운동이 신자유주의하에서 어떤 활동을 벌였으며, 동시에 라틴아메리카의 각 정부, 특히 포스트 신자유주의 정부들이 이러한 여성의 요구를 어떻게 수용하려고 했는지 살펴볼 필요가 있다.

2. 여성운동의 부상과 여성 정치

1980년부터 1990년대 초반까지 라틴아메리카의 여성들은 당시 라틴아메리카 각국에서 인권침해를 일삼는 독재정권에 대항해 민주화운동에 앞장섰다. 아르헨티나의 '5월 광장 어머니회(Asociación Madres de

Plaza Mayo)'나 칠레의 '생명을 위한 여성연대(Mujeres por la Vida)'들은 어머니 혹은 아내로 제한된 여성의 성 역할을 비판하기보다는 실종자의 어머니 혹은 독재정권하에서 인권을 유린당한 이들의 아내로서의 역할을 적극적으로 수용함으로써 독재에 저항하는 방식을 채택하였다.

독재와 인권침해에 대항하는 여성운동이 라틴아메리카 각국의 민주화에 기여하였다면, 산업화 과정에서 나타난 사회문제, 특히 도시 빈민의 문제에 대해서도 어머니와 아내로서 문제를 제기하는 여성운동 또한 출현하였다. 도시 빈민 단체들에서 활발하게 활동하는 빈민 혹은 노동자 여성들은 지역공동체가 직면한 소비 및 사회 서비스의 문제에 대해 지속적인 개선을 요구하였다. 인권 단체 내에서 활동하던 여성들과 마찬가지로 경제문제의 해결을 둘러싼 여성들의 조직화 경험은 이후 이들의 정치적 참여를 확대해 나가는 데에 결정적인 역할을 하였다. 특히 1980년대 이후 신자유주의적 구조조정의 결과 불안정해진 삶과 빈곤의 심화에 대항하여 여성들은 각각 노동자, 농민 혹은 빈민들과 결합해 신자유주의 노선의 수정을 요구하는 투쟁의 핵심 세력으로 성장해 나갔으며, 이러한 조직화의 경험은 여성들이 성차별과 관련된 이슈에도 목소리를 내도록 하는 계기가 되었다(친치야·하스, 2006: 352).

신자유주의적 구조조정에 저항하며 조직화된 여성들의 경제적 요구가 성평등에 대한 요구로까지 확장된 대표적인 예는 1981년 멕시코의 도시 빈민 여성들이 주가 되어 조직했던 도시대중운동전국연합이다. 1982년 멕시코의 경제위기와 뒤이은 신자유주의적 구조조정의 결과, 멕시코 정부는 교육, 의료, 사회보장제도 등의 예산을 대규모 삭감하기로 결정하였다. 특히 사회복지 예산의 삭감과 기본 소비재에 대한 보조금 중단은 도시빈민 계층에 치명적이었으며, 멕시코의 도시대중운동 전국연합은 이에 대항해 소외된 사회계층에 정부가 예산을 지출하도록 압박하는 다양한 활동을 펼쳤다. 흥미로운 것은 이러한 대정부 활동에 대한 적극적인 여성들의 참여 덕분에 가정폭력 근절 등 여성들의 요구가 운동단체의 공식 요구 사항에 포함되는 결과를 가져왔다는 것이다. 1989년에 결성된 브라질의 농촌여성노동자운동도 초기에는 농촌 여성들이 남성 노동자들과 고용에서의 평등한 대우를 보장받기 위한 노력을 펼치다가 차츰 요구의 범위가 확장되어 낙태권 등을 포함한 좀 더 포괄적인 성평등을 요구하는 데에 이르렀다(친치야·하스, 2006: 354).

멕시코의 도시대중운동전국연합과 브라질의 농촌여성노동자운동이 정치와 경제 영역에서 '사회정의'를 요구하는 여성들의 활동이 여성 어젠다를 포괄하는 운동으로 확대된 예라면, 여성의 어젠다를 요구하던 활동가들이 성평등을 위해 경제 및 정치적 변화를 요구하고 나선 예도 있다. 특히 라틴아메리카의 여성운동은 신자유주의와 그에 따른 구조조정에 대해 상당한 반감을 표시한 바 있다. 일례로 코스타리카에서는 코스타리카와 미국 간의 자유무역협정 체결에 반대하는 가장 강력한 사회 주체로 여성들이 활약하였다. 코스타리카의 여성운동가들은 미국과의 중미자유무역협정(CAFTA-DR) 체결은 코스타리카와 미국 간의 신식민주의적 관계를 강화할 것이며, 나아가 빈곤의 여성화를 가속화할 것이라고 주장하였다(Facio, 2007; Gustá et al., 2015: 43). 코스타리카 여성운동가들은 '중미자유무역협정에 반대하는 여성들'이라는 조직을 출범시켜 자유무역협정 체결 반대 투쟁을 벌였고, 중미무역협정이 신자유주의적 시장논리의 확대를 통해 여성 농민과 빈민들뿐만 아니라 여성의 삶 전반을 악화할 것이라는 점을 알려나갔다. 여성운동을 포함한 코스타리카 사회운동 단체들의 강력한 중미자유무역협정 체결 반대 투쟁은 코스타리카를 중미자유무역협정 당사국 중 가장 뒤늦게 협정을 승인한 국가로 만들 수는 있었으나, 협정 자체를 무산시키지는 못하였다. 2007년에 치른 국민투표에서 코스타리카 국민의 51.7%는 협정에 찬성하였으며, 그 결과 2009년부터 코스타리카와 미국 그리고 중앙아메리카 국가들 간의 중미자유무역협정이 발효되었다.

여성운동 단체들의 출발점이나 그들의 어젠다가 다양함에도 불구하고, 라틴아메리카 여성운동 단체들은 신자유주의적 경제정책에 대해 상당한 의심을 품고 있다는 점에서 큰 공감대를 형성하였다는 데에는 이론의 여지가 없는 듯하다. 여성들은 신자유주의가 주창하는 시장의 논리와 파편화된 개인주의가 여성의 삶 전반에 부정적인 영향을 끼칠 것으로 보았고, 그 결과 신자유주의적 정책들에 대한 비판적 관점을 견지할 수 있었다. 하지만 이러한 반신자유주의적 성향이 곧 여성운동의 단결된 행동과 조직의 공고화로 이어지지는 않았다. 오히려 신자유주의가 여성의 삶에 끼치는 위협과 도전들을 어떻게 극복할 것인가라는 전략을 선택하는 과정에서 여성운동은 분열을 경험하였다. 특히 신자유주의 정신을 유지하되 파생된 문제를 해결할 사회정책을 도입하겠다는 포스트 신자유주의 정부가 들어선 국가들에서는 이러한 정부의 기조에 찬성할 것인지 아니면 그 한계를 지적하며 더욱 강력한 반대투쟁을 펼칠 것인지를 놓고 여성운동이 크게 분화하기도 하였다(친치야·하스, 2006). 이러한 분화는 여성운동 단체 내에서 갈등의 원인이 되기도 했으나, 다른 한편으로는 여성운동의 다변화와 성장에 기여하였다. 또한, 여성의 직접적인 정치참여가 활발해진 포스트 신자유주의 정부하에서, 여성운동은 정책적인 차원에서 괄목할 만한 성과를 내기도 하였다.

1) 여성의 정치참여와 성주류화

1995년 세계 여성의 해를 맞이해 성평등 구현을 위한 방안을 모색하기 위해 178개국의 정부 대표들과 관련 국제기구의 대표들이 베이징에서 모여 합의한 '베이징 선언'은 오늘날까지도 성평등 관련 정책의 기준이 되고 있다. 라틴아메리카의 모든 국가들은 '베이징 선언'에 참여하였으며, 지난 20여 년간 각 국은 이 선언을 실현하기 위해 노력해 왔다. '베이징 선언'은 성평등을 이루기 위해 여성들이 정치와 경제 분야에서 실질적인 권한을 행사할 수 있어야 한다는 점을 강조한다. 특히 '베이징 선언'을 실현하기 위해 채택된 베이징 행동강령은 2010년까지 사회 각 분야의 여성 참여를 30%에 이르도록 하자고 명시하였으며, 이를 위해 제도 정치 및 행정 분야에서 여성의 참여를 보장하는 여성할당제를 각국에 제안하였다.

실제로 많은 라틴아메리카 국가들이 여성할당제를 채택하였다. 가장 적극적으로 도입한 곳은 입법부로, 국회의원의 여성할당제를 실시하였다. 아르헨티나는 라틴아메리카 최초로 '베이징 선언'이 있기 전인 1991년 하원에 이미 여성할당제를 도입하고 30%를 목표로 설정하였다. 코스타리카는 아르헨티나의 뒤를 이어 1996년에 여성할당제를 도입했는데, 목표치를 '베이징 선언'이 제시한 30%보다도 높은 40%로 정하였다. 아르헨티나와 코스타리카의 뒤를 이어 브라질, 멕시코 등 많은

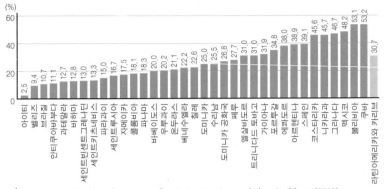

〈그래프 6-4〉라틴아메리카 및 카리브 국가들의 여성 국회의원 비율(2018)

자료: Gender Equality Observatory for Latin America and the Caribbean(2019).

나라들이 입법부에서 여성할당제를 실시하였고, 2018년 현재 베네수엘라와 과테말라를 제외한 모든 라틴아메리카 국가가 입법부의 여성할당제를 시행하고 있다. 그 결과 볼리비아의 경우 국회의원의 53%가 여성으로 라틴아메리카 국가들 중 가장 높은 여성 의원 비중을 자랑하고 있으며, 멕시코가 43%로 그 뒤를 이었다(Sacchet, 2018: 27).

이렇듯 입법기관에 대한 적극적인 여성할당제 실시는 긍정적인 결과를 낳았다. 〈그래프 6-4〉에서 볼 수 있듯이 라틴아메리카의 평균 여성 국회의원 비율은 30.7%로 이는 '베이징 선언'의 목표치를 달성하였으며, 세계 평균인 24.3%보다도 높고, 한국의 17.1%보다 훨씬 높은 수치이다. 주목할 만한 것은 코스타리카, 니카라과, 그라나다, 멕시코, 볼리비아는 모두 여성할당제를 적극적으로 도입하고 추진한 나라라는 점이다.

많은 라틴아메리카 국가에서 선출직에는 여성할당제를 도입했으나 장관직 이상 고위관료직에 대한 여성할당제는 제도적으로 채택된 바

없다. 칠레 최초의 여성 대통령인 바첼레트가 대선 과정에서 남녀 동수 내각을 꾸리겠다는 공약을 내걸었고, 당선된 이후 이를 실행한 전례가 있으나 이 또한 개별 정치인 혹은 정당의 공약 사항일 뿐 법제화되어 시행되고 있는 국가는 없다. 하지만 입법부를 중심으로 한 활발한 여성의 정치참여는 행정부에서의 여성 참여에도 긍정적인 영향을 끼친 것으로 보인다. 2019년 현재 라틴아메리카 및 카리브 국가에서 여성의 내각 참여 비율은 25.7%로 2017년 발표된 세계 평균인 18.3%를 크게 웃돈다(Gender Equality Observatory for Latin America and the Caribbean, 2019). 우리나라는 문재인 정부 이후 여성 장관 비율을 OECD 수준에 맞추려는 정부 노력의 결과로 2기 내각을 기준으로 여성의 내각 참여 비율이 27.8%이다. 이전 정부에서 11.7%에 불과했던 것과 비교하면 행정부에서의 여성 참여 비율에 정책적 결정이 끼치는 영향을 확인할 수 있는 수치이다.

여성들의 높아진 정치참여는 라틴아메리카에서 4명의 여성 대통령이 동시에 당선되면서 절정을 이루는 듯하였다. 라틴아메리카 최초의 여성 국방 장관이었던 칠레의 미첼 바첼레트 대통령은 2006년 사회당 후보로 대선에 출마해 칠레 최초의 여성 대통령이 되었고, 2010년 80%를 웃도는 지지율을 기록하며 임기를 마쳤다. 이후 2014년 재선에 성공해 2018년까지 대통령직을 수행하였다. 2006년 당선된 바첼레트의 뒤를 이어 2007년 아르헨티나에서는 크리스티나 페르난데스가 대통령으로 당선되었고, 2011년 재선에 성공해 2015년까지 대통령직을 수행하였다. 코스타리카는 2010년 라우라 친치야를 최초의 여성 대통령으로 선출하였다. 중도정당인 국민해방당(National Liberation Party)의 후보로 대권에 도전

〈그림 6-1〉 라틴아메리카의 여성 대통령(2000년 중반~2010년 중반)

| 미첼 바첼레트, 칠레
2006~2010, 2014~2018 | 크리스티나 페르난데스,
아르헨티나
2007~2015 | 라우라 친치야,
코스타리카
2010~2014 | 지우마 호세프,
브라질
2010~2016 |

했던 친치야 대통령은 중도 좌파적 정책을 펼쳤던 바첼레트나 페르난데스 대통령과는 달리 자유무역을 확대하는 한편, 동성혼 등의 사회 이슈에서 보수적인 성향을 보였다. 그녀는 2014년 임기를 마쳤다. 코스타리카에서 친치야 대통령이 당선된 해인 2010년 라틴아메리카에서 국토가 가장 넓은 브라질 또한 최초의 여성 대통령을 배출했는데, 그녀의 이름은 지우마 호세프이다. 그녀는 브라질의 군부독재에 항거하다가 수감되어 고문을 받았던 대표적인 민주화 인사로 룰라 대통령의 뒤를 잇는 노동당 후보로 대선에 도전하여 당선되었다. 2014년 재선에 성공했으나, 2016년 '예산법' 위반의 혐의로 탄핵되었다.

2000년 중반부터 시작되어 2010년 중반까지 계속되었던 여성 대통령들의 활약은 여성 정치에 대한 많은 관심을 불러일으켰다. 앞서 잠시 소개한 바와 같이 이 4명의 대통령은 여성이라는 이유를 제외하고는 정치인으로 성장한 배경, 이념적 소신, 정치 스타일 등 많은 면에서 달랐으나, 비슷한 시기에 4명의 여성 대통령이 탄생하였다는 이유로 상당히 주목받았다.

2000년대 중반부터 시작된 여성 정치인들의 부상과 여성들의 제도
정치 참여의 확대는 라틴아메리카의 민주화 시기에 도약한 좌파 혹은
중도정당들의 노력과도 무관하지 않다. 특히 아르헨티나, 우루과이, 칠
레, 브라질에서 군사독재 이후 새롭게 등장한 좌파 정당들은 전통적으
로 정치에서 소외되었던 여성들을 정치에 참여시킴으로써 자신들의 지
지기반을 확대하기 위해 꾸준히 노력하였다. 이뿐만 아니라 민주화 투
쟁에 적극적으로 참여했던 여성운동 단체들의 요구를 받아들여 많은
라틴아메리카 국가들이 성평등 정책을 펴기 위한 부서들을 신설하였
고, 다양한 성평등을 위한 정책들을 도입하였다. 그 결과, 칠레의 여성
위원회, 브라질의 여성권을 위한 전국위원회, 아르헨티나의 전국여성위
원회는 가정 폭력, 결혼과 재산에 관한 법, 교육개혁과 같은 법 제도의
개혁을 위해 최선을 다하였다(친치야·하스, 2006: 357).

그러나 포스트 신자유주의 시기에 확대된 여성의 제도정치 참여가
곧 사회의 성주류화(gender mainstreaming)를 가져왔는가에 대해서는 여
성계 내부에서도 평가가 엇갈린다. 특히 신자유주의적 경제정책이 여
성의 삶 전반에 끼친 영향에 대한 부정적인 입장을 견지해 왔던 라틴
아메리카의 많은 여성 단체들은 포스트 신자유주의 정부의 여성정책은
본질적인 문제의 해결 없이 현상만을 치유하고자 하는 미봉책에 불과
하다는 비판을 쏟아내었다. 특히 칠레의 라고스와 브라질의 룰라와 같
은 좌파 대통령들마저도 신자유주의 경제정책의 근본적인 재평가와 정
책 방향의 전환이라는 과제에는 소극적이었기 때문에 이들이 내놓는
여성정책들은 그 취지가 희석되었다는 비판에 직면할 수밖에 없었다
(Gustá and Madera 2015, 359).

수많은 여성 정치인들을 배출하고, 무려 4명의 여성 대통령을 선출했던 라틴아메리카는 이제 여성 정치인들의 생물학적인 여성성이 과연 성평등에 긍정적인 영향을 끼쳤는가에 대해 냉정하게 평가해야 할 시점에 놓여 있다. 특히 신자유주의적 경제정책과 신자유주의적 세계관을 포기하지 않았던 포스트 신자유주의 정부하에서 확대된 여성의 참여와 참여의 결과 도출된 정책들을 여성의 관점에서 평가하려는 시도들이 줄을 이었다. 그리고 그러한 평가의 기준 중 하나로 성주류화를 들 수 있다.

　성주류화는 1995년 '베이징 선언'의 후속 작업으로 1997년 발표된 행동강령에서 이미 규정된 개념으로, 정부와 입법기관의 계획, 정책, 프로그램의 모든 분야와 차원에서 여성과 남성에게 끼칠 영향을 평가하는 것을 의미한다. 즉, 모든 정책의 입안과 실행 과정에서 여성과 남성의 경험과 요구를 포함시키려는 전략이며, 이를 통하여 여성과 남성 모두 정부 정책의 혜택을 누리고, 나아가 성별 격차를 감소시키고자 하였다. UN은 성주류화의 구체적 실현 방안을 제시하기 위하여 2002년에 『성주류화의 개요(Gender Mainstreaming: an Overview)』를 발간하는데, 여기서 성평등이 인류가 추구해야 할 목표라면 성주류화는 인류가 성평등에 도달하기 위한 전략적 수단이라고 천명한다(UN, 2002: 1). 이어서 성주류화라는 개념을 통해 모든 정책 분야에서 성차별적 요소를 제거하고 성평등을 보장할 수 있는 방안에 대한 고민이 있어야 한다는 점을 강조함으로써 성평등의 문제를 여성만의 문제가 아닌 사회 전반에서 동시다발적으로 해결되어야 할 모두의 문제로 인식시켰다. 따라서 성주류화는 여성이 정책 입안자 중 높은 비율을 차지한다고 자동적으로 일어나는 현상이 아니며, 이를 목표로 정부의 모든 분야에서 정책적 노력이 기울여질 때 도달 가능한 목표이다.

그렇다면 라틴아메리카 여성 정치인의 도약은 지난 수십 년 동안 라틴아메리카 사회의 성주류화에 어떤 영향을 끼쳤을까? 입법부, 사법부, 행정부의 각 분야에서 활동한 여성들의 정치활동과 그들이 성주류화에 끼친 영향을 세밀하게 연구하는 작업은 이미 많은 학자들이 진행해 오고 있으나, 특히 행정부의 수반으로서 대통령이 지니는 막강한 정책에 대한 권한을 고려할 때, 여성 대통령들이 각국의 성주류화에 끼친 영향을 살펴보는 것은 매우 유의미한 작업이다.

우선 칠레의 미첼 바첼레트 대통령은 성주류화에 가장 크게 기여한 대통령으로 평가받을 만하다. 평소 여성들, 특히 미혼모들이 출산 및 육아에서 경험하는 어려움에 대해 깊은 관심을 표명해 왔으며 동시에 노동시장에서의 일어나는 성차별적 관행에 반대했던 그녀는 2004년 대선 캠페인 당시 당선된다면 남녀 비율이 공평한 내각을 구성하겠다고 약속하였으며, 당선 후 이를 지켜 화제가 되었다. 이뿐만 아니라 공공의료기관에서의 응급 피임약 처방을 승인하고 강간 피해자에 대한 응급의료 서비스 제공을 지지하였으며, 전업주부를 위한 연금제도를 마련하고, 이혼 여성에 대한 위자료 제도를 합법화하였다. 가정폭력 피해자를 위한 법률 자문 센터 및 쉼터를 전국에 설치하였고, 2009년에는 남녀의 동일노동, 동일임금을 보장하는 법률도 통과시켰다(박윤주, 2017).

반면 아르헨티나의 크리스티나 페르난데스 대통령은 성주류화와는 거리가 먼 행보를 보였다. 애초에 성평등보다는 노동자와 농민의 권익 강화를 모토로 선거를 치른 페르난데스 대통령은 여성주의자로 분류되는 데 상당한 부담감을 표시하였으며, 선거 캠페인 중에도 성주류화 관련 언급은 찾아보기 어렵다. 오히려 국제인권감시단(Human Rights Watch)이 2010년도에 제출한 보고서에 따르면, 크리스티나 페르난데스 정권하에서 여성의 건강권과 출산권을 보고하고자 한 조치들은 퇴보하였고, 합법적인 낙태를 위한 노력도 후퇴하였다. 가장 대표적인 그녀의 정책적 선택은 보편적 피임 프로그램에 대한 정부의 지원을 삭감하는 대신 빈곤층에 대한 가족주의적 현금 지원 프로그램을 강화한 것이다 (The Conversation, 2018). 그럼에도 불구하고 크리스티나 페르난데스 대통령이 성평등에 기여한 바가 있다고 인정받는 부분이 있다면 그것은 여성 정치인들의 제도정치 참여가 늘어났다는 것이다. 이는 크리스티나 페르난데스 대통령 자신의 지지기반을 확대하기 위한 정치적인 선택이었다고 비판받지만, 어떤 이유에서건 여성들의 정치참여가 늘어난 점은 긍정적인 평가를 받을 수 있을 것이다.

코스타리카의 라우라 친치야 대통령의 경우는 앞의 두 여성 대통령에 비해 더욱 성주류화와는 관련 없는 행보를 보였다. 그녀는 동성혼에 반대하고, 낙태 합법화에 반대하며, 사후피임약 합법화에도 반대하였다. 무엇보다도 그녀는 신자유주의적 정책의 확대를 통해 복지를 축소하고 시장의 논리를 확산시킴으로써 오랜 기간 여성을 보호해 왔던 사회서비스를 축소하였다고 비판받는다(Guevara-Rosas, 2012).

라틴아메리카 여성 대통령들의 사례를 통해 알 수 있듯이 여성 정치인의 생물학적 성은 성주류화에 직접적인 영향을 끼치는 요인으로 지목되기 어렵다. 칠레의 바첼레트 대통령처럼 선거 캠페인 과정에서부터 페미니스트임을 밝히고 성평등에 대해 뚜렷한 비전을 제시하는 여성 정치인이 있는가 하면, 크리스티나 페르난데스 대통령처럼 자신에게 정치적으로 이득이 되는 부분에만 노력을 기울인 사례도 있다. 혹은 라우라 친치야 대통령처럼 심지어 성평등에 반하는 일련의 정치 행보를 보이기도 한다. 하지만 특정 정치인의 생물학적 성이 그 정치인의 성주류화 행보와 무관하다는 것이 여성 정치인들의 정치참여가 성평등과 무관하다는 뜻은 아니다. 개인으로서의 여성의 정치참여와 집단으로서의 여성 정치인들의 정치참여는 성주류화에 다른 결과를 가져오기 때문이다.

이 차이를 설명하기 위해, 국회 내의 여성 정치인들의 비중이 국회에서 논의되는 성주류화 법안의 비중과 관련이 있다는 연구 결과를 언급할 필요가 있다. 툰 외(Htun at el., 2013)는 1983년부터 2007년까지 아르헨티나 국회에서 입안된 법률의 성평등 기여도를 조사했는데, 이 조사에 따르면 여성 국회의원의 비중이 높은 국회일수록 여성의 권익을 보장하는 법률이 입안되고, 이어 통과될 확률이 높았다. 즉, 한 정치인 개인의 성이 그 개인의 성주류화에 대한 입장을 예측할 수 있는 변수로 작용하기는 힘들지만, 국회 내의 여성 의원의 비중은 국회 전체의 성주류화 노력을 결정하는 결정 요인이 될 수 있다는 것이다. 개인의 성이 아닌 집단의 자각으로서 여성성이 성주류화에 영향을 끼친다는 점은 매우 흥미로운 지점이다. 여성 정치인들의 다양한 정치참여 경험이 풍부한 라틴아메리카의 사례는 여성 정치에 대한 이론적 이해를 심화할 수 있는 토양을 제공한다.

2) 동성혼 합법화와 낙태의 금지

제도정치권 안에서의 여성의 참여와 그 정책적 기여가 확대됨과 동시에 라틴아메리카 사회는 그동안 등한시하던 두 가지 성차별 사례를 각성하기 시작했다. 바로 동성애자 및 트랜스젠더 공동체의 권리 확대와 낙태 합법화에 대한 요구가 그것이다. 이 두 가지 요구는 가톨릭 전통이 강한 라틴아메리카에서 오랫동안 억압되어 왔으나 2000년대 들어 활발해진 관련 단체들의 활동과 가톨릭의 영향력 약화로 괄목할 만한 성과를 거두었다.

2010년 아르헨티나는 라틴아메리카 최초이자, 캐나다의 뒤를 이우 미주 대륙에서 두 번째로 동성혼 및 동성 커플의 입양을 합법화한 국가가 되었다. 게다가 아르헨티나는 2012년 세계에서 가장 진보적인 트랜스젠더 관련 법률을 국회에서 통과시켰는데, 이 법이 통과됨으로써 이제 아르헨티나 정부는 성전환수술에 국고를 지원하기 시작하였으며, 성전환 수술을 받은 시민이 각종 정부 발행 문서에서 자신의 성을 정정하는 데에 장애가 되었던 행정절차상의 어려움을 제거하였다. 하지만 동성애자들에 대한 선진적인 정책의 입안과 실행이라는 측면에서 아르헨티나는 라틴아메리카에서 결코 혼자가 아니다. 우루과이와 브라질, 멕시코의 몇몇 도시에서 동성혼을 법적으로 인정하고, 트랜스젠더 공동체에 대한 차별을 금지하였다. 특히 우루과이의 경우, 동성애자 및 트랜스젠더 공동체에 대한 차별과 혐오 범죄를 형사처벌 하는 법을 만듦으로써 라틴아메리카에서 동성애자 및 트랜스젠더 공동체에 대해 가장 우호적인 국가로 떠올랐다(Corales, 2015a).

라틴아메리카 각국의 동성애자 및 트랜스젠더 공동체에 대한 차별 금지와 인권 보호의 노력은 최근 급속도로 강화되었다. 불과 십여 년 전만 해도 이들 성적 소수자에 대한 보호 노력이나 정책들은 여론의 관심을 얻지 못하였으며, 수많은 차별과 혐오 범죄들이 일상에서 일어나곤 하였다. 따라서 최근 라틴아메리카에서 일어나고 있는 변화는 매우 흥미로운 현상이며, 이러한 현상의 원인에 대한 몇 가지 가설이 존재한다. 하비에르 코랄레스(Corales, 2015b)에 따르면 최근 라틴아메리카 각국에서 동성애자 및 트렌스젠더 공동체의 권익이 최소한 법적으로 강화되는 경향에 가장 큰 영향을 끼친 것은 라틴아메리카의 '탈종교화'이다. 그동안 가장 강력하게 동성애에 대해 반대해 온 가톨릭교회의 태도가 프란시스코 교황의 선출과 함께 유화된 것, 그리고 거의 모든 라틴아메리카 국가들에서 종교가 삶에 끼치는 영향이 감소하고 있다는 점이 동성애에 대한 사회의 인식이 변하는 계기로 작용하였다는 주장이다.

하지만 코랄레스가 제시한 구조적 조건이 동성애자 및 트랜스젠더 공동체의 권익 향상이라는 실질적인 승리로 이어질 수 있도록 한 것은 바로 동성애자 및 트랜스젠더 운동이었다. 2012년 아르헨티나에서 동성혼 합법화와 성전환 수술에 대한 국가 지원을 가능케 한 바탕에는 다양한 동성애자 및 트랜스젠더 운동 단체들 간의 협력이 있었다. 전통적으로 제도화된 운동을 벌여왔던 단체들은 국회와 협상하면서 제도적 절차에 몰두하였고, 좀 더 급진적인 단체들은 자칫 보수화될 수 있는 법적 절차에 대한 감시를 소홀히 하지 않았으며, 동시에 시민단체들과 연대하고 거리로 나가 여론을 환기시켰다. 다양한 동성애자 및 트랜스젠더 단체들의 연대로 동성혼 합법화 운동은 더 광범위하게 언론의 주목을 받을 수 있었고, 국회에 압력을 행사할 수 있었다(Hollar, 2018).

　라틴아메리카 각국에서 법제화까지 성공한 동성애자 및 트랜스젠더의 혼인 합법화 및 차별금지 운동에 비해 낙태 합법화 운동은 그 목표를 달성하지는 못하고 있다. 2018년 아르헨티나 여성들은 최초로 하원에서 임신 14주 이내에 한해 선별적으로 낙태를 허용하는 법안이 통과되는 기쁨을 누렸으나, 같은 해 8월 상원에서 불과 9표 차이로 이 법안이 부결되면서 실패를 맛보아야 하였다. 결과적으로 낙태 합법화라는 목표를 달성하지는 못했지만, 아르헨티나 여성들의 재생산권을 향한 투쟁은 '녹색물결(Marea Verde)'로 불리며 전 세계 언론에 소개되었다. 아르헨티나 여성들의 낙태 합법화 투쟁이 녹색 시위 내지는 녹색물결이라는 별칭을 얻은 이유는 시위에 참여한 여성들이 녹색 스카프를 흔들며 시위에 참여했기 때문이다. 녹색 스카프를 목에 두르거나 허공을 향해 흔들며 낙태의 합법화를 요구하는 수만 명의 아르헨티나 여성들의 사진은 낙태에 대해 상당히 완고하게 반대 입장을 고수해 온 라틴아메리카 사회에 유의미한 충격을 주었고, 동시에 아르헨티나의 여성운동이 전 세계 여성운동과 연대할 수 있는 기회를 제공하였다.

　아르헨티나 여성의 낙태 합법화 운동 역시 여성의 권리를 확대하고자 하는 여성운동이 사회적 행위주체로서 조직된 힘을 보여준 중요한 사례이다. 2018년 법안 상정과 하원에서의 통과에 이르기까지 여성들은 아르헨티나뿐만 아니라 전 라틴아메리카에서 갖은 노력을 다하였다. 아르헨티나 여성들의 낙태권 보장 시위에서 강렬한 슬로건으로 쓰였던 "Ni una mujer menos, ni una muerte más(단 1명의 여성도, 단 하나의 죽음도 더는 안 된다)"는 멕시코의 시인이자 운동가 수사나 차베스

카스티요(Susana Chávez Castillo)가 1990년대 멕시코 시우다드 후아레스시에서 발생한 끔찍한 여성 살해를 비판하며 사용한 말이라는 점은 아르헨티나의 낙태 합법화 운동이 전 라틴아메리카적 연대를 추구했음을 보여준다. 여성에 대한 폭력에 대항하는 라틴아메리카 여성들의 노력은 아르헨티나, 우루과이, 칠레, 멕시코, 브라질, 파라과이 등에서 계속된 각종 시위와 반폭력 운동을 통해서 강화되었다.

2015년 6월 3일, 여성에 대한 폭력을 고발하는 시위가 아르헨티나 국회 앞에서 열렸으며, 무려 30만 명이 참여하였다(COHA, 2015). 여성의 권리를 요구하는 일련의 페미니스트적인 주장들에 대해 거리를 두어왔던 크리스티나 페르난데스 전 대통령도 공개서한을 통해 지지 의사를 강력히 밝혔다. 이렇듯 다양한 참가자는 다양한 요구의 분출을 의미하였다. 2016년 열린 두 번째 시위에서는 여성에 대한 폭력의 의미를 확장해 불법 낙태로 목숨을 잃는 여성들의 문제가 전면적으로 거론되기 시작하였다. 여성을 위협하는 폭력의 범위를 확대해 여성이 안전한 낙태를 받을 수 없게 만드는 법적 제한조항까지 폭력의 주체로 규정한 것이다. 그 결과, 아르헨티나 역사상 가장 강력한 낙태 합법화 투쟁의 슬로건으로 멕시코의 여성폭력에 저항하며 사용했던 "Ni Una Menos(단 한 명도 잃을 수 없다)"가 채택되었으니, 아르헨티나 여성들의 성공의 배후에는 라틴아메리카 여성들의 공동의 노력이 있었다고 볼 수 있다(Friedman and Tabbush, 2016).

그럼에도 불구하고 여전히 라틴아메리카 여성들에게 합법적이고 안전한 낙태는 쉽지 않다. 낙태는 대체로 제한적으로 허용되고 있다. 라틴아메리카의 가임기 여성 중 97%는 낙태 제한 조항이 법률에 있는 나라에서 살고 있다. 도미니카공화국, 엘살바도르, 아이티, 온두라스, 니카라과, 수리남에서는 어떠한 상황에도 낙태는 불법이다. 낙태를 허용하는 나라들에서도 낙태 허용에 대해 까다로운 조건을 제시하고 있는데, 브라질, 칠레, 멕시코, 파나마의 경우 강간으로 임신을 했을 때 낙태를 허용하고 있고, 칠레, 파나마, 멕시코의 주(州) 중 절반 정도가 태아에게 심각한 이상이 있을 때 낙태를 허용한다. 전체 라틴아메리카 여성들 중 3% 미만의 인구가 경제적 혹은 사회적인 제한 없이 낙태를 할 수 있는 나라에서 살고 있는데, 그 대표적인 나라가 쿠바와 우루과이[11]이다(Guttmacher Institute, 2018).

세계에서 유례를 찾기 어려울 정도로 동성애자 및 트랜스젠더에게 진보적인 지원을 하는 한편, 낙태에 대해 세계에서 가장 엄한 잣대를 적용하는 라틴아메리카 사회의 두 얼굴을 어떻게 설명할 수 있을까? 최근 발표된 파우르(Faur)의 논문(2018)은 이 질문에 답할 수 있는 몇 가지 아이디어를 준다. 파우르는 아르헨티나의 사례연구를 통해 동성혼의 합법화 및 트랜스젠더에 대한 차별 철폐가 가족이나 기존 질서에 도전이 되지 않는다고 밝혔다. 아르헨티나의 가족 관련 법률은 여전히 이성애를 '정상' 모델로 설정하는 가부장적인 질서를 기초로 하며, 가족을 돌보는 주체로서 어머니를 상정하는 모성주의(maternalism)에 기반을 둔다. 이러한 모성주의는 동성혼 가족에는 적합하지 않지만, 동성혼 가족의 상황은 현 '가족법'의 고려 대상이 아니다(Faur, 2018). 반면 낙

---

11 우루과이의 경우 낙태 자체에 대한 제한은 없으나, 미성년자의 경우 부모의 동의를 요구한다.

태의 합법화는 이성애 중심의 가족 모델, 특히 모성주의의 핵심에 정면으로 도전한다. '아이를 원하지 않는 어머니'를 상상하기 어려운 라틴아메리카의 모성주의적 가족관과 낙태에 대한 강력한 반대 사이의 관계 또한 좀 더 면밀히 살펴볼 필요가 있다.

3. 결론: 신자유주의와 선택적 평등

신자유주의가 특정 사회운동에 대해 우호적인 결과를 가져올 수 있는가라는 질문은 매우 논쟁적인 질문이다. 기존의 정치 및 경제 질서에 대한 비판과 극복을 본질로 삼는 사회운동의 특성에 비추어볼 때, 신자유주의라는 매우 보수적인 정치경제적 이념이 특정 사회운동에 유리한 환경을 조성하였다는 것을 받아들이기는 어렵다. 하지만 이러한 질문이 아주 황당무계한 것은 아니다. 실제로 포스트 산업화 시대 혹은 신자유주 시대의 사회구조가 전통적인 사회운동 즉 노동운동 등에는 악영향을 끼치는 반면, 이른바 신사회운동이라고 불리는 정체성 중심의 사회운동에는 긍정적인 영향을 주었다는 주장은 오래전부터 있어왔다(Park, 2018; Yashar, 2005; Gustafson, 2002). 특히 신자유주의적 경제정책과 정치적 민주화가 함께 진행된 라틴아메리카의 많은 국가들에서는 신자유주의가 몇몇 사회운동 특히 원주민운동과 여성운동에 긍정적인 영향을 끼쳤다는 주장은 설득력 있어 보였다.

앞서 신자유주의의 이론적 고찰에서 살펴보았듯이 신자유주의는 근본적으로 개인주의적 세계관을 피력한다. 개인의 자유를 최대한 보장하는 주체이자, 개인이 각자의 삶의 목표를 아무 제약 없이 추구할 수 있는 공간으로서만 사회는 존재한다. 이러한 주장은 사회와 구조의 억압으로 인해 개인의 자유와 행복을 온전히 추구하기 어려웠던 소수자들에게는 솔깃한 제안이다. 특히 1950년대 이후 라틴아메리카에서 등장한 군사독재 세력에 지속적으로 탄압받았던 원주민, 여성, 동성애자, 트랜스젠더 등 사회적 소수자들에게 국가의 축소와 개인의 자유 확대라는 제안은 권리의 확대와 민주화로 여겨질 수 있었다. 하지만 신자유주의가 개인의 자유를 확대하는 방식이 시장논리의 확산을 통한다는 점에서 사회적 소수자들의 기대는 빗나갔다. 시장은 경쟁을 통한 부의 창출을 독려하는 데에는 매우 효과적인 도구이다. 게다가 애덤 스미스(Adam Smith)의 '보이지 않는 손', 즉 수요와 공급의 작용을 통한 가격의 형성이라는 구조는 재화를 가장 효율적으로 분배하는 설득력 있는 방식으로 여겨져 왔다. 문제는 시장의 '보이지 않는 손'은 불공평한 구조적인 조건을 안고 경쟁해야 하는 사회적 약자를 '보지 않는 손'이라는 점이다. 경쟁에 기반을 둔 시장논리가 사회 전반에 확산되는 신자유주의 시대에, 구조적으로 차별받고 멸시당하는 여성, 원주민, 동성애자들의 시장에서의 입지는 흔들렸고, 이러한 현상은 신자유주의가 사회적 소수자에게 부여한 자유의 제한적 의미를 되돌아보게 한다.

이 장에서 살펴본 바와 같이 라틴아메리카 여성에게 신자유주의는 양날의 칼로 작용하였다. 세계화의 물결 속에 다국적기업의 직접투자는 증가하였고, 거대한 생산 단지로 변한 라틴아메리카에서 저임금을 받으며 단순한 육체노동을 하는 여성 노동자에 대한 수요는 증가하였다. 그 결과 여성의 노동시장 진출은 확대되었고, 여성의 사회참여 및 정치적 의미도 함께 강화되었다. 오랜 기간 여성을 차별해 온 권위주의적 국가의 축소는 여성들이 다양한 권리를 주장할 수 있는 공간을 제공하였다. 특히 포스트 신자유주의 정권들은 '사람의 얼굴을 한 신자유주의'를 주창하며 여성들의 지지를 얻기 위해 다양한 여성정책을 제안하였고, 여성의 정치참여로 늘려놓은 공간에 새로운 여성 정치인들이 등장하였고, 이들은 각자의 자리에서 여성의 지위 향상을 위해 나름의 목소리를 내기 시작하였다.

동시에 시장논리에 갇힌 사회는 여성들에게 또 다른 도전을 의미하였다. 멕시코의 마킬라도라를 비롯한 라틴아메리카의 수많은 자유무역지대에서 여성들은 비정규직 노동자로서 열악한 노동조건과 각종 노동탄압의 대상이 되었으며, 가부장적 사회구조가 변하지 않은 상황에서의 노동시장 진입은 여성들이 일터와 가정에서 쉬지 않고 일해야 하는 이중 노동의 세계를 여성들에게 선사하였다. 국가의 축소는 여성들의 삶에 도움이 되었던 각종 보조금의 폐지와 사회서비스의 민영화를 의미하였고, 국가가 남기고 떠난 공간을 채울 만한 대안으로서의 시민사회는 취약하였다. 신자유주의 도입 이후 두드러진 여성의 정치참여는 분명 라틴아메리카 여성들에게 긍정적인 영향을 끼쳤다. 그러나 이 또한 대가 없이 이루어진 것은 아니다. 제도정치에 참여한 많은 여성들은 신자유주의 경제정책의 폐기와 전반적 수정을 요구할 수 없는 상황에서 한계에 부닥쳤고, 이러한 한계를 극복하기 위해 제도정치와 선을 그어야 한다는 여성들과, 정치권 안에서 성평등을 위해 노력해야 한다는 여성들 사이에서 갈등과 분열이 일어났다. 신자유주의 체제 안에서도 가능한 한 성평등에 집중하자는 세력과 신자유주의 체제의 본질적 모순을 극복하지 않으면 진정한 성평등은 요원하다는 세력 간의 팽팽한 대립이 일어났다. 그리고 그러한 대립은 한시적으로나마 여성운동의 힘을 약화하는 듯하였다.

이 장에서 살펴본 바와 같이 신자유주의가 라틴아메리카의 성평등에 끼친 영향은 모순적이다. 노동의 기회는 늘었으나 노동환경은 열악해졌다. 정치참여의 폭은 확대되었으나, 제안할 수 있는 성평등 영역은 선택적이다. 동성혼은 합법화되었으나, 모성주의적 가족관을 흔드는 낙태 합법화는 좌절되었다. 이렇듯 신자유주의는 라틴아메리카 여성들에게 선택적 평등을 가져왔다. 신자유주의의 근본 질서를 거스르지 않는 범위 내에서 허락된 제한적인 여성의 지위 향상과 성평등을 어떻게 볼 것인가? 이 질문에 대한 답은 사회적 행위주체로서의 라틴아메리카 여성에게서 찾아야 할 듯하다.

라틴아메리카의 여성들은 신자유주의하에서 주어진 선택적 평등에 때로는 저항하고 때로는 이를 활용하는 지혜를 보여주었다. 권위주의적 정부의 축소로 생겨난 공간을 활용해 다양한 여성 단체를 만들었고, 무엇보다도 전 라틴아메리카적 연대를 도모하였다. 노동시장 참여의 증가와 정치참여를 기회로 삼아 더 많은 여성 정치인들을 배출하였고, 모든 여성 정치인들이 그러하지는 않았지만, 많은 여성 정치인들이 여성정책에 우호적인 행보를 보였다. 그리고 가장 중요한 교훈은 최근에 아르헨티나에서 있었던 낙태 합법화 투쟁에서 얻을 수 있다. 라틴아메리카 여성들은 주어진 선택적 평등의 외연을 확장하였다. 폭력으로부터 자유로울 인권의 문제를 제기하면서 여성 살해를 이슈로 전 라틴아메리카적 여성 연대를 이끌어냈다면, 안전하게 낙태하지 못해 목숨을 잃는 여성들의 문제를 구조적 폭력에 의해 희생되는 여성들의 문제로 재해석함으로써, 아르헨티나의 낙태 합법화 운동은 전 라틴아메리카의 지지까지 이끌어내었다. 신자유주의에 의해 주어진 선택적 평등을 여성들이 주체적으로 확장한 중요한 사례라고 할 수 있다.

아르헨티나의 낙태 합법화 투쟁은 현재 성공을 거두지 못하고 있다. 하지만 유례를 찾아보기 어려운 대규모 시위와 전 세계적인 지지는 분명 아르헨티나뿐만 아니라 라틴아메리카 여성운동의 유산으로 남았으며, 아르헨티나에서 역사상 최초로 낙태 합법화 법안이 하원을 통과하였다는 점만으로도 대단한 성과라고 할 수 있다. 그렇지만 합법화에는 이르지 못하였다. 이는 성평등을 염원하는 라틴아메리카 여성들이 처한 상황을 단적으로 보여주는 사례이다. 분명 라틴아메리카 여성들은 최근 다양한 분야에서 눈부신 성과를 내었다. 그럼에도 불구하고 통과되지 않은 낙태 합법화 법안처럼 온전한 성평등 사회는 여전히 요원하다. 우리가 기억해야 할 것은 신자유주의의 한계 속에서 이뤄낸 다양한 성과들이 신자유주의에 의해 주어진 것이 아니라 주어진 상황을 라틴아메리카의 여성들이 적극적으로 활용한 결과라는 점이다. 라틴아메리카의 여성들은 신자유주의가 성평등의 확대라는 목표에 제공하는 긍정적인 조건들을 적극적으로 활용하였고, 성평등을 억압하는 신자유주의적 구조에는 창의적으로 저항하였다. 라틴아메리카 여성들의 이러한 활약은 사회적 행위주체들이 보여주는 구조에 대한 상상력과 도전이, 구조적 문제를 해결할 유일한 열쇠라는 점을 다시 한번 보여준다.

제**7**장

범죄

2018년 11월 미국의 도널드 트럼프 대통령은 자신의 트위터 계정에 다음과 같은 글을 남겼다.

멕시코 티우아나시(市)의 시장이 "이 도시는 그 많은 이민자들을 받아들일 여력이 없다. (이 상황은) 6개월 넘게 적체될 것 같다"고 말했습니다. 미국도 이런 침략에 대한 준비가 되어 있지 않고, 좌시 하지도 않을 것입니다. 그들은 멕시코에 엄청난 문제와 범죄를 양산 하고 있습니다. 집으로 돌아가십시오!

이 게시물은 중앙아메리카 국가들에서 시작된 이민자 행렬인 카라 반에 대한 반응이었는데, 멕시코 국경을 넘어 미국으로의 이주를 희망 하는 이들이 범죄를 양산하고 있다는 그의 발언은 부정확할 뿐만 아 니라 차별적인 발언이다. 하지만 이 게시물을 통해서 우리는 라틴아 메리카에 대한 부정적인 이미지 중 가장 대표적인 것이 바로 범죄임 을 다시 한번 확인할 수 있다. 중앙아메리카로부터 더 나은 삶을 찾아 미국 국경까지 갖은 고생을 하며 도달한 이들에게 '범죄자'라는 딱지 를 붙이는 순간, 이들을 받아들이지 않을 이유는 너무나도 확실해지는 것이다. 라틴아메리카의 범죄율에 대한 전 세계 언론매체들의 보도 행 태에는 공정성 문제가 있을 수 있으나, 그럼에도 불구하고 라틴아메리 카의 치안이 불안하고 범죄율이 증가하고 있다는 것은 피할 수 없는 사실이다.

라틴아메리카인들도 범죄 문제를 매우 심각하게 생각하고 있다. 2014년 라티노바로메트로와 밴더빌트대학교가 공동으로 진행한 라틴아메리카 여론 프로젝트(the Latin America Public Opinion Project)에 따르면, 3명 중 1명의 라틴아메리카인들이 가장 시급하게 해결해야 할 문제로 범죄를 꼽았다. 불과 10여 년 전, 라틴아메리카인들이 같은 질문에 실업이나 빈곤으로 답을 하였던 것과 비교하면, 라틴아메리카 사회가 느끼는 범죄의 증가와 치안 부재에 대한 불안감이 상당하다는 것을 알 수 있다. 더욱 우려스러운 것은 범죄에 대한 공포와 범죄를 해결하지 못하는 정부에 대해 불만이 증폭되는 가운데 범죄 문제를 해결할 수 있다면 권위주의 정부를 받아들이겠다는 여론까지 형성되고 있다는 점이다. 결국 범죄의 증가와 치안의 부재가 라틴아메리카에서 가까스로 자리를 잡아가고 있는 민주주의에 심각한 도전이 되고 있음을 알 수 있다. 이를 증명이라도 하듯이 이전의 독재정권과 차별되는 민주정부라는 점을 부각시키던 포스트 신자유주의 정권들이 하나둘 범죄에 대해 강력한 철권통치를 펴자고 주장하는 우파 세력들에게 권력을 내어주는 현상이 나타나고 있다. 그 대표적인 사례가 브라질의 자이르 보우소나루(Jair Bolsonaro), 아르헨티나의 마우리시오 마크리(Mauricio Macri), 칠레의 세파스티안 피녜라(Sebastián Piñera) 정권이라고 할 수 있다. 이들은 대통령 선거 캠페인 중에 전 정권, 즉 포스트 신자유주의 정부 임기 동안 치안이 악화되었다는 점을 공격하였으며, 이러한 전략은 성공적으로 국민들의 지지를 이끌어내었다.

오늘날 라틴아메리카에서 범죄가 증가한 원인에 대한 논의는 여전히 한창 진행 중이다. 라틴아메리카가 풀지 못한 숙제 중 하나인 고질적인 경제위기의 빈번한 발생이 원인으로 지목되기도 하고, 앞서 언급한 우파 정부들의 주장처럼 최근 라틴아메리카에서 부상한 핑크 타이드 정부들, 즉 포스트 신자유주의 정부들의 무능을 이유로 들기도 한다. 미국의 마약 소비 증가와 마약조직의 세계화 및 전문화 또한 원인으로 거론된다. 이 장에서는 라틴아메리카 범죄의 원인으로 지목되는 다양한 원인들 중 신자유주의의 도입이 라틴아메리카의 치안과 범죄에 끼친 영향을 고찰하고자 한다. 이를 위해 라틴아메리카 범죄의 현황을 살펴본 후, 신자유주의적 경제정책의 변화가 라틴아메리카의 범죄에 끼친 영향을 분석해 볼 것이다. 다양한 사회적 행위주체 중 범죄라는 특정 사회현상에 대해 가장 강력한 영향력을 끼칠 수 있는 주체는 국가이다. 따라서 라틴아메리카 범죄 현상의 본질을 분석하기 위해 신자유주의와 함께 등장한 국가의 새로운 형태인 치안국가(policing state)가 어떻게 작동하는지 또한 살펴볼 것이다.

1. 라틴아메리카의 범죄 현황

라틴아메리카의 인구는 세계 인구의 8%에 불과하지만, 세계 전체 살인율의 33%가 라틴아메리카에서 일어나고 있다는 것은 라틴아메리카 범죄의 심각성을 보여주는 예이다. 특히 브라질, 콜롬비아, 멕시코, 베네수엘라에서 일어나는 살인사건을 모두 합하면 전 세계 살인사건의 1/4을 차지한다. 전 세계에서 가장 위험한 20대 국가 중 17개의 국가가 라틴아메리카 및 카리브 국가이며, 가장 위험한 50대 도시 중 43개의 도시가 라틴아메리카 및 카리브에 위치한다(Washington Post, 2018). 라틴아메리카의 심각한 살인율은 최근 수십 년 동안 상승해 왔다. 2000년

〈표 7-1〉 살인율 상위 20개국

순위	국가	지역	살인 건수	살인율	통계 연도
1	엘살바도르	라틴아메리카	3,954	60.0	2017
2	자메이카	라틴아메리카	1,616	56.0	2017
3	베네수엘라	라틴아메리카	16,046	53.7	2017
4	온두라스	라틴아메리카	3,791	42.8	2017
5	세인트키츠앤드네비스	카리브	23	42.0	2017
6	리소토	아프리카	897	41.2	2015
7	벨리스	라틴아메리카	142	37.2	2017
8	트리니다드토바고	카리브	494	36.0	2017
9	세인트빈센트앤더그리나딘스	카리브	39	35.5	2016
10	남아프리카공화국	아프리카	18,673	34.3	2015
11	세인트루시아	카리브	57	34.0	2017
12	바하바	카리브	123	31.0	2017
13	브라질	라틴아메리카	57,395	27.8	2016
14	과테말라	라틴아메리카	4,410	26.1	2017
15	안티구아 바르부다	라틴아메리카	20	25.0	2017
16	콜롬비아	라틴아메리카	10,200	22.0	2017
17	멕시코	라틴아메리카	25,339	20.4	2017
18	푸에르토리코	라틴아메리카	670	19.4	2017
19	나미비아	아프키라	372	17.2	2012
20	도미니카	카리브	12	16.7	2013

자료: Igarape Institute-Homicide Monitor(2019).

에서 2015년까지를 살펴보면, 라틴아메리카의 살인율은 약 12% 정도 증가했는데, 이는 같은 기간 다른 지역의 살인율이 유지되거나 약 50% 이상 감소한 것과 비교한다면 심각한 수치이다. 〈표 7-1〉에서 볼 수 있듯이, 브라질, 콜롬비아, 엘살바도르, 과테말라, 온두라스, 멕시코, 베네수엘라의 경우는 세계보건기구가 정한 전쟁 시의 살인율, 즉 10만 명당 30명을 능가하는 살인율을 기록하고 있다(Muggah and Tobon, 2018: 23).

그러나 한 사회의 치안을 살인율로만 가늠하는 데 대한 우려의 목소리도 있다. 살인율은 보통 10만 명당 발생한 건수로 조사하는데 1위인 엘살바도르의 경우에도 60명에 불과하다. 즉, 한 해에 10만 명당 60명이 살해되었다는 것이다. 물론 범죄의 무게, 그 범죄가 가족과 사회에 끼칠 영향을 고려한다면, 60이라는 숫자는 결코 작은 숫자가 아니다. 하지만 한 개인이 직접적으로 살인의 피해자가 되거나 주변에 살해된 지인이 있을 확률이 그만큼 낮은 것도 현실이다. 따라서 한 사회의 범죄 현황과 치안유지의 정도를 가늠하기 위해서는 살인율 이외의 다른 범죄 또한 고려해 보아야 한다.

그래서 살인과 함께 대표적인 범죄인 강도 발생 건수 또한 살펴보았는데, 역시 라틴아메리카 전 국가에서 강도발생률은 다른 지역에 비해 높게 나타났고, 〈표 7-2〉에서 볼 수 있듯이 남아메리카의 국가들이 더 높은 강도발생률을 보였다. 조사에 따르면 라틴아메리카 인구 5명 중 1명은 무장 강도 혹은 강도를 경험하였으며, 그 결과 라틴아메리카인들이 가장 심각히 여기는 범죄는 조직범죄가 아니라 바로 강도이다. 세계의 다른 지역이 지난 25년간 꾸준히 강도사건 발생률이 낮아진 반면, 라틴아메리카는 모든 종류의 강도발생률이 높아졌다(Muggah and

〈표 7-2〉 지역별 10만 명당 신고된 강도 사건 수

지역	신고된 강도 사건 수(10만 명당)
남아메리카	426.28
중앙아메리카	364.84
서유럽	226.60
남아프리카	150.04
서아프리카	132.00
카리브	116.17
북미	70.59
북유럽	45.08
호주와 뉴질랜드	43.35
남유럽	43.12
남아시아	40.03
중앙아시아	36.22
동아프리카	33.62
동유럽	28.01
북아프리카	27.61
동남아시아	20.50
중앙아프리카	16.97
서아시아	16.24
동아시아	11.38
멜라네시아	10.33
세계 평균	104.39

자료: UNODC Crime Statistics(2017); Muggah and Tobon(2018) 재인용.

<표 7-3> 라틴아메리카 국가별 범죄 피해 인구(2016)

국가	%	국가	%
베네수엘라	48	파라과이	35
멕시코	46	우루과이	35
아르헨티나	41	코스타리카	35
도미니카 공화국	41	콜롬비아	34
페루	39	파나마	32
온두라스	38	엘살바도르	31
브라질	37	니카라과	31
칠레	37	볼리비아	30
과테말라	36	에콰도르	29

자료: Bachelet(2016), Muggah and Tobon(2018) 재인용.

Tobon, 2018: 31).

이렇듯 높은 범죄율은 범죄의 피해를 경험한 인구의 비율 또한 높인 다. <표 7-3>에서 볼 수 있듯이 2016년을 기준으로 라틴아메리카 인구 의 36%가 범죄로 피해를 입은 경험이 있다고 답하였고, 특히 베네수엘 라와 멕시코, 아르헨티나는 전체 인구의 각각 48%, 46%, 41%가 범죄 의 대상이 된 경험이 있다고 밝혔다. 이렇듯 만연한 범죄로 인한 피해 경험은 라틴아메리카인들이 자신들의 국가가 안전하지 않다고 느끼게 만든다. 따라서 세계에서 가장 불안하다고 느끼는 국가들이 라틴아메 리카에 속해 있는 것은 이상한 일이 아니다. 베네수엘라 국민 중 안전 한 삶을 영위하고 있다고 답한 국민은 14%에 불과하며, 이보다는 약간 사정이 낫지만 엘살바도르, 도미니카 공화국, 페루와 멕시코도 각각 36%, 36%, 40%의 국민이 자신의 나라가 안전하지 않다고 평가하고 있

다(Muggah and Tobon, 2018: 9~10)

전반적인 범죄율은 범죄를 직접 경험하는 사람들에게만 영향을 끼치는 것은 아니다. 한 사회의 범죄율이 높아지면 나타나는 중요한 현상 중 하나가 그 사회의 사회적 관계가 약화되는 것이다. 범죄를 경험한 이들이 이웃과 공동체를 의심하고 높은 불안감을 갖는 것은 물론이고, 직접 범죄를 겪진 않았지만 범죄 뉴스를 수시로 접하는 시민들 또한 불안감이 높아져 이웃과 타인에 대한 불신도 커질 수밖에 없다. 이러한 경향을 최근 라티노바로메트로와 미국의 밴더빌트대학교가 공동으로 진행한 라틴아메리카 여론조사에서 확인할 수 있다. 〈그래프 7-1〉에서 나타난 바와 같이 라틴아메리카인들이 자신이 사는 지역에 대해 갖는 불안감은 상당하다. 이 조사에 따르면 34%의 라틴아메리카인들은 자신이 사는 지역의 치안이 불안하다고 여긴다.

거주지역의 치안에 대한 불안감은 한 국가 안에서도 어느 지역에 사는지에 따라 확연한 차이를 보일 수 있다. 따라서 국가 통계만을 보고 국민들이 느끼는 불안감을 일반화하는 것은 무리가 있다. 그럼에도 불구하고 이 통계에서 주목할 점은 라틴아메리카 국민들이 미국이나 캐나다 국민들보다 거주지역에 대해 매우 높은 불안감을 표출하고 있다는 사실이다. 또한 흥미로운 것은 실제 범죄율과 치안에 대한 인식 간에 간극이 존재한다는 것이다. 미국의 경우, 강도사건 발생률이 2016년 현재 102.8에 이르는 데에도 불구하고(FBI, 2018), 자신이 거주하는 지역의 치안이 불안하다고 답한 인구는 15%에 불과하다. 코스타리카의 경우, 살인율이 인구 10만 명당 11명으로 라틴아메리카에서는 상대적으로 낮음에도 불구하고 무려 49%의 국민들이 거주지역이 안전하지

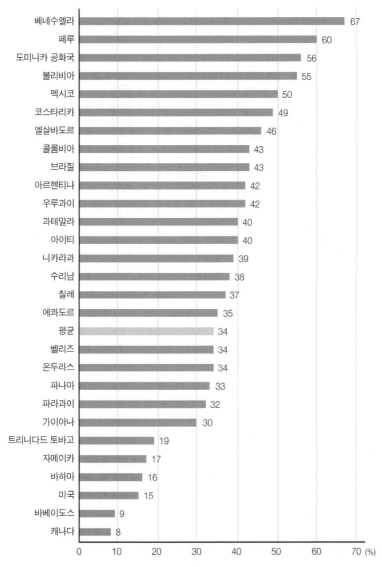

〈그래프 7-1〉 라틴아메리카의 거주지역에 대한 불안감 정도(국가별, 2014)

베네수엘라 67
페루 60
도미니카 공화국 56
볼리비아 55
멕시코 50
코스타리카 49
엘살바도르 46
콜롬비아 43
브라질 43
아르헨티나 42
우루과이 42
과테말라 40
아이티 40
니카라과 39
수리남 38
칠레 37
에콰도르 35
평균 34
벨리즈 34
온두라스 34
파나마 33
파라과이 32
가이아나 30
트리니다드 토바고 19
자메이카 17
바하마 16
미국 15
바베이도스 9
캐나다 8

자료: Vanderbilt University(2014).

<그래프 7-2> 평균 범죄 비용

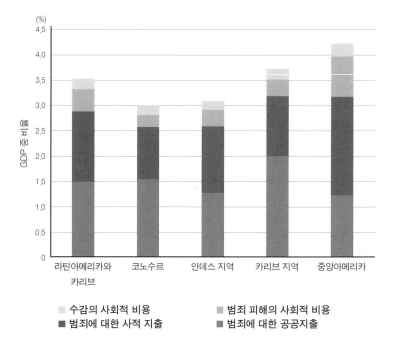

자료: Jaitman(2017).

못하다고 대답한 반면, 세계에서 가장 높은 살인율을 기록한 엘살바도르와 살인율 높은 20대 도시에 자국의 도시가 속한 과테말라의 국민들 중 거주지가 안전하지 않다고 여기는 인구 비율이 각각 46%와 40%로 코스타리카보다 낮다는 것도 흥미롭다. 실질 범죄율과 체감 위험도 간의 차이를 설명할 수 있는 변수들에 대한 연구가 필요해 보인다.

라틴아메리카의 범죄는 또한 라틴아메리카의 경제발전에 장애물로 작용한다. 라틴아메리카 국가들이 지불해야 하는 범죄 비용은 평균적

〈그래프 7-3〉 범죄 관련 비용 평균

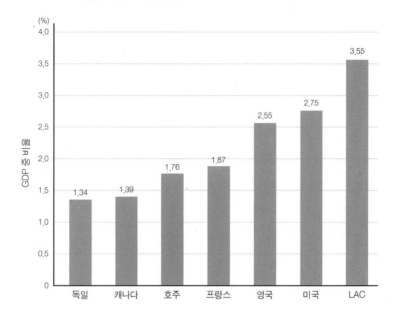

자료: Jaitman(2017).

으로 GDP의 3.6%에 달하는 것으로 보고되었다(*The Economist*, 2017). 이 수치는 작아 보이지만 라틴아메리카 지역이 기간시설에 투자하는 비용과 맞먹으며, 하위소득 30%의 빈곤 계층의 총수입에 달하는 액수 이다. 지역 안에서도 상당한 격차를 보이는데, 온두라스의 경우 GDP 의 6.5%에 달하는 비용이 범죄로 인해 발생하고 있다. 이 수치는 범죄 와 관련한 직접 비용, 즉 범죄 피해자와 수감된 범죄자들이 벌어들이지 못하는 소득에 대한 기회비용, 기업과 가구들이 사설 경비업체에 지불 하는 비용, 그리고 경찰, 사법제도, 교도시설을 운영하기 위해 투입되는 정부 재정을 합한 액수이다(Jaitman, 2017: 26). 여기에는 범죄의 직접적 비용만이 계산되었을 뿐 간접적 비용인 높은 범죄율로 인한 투자의 손실 등은 포함되어 있지 않다. 경제발전이 절실한 라틴아메리카에는 직접 비용만큼이나 범죄의 간접 비용도 치명적이라 할 수 있다.

이렇듯 살펴본 바와 같이 라틴아메리카의 범죄 현황은 심각한 상황이며, 범죄율의 증가와 치안의 악화는 최근 20~30년에 걸쳐 계속되고 있다는 데에 이론의 여지가 없는 듯하다. 최근 20~30년에 걸쳐 라틴아메리카가 신자유주의적 경제정책을 받아들여 시장논리를 사회의 각 부문으로 확대하고 개인주의적 자유와 경쟁을 적극적으로 도입해 왔다는 점을 고려한다면, 이러한 신자유주의의 확산과 범죄의 증가 및 치안의 악화 간의 관계를 면밀히 고찰할 필요가 있다. 이 장에서는 신자유주의가 범죄에 끼친 영향을 살펴보고, 범죄라는 사회현상에 가장 민감하게 대응할 수밖에 없는 주체로서의 국가가 라틴아메리카에서 어떻게 작동했는지 분석해 보고자 한다.

2. 신자유주의적 경제정책의 도입과 범죄

범죄가 언제 증가하는가에 대해서는 다양한 이론이 존재한다. 범죄의 증가에 대한 가장 전통적인 설명은 범죄의 비용과 혜택(경제적)을 비교했을 때 비용에 비해 혜택이 클 때 범죄가 증가한다는 경제적 설명이다(Vilata et al., 2016: 27). 즉, 범죄를 저질렀을 때 감수해야 하는 처벌의 수위 혹은 가능성에 비해 범죄의 결과 얻게 되는 경제적인 이익이 더 클 때 범죄를 저지르는 이들이 늘어난다는 것이다. 유력 경제지 《이코노미스트(The Economist)》의 라틴아메리카 범죄 관련 기사도 이러한 시각을 잘 보여준다. 2017년 2월 25일 자 《이코노미스트》의 기사에 "만약 라틴아메리카에서 범죄가 다른 지역보다 더 창궐한다면, 이는 분명 합법적 경제로부터 얻는 것보다 범죄로부터 얻는 것이 더 많기 때문이다. 특히 범인검거율이 낮을 경우는 더욱 그러하다. 라틴아메리카의 살인사건 검거율은 10% 미만이다"(The Economist, 2017)라고 쓰고 있다. 전통적인 경제적 관점을 그대로 드러낸다.

이러한 경제적 관점에 따르면, 라틴아메리카의 범죄율 증가는 경제적 불평등과 빈곤, 실업의 영향을 받는다는 의견이 상당히 설득력을 지닌다. 특히 범죄율이 높아지는 데에 결정적인 역할을 하는 것은 범죄자의 경제적 지위가 아니라 사회의 불평등이라는 주장(Fajnzylber, Lederman and Loayza, 2002)에 비추어볼 때, 세계에서 가장 불평등한 지역 중 하나인 라틴아메리카에서 범죄율이 높은 것은 우연이 아니다. 불평등만이 범죄의 주요 원인으로 지목받는 것은 아니다. 높은 실업률 특히 청년실업률이 범죄율 증가와 관련이 있다는 주장은 라틴아메리카 학계에서 널리 받아들여져 왔다. M. 베르그만(Bergman, 2011)은 멕시코의 사례연구를 통해 실업뿐만 아니라 사회가 제공하는 일자리의 질이 범죄율과 관련이 있다고 주장하였다. 멕시코에서 진행된 여론조사 결과, 범죄를 저지르는 가장 큰 이유는 일자리가 부족하기 때문이라기보다는 일자리의 질과 임금이 낮아 합법적인 노동으로 삶이 유지되지 않기 때문이었다. 특히 전업으로 범죄를 선택하는 경우에 이런 경향이 두드러졌다. 따라서 높은 실업률과 함께 일자리의 질 및 노동조건의 하락도 범죄율을 상승시키는 데에 일조한다고 할 수 있다.

경제적인 관점에서 볼 때 신자유주의적 경제정책의 도입으로 라틴아메리카의 범죄율이 상승하였다고 설명하는 데에는 별로 무리가 없어 보인다. 앞서 제4장 노동과 이주에서 언급한 바와 같이 신자유주의 경제정책의 도입은 고용 불안정성의 증가, 실질임금의 하락, 노동조합의 약화 등을 가져왔고, 결과적으로 라틴아메리카 노동시장의 불안정성이 증대되었다. 베르그만이 주장한 바와 같이, 일자리의 질 저하가 범죄율의 증가로 이어진다면 신자유주의를 받아들인 라틴아메리카 대다수 국가가 경험한 노동시장 불안정성의 증가로 라틴아메리카의 범죄율 증가를 설명할 수 있다. 일례로 멕시코의 경우, 북미자유무역협정의 체결로 농업 분야에서 대규모로 일자리가 사라졌는데, 이렇게 일자리를 잃은 사람들이 마약 산업으로 흡수되었다고 추정된다. 물론 자유무역협정의 체결과 자유무역지대의 활성화로 멕시코의 제조업 부문에서 새로운 일자리가 창출되기도 하였다. 하지만 농업 부문에서 사라진 230만 개의 일자리를 약 50~60만 개로 추정되는 새로 생긴 일자리로 대체하기엔 어려움이 있었다(Mercille, 2011; 김유경, 2016).

신자유주의적 구조조정과 노동시장의 유연화 덕분에 가장 큰 타격을 입은 인구군은 20~30대 남성이다. 20~30대 남성에 비해 20~30대 여성은 자유무역지대에서 창출된 노동시장에 저임금 노동자로 흡수되었으나, 전통적으로 제조업 중에서도 정규직, 혹은 농업에 종사하던 20~30대 남성들에게 라틴아메리카의 변화된 노동환경은 혹독한 것이었다. 이러한 상황에서 20~30대 남성들의 선택은 국경을 넘어 이주 행렬에 참여하거나, 범죄 조직에 가담하는 것이었던 듯하다. 실제로 살인율을 살펴보면, 피해자의 압도적인 다수가 15~29세의 청년 세대이다. 브라질의 살인 피해자 중 청년의 비율은 54%에 달해 절반이 넘는 살인 피해자가 청년이며 뒤를 이어 엘살바도르는 52%, 과테말라, 온두라스, 콜롬비아가 51%로, 살해당하는 인구의 절반 이상이 청년인 나라가 무려 5개국이나 된다. 그 결과, 라틴아메리카 전체의 청년 살인율은 라틴아메리카 살인율의 3배에 달하는 10만 명당 70명에 육박하는데 이는 살인율이 가장 높은 엘살바도르의 살인율보다 높은 수치이다. 그다음으로 살인의 피해자가 되는 인구군은 30~45세 남성이다(Muggah and Tobón, 2018: 27). 가장 많이 살해당하는 인구군이라는 의미는 가장 범죄 가담률이 높은 인구군이라고 할 수 있다. 특히 라틴아메리카처럼 살인의 원인 중 25%가 조직폭력에 의한 것일 때는 더욱 그러하다 (UNODC, 2013).

신자유주의 경제정책에 따른 시장주의적 노동시장의 변화가 라틴아메리카 범죄 증가의 한 원인이라면, 자유무역으로 인한 자유로운 상품 이동 또한 범죄 특히 마약 산업의 성장을 설명할 수 있는 중요한 요인이다. 주지하다시피 미국은 세계 최대의 마약 소비국이다. 일례로 〈그래프 7-4〉에서 볼 수 있듯이, 2015년 현재 미국의 대마초 소비량이 전통적으로 대마초 소비가 많은 유럽연합이나 호주보다도 높을 뿐 아니라 전 세계 평균의 두 배에 달하는 높은 수치를 기록하였다. 라틴아메리카에서 가장 많이 생산되는 코카인의 경우도 사정은 비슷하다. 세계 최대였던 미국의 코카인 소비 인구는 2011년까지 감소하다가 2012년부터 다시 증가하기 시작해서 최근까지 그 증가세는 이어지고 있다 (UNODC, 2017).

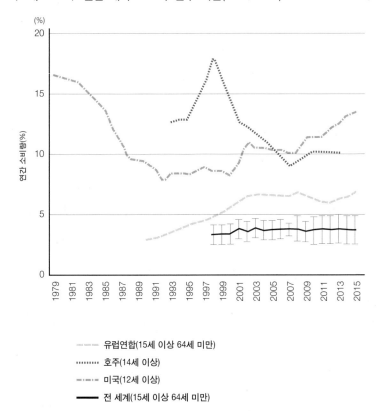

〈그래프 7-4〉 연간 대마초 소비 인구 비율(1979~2015)

유럽연합(15세 이상 64세 미만)
호주(14세 이상)
미국(12세 이상)
전 세계(15세 이상 64세 미만)

자료: UNODC(2017).

이처럼 거대한 마약 시장과 지리적으로 가장 인접한 라틴아메리카에서 마약 생산은 매력적인 선택지였다. 게다가 신자유주의 경제정책의 도입과 함께 추진된 각종 자유무역 조치들은 미국 산업에 대한 라틴아메리카 시장의 개방뿐 아니라 라틴아메리카산 상품에 대한 미국 시장의 개방 또한 의미하였다. 신자유주의적 무역자유화를 가장 강력히 시행한 국가는 바로 북미자유무역협정에 가입한 멕시코이다. 역사적으로 중앙아메리카와 카리브해 지역의 모든 나라가 미국으로 가는 마약의 통로 역할을 해왔으나, 북미자유무역협정으로 인해 멕시코가 미국으로 들어가는 가장 중요한 경로로 부상하였다. 그 결과, 멕시코의 주도권을 장악하기 위한 마약조직 사이의 영역 다툼은 멕시코에서 폭력과 범죄를 증가시켰다(영거스, 2006: 110).

북미자유무역협정 체결로 미국과 멕시코 사이의 무역량이 증가하였고, 국경을 통과하는 절차와 상품에 대한 규제는 완화되었으며, 이는 마약 운송에도 유리한 조건이 되었다. 마약 소비국과 생산국 간의 자유무역협정은 관세장벽과 규제완화로 마약 산업에 대한 해당국의 통제를 약화할 수 있다는 주장(Bartilow and Eom, 2009; 김유경, 2016 재인용)이 미국과 멕시코의 경우 잘 들어맞았다고 볼 수 있다.

하지만 무역자유화가 범죄와 폭력의 증가에 기여하는 이유가 마약의 이동이 용이해졌기 때문만은 아니다. 우리가 주목해야 할 점은 무역자유화가 마약의 밀매뿐만 아니라 무기의 밀거래 또한 손쉽게 만든다는 것이다. 즉, 신자유주의하에서 추진된 자유무역의 결과, 범죄조직은 마약을 미국이라는 거대 시장에 손쉽게 공급할 수 있으면서 동시에 각종 범죄에 사용되는 무기를 대량으로 획득할 수 있는 길을 얻었다. 세계에서 가장 큰 마약 시장이자 가장 강력한 무기상인 미국과의 자유무역은 라틴아메리카의 많은 국가들에게 의도치 않은 최악의 상황을 만들어주었다.

세계 최대의 무기 수출국이자 수입국으로서 미국은 라틴아메리카에 무기와 탄약을 공급하는 역할을 충실히 수행해 왔다. 미국으로부터 라틴아메리카로 유입되는 무기들은 대부분 합법적으로 거래된 것으로, 이렇게 라틴아메리카에 유입된 뒤 불법적인 경로로 범죄조직이나 게릴라 조직에 유입되는 것으로 알려져 있다. 이러한 거래에 가장 많이 활용되는 지역은 미국과 지리적으로 가까워야 하기 때문에 북미자유무역협정 체결 이후 멕시코가 무기의 합법적 거래와 불법적 거래가 광범위하게 이루어지는 무기 거래의 천국으로 떠올랐다. 2014년 미국은 멕시코에 합법적으로 2만 8000정의 총기를 팔았는데 이 대부분은 돌격소총이었으며, 거래액은 약 2160만 달러에 달하였다. 동시에 약 21만 2000정의 불법무기도 멕시코로 매년 유입되는 것으로 추정되는데, 이러한 불법무기조차 미국 정부의 허가를 받은 무기상에게서 사들인 것이다 (Foreign Affairs, 2016).

그 결과, 라틴아메리카에서는 살인사건의 약 75%가 총기에 의한 것으로 보고되고 있다. 이는 총기에 의한 살인사건의 비율이 전 세계적으로 50% 미만인 것을 고려하면 매우 높은 수치이다. 특히 브라질, 콜롬비아, 엘살바도르, 과테말라, 온두라스의 경우 총기에 의한 살인사건의 비율이 전체 살인사건의 90%에 육박한다는 점은 라틴아메리카가 겪고 있는 총기 문제를 적나라하게 보여준다(Muggah and Tobón, 2018: 8).

신자유주의적 경제정책은 이렇듯 최근 라틴아메리카의 범죄율 증가에 상당한 영향을 끼쳤다. 신자유주의적 구조조정과 노동시장의 유연화는 대량 실업을 야기하고 노동조건을 악화하여 노동시장에 진입하지 못하거나 만족스러운 일자리를 얻기 힘든 젊은 남성층에게 범죄조직이 제공하는 일자리가 매력적인 선택지가 될 수 있는 환경을 만들었다. 시장의 자유를 최대한 보장함으로써 경제발전을 이룰 수 있다는 자유무역의 약속은 라틴아메리카 범죄조직들에게 생명줄과 같은 마약과 무기라는 두 상품의 이동 또한 자유롭게 만들었다. 그 결과, 최근 수십 년간 라틴아메리카 국가들은 지속적인 범죄와 폭력의 증가, 치안의 악화를 경험하고 있고, 시민들은 이를 해결해 줄 것을 국가에 요구하였다. 다음 절에서는 신자유주의 시대의 범죄에 대한 라틴아메리카 국가들의 태도를 살펴보고 그 효율성 또한 평가해 보았다.

3. 치안 국가의 등장

범죄란 공식적인 법률을 위반하는 행위로 정식 처벌을 동반한다. 따라서 특정 행위가 범죄인가를 판단하는 역할과 범죄행위를 저지른 자에게 법적인 처벌을 가하는 역할을 모두 담당하는 국가는 범죄와 관련해 가장 강력한 권력을 행사한다. 즉, 국가가 범죄와 관련한 가장 중요한 사회 주체인 셈이다. 특히 신자유주의하에서 범죄에 대한 국가의 대응은 국가의 역할 중 가장 중요한 역할의 하나로 규정된다.

신자유주의 국가는 작지만 강한 국가를 지향한다. 신자유주의적 시장 질서를 지키기 위해 국가는 강력한 처벌을 통해 신자유주의 질서를 교란하는 이들을 통제한다(Wacquant, 2009: 303). 동시에 개인의 책임을 강조하는 신자유주의의 세계관은 범죄의 원인을 구조적 모순이나 사회 갈등에서 찾으려 하지 않고 개인의 일탈로 규정하려는 경향이 있다. 신자유주의자들의 세계에서 범죄는 무책임한 개인들이 저지르는 시장 질서 파괴 행위이다. 따라서 국가는 가장 강력한 방식으로 이런 개인들을 통제하고 범죄를 근절할 의무를 지닌다. 신자유주의하에서 이러한 국가의 성향을 치안 국가(policing state)라고 규정할 수 있다(전규찬, 2009: 280).

심각한 범죄의 증가와 치안의 부재를 경험하고 있는 라틴아메리카에서 이를 해결할 주체로 국가가 등장한 것은 자연스러운 일이다. 라틴아메리카의 국가들은 범죄를 소탕하고 치안을 강화하기 위한 일련의 정책들을 치안 국가의 틀 안에서 추진하였다. 즉, 라틴아메리카 국가들은 범죄를 증가시키는 구조적인 원인을 해결하는 정책보다는 범죄조직과 범죄자 개인을 소탕해 엄벌함으로써 치안을 개선하고자 하는 일련의 노력을 기울였다. 최근 수십 년간 악화된 라틴아메리카의 치안 상황과 범죄율 증가를 접한 이들은, 같은 시기에 라틴아메리카 정부가 범죄를 근절하기 위해 엄청난 예산을 할애하고 경찰력을 강화하였으며 교도시설을 증설하였다는 사실을 믿을 수 없을 것이다. 실제로 신자유주의 경제정책이 도입된 이후 급증한 것은 강력범죄만이 아니었다. 동시에 국가 간에 다소 차이가 있으나 범죄수감률(incarceration rate) 또한 급등하였다(Iturralde, 2018: 8).

〈표 7-4〉에서 볼 수 있듯이 라틴아메리카에서 가장 범죄가 심각한 국가로 꼽히는 엘살바도르의 경우 1998년에 10만 명 중 139명이 교정시설에 수감되어 있었다면, 2015년에는 그 인구가 554명으로 늘어 무려 4배 가까이 증가하였다. 한국 언론에 소개되는 대부분의 라틴아메리카 범죄 관련 기사에서 주인공으로 등장하는 멕시코의 경우 1995년 10만 명당 101명이 수감되어 있었다면, 2014년에는 214명이 수감되어 범죄수감률이 두 배 이상 증가하였다. 이처럼 높아진 범죄수감률은 범

〈표 7-4〉 라틴아메리카 범죄수감률(1995~2016)

국가	수감률 (10만 명당, 1995~2001)	수감률 (10만 명당, 2014~20161)	증가율 (%)
엘살바도르	139 (1998)	554 (2015)	298.0
파라과이	60 (2000)	180 (2015)	200.0
베네수엘라	58 (2000)	166 (2014)	186.0
에콰도르	63 (2001)	165 (2014)	162.0
페루	101 (2001)	228 (2014)	125.0
코스타리카	160 (1998)	352 (2014)	120.0
콜롬비아	115 (1998)	249 (2016)	116.0
멕시코	101 (1995)	214 (2014)	113.0
브라질	134 (2000)	275 (2014)	100.0
과테말라	62 (2000)	124 (2015)	100.0
우루과이	154 (2001)	279 (2014)	81.0
아르헨티나	99 (1998)	160 (2014)	61.0
파나마	280 (2000)	426 (2015)	52.0
볼리비아	95 (2000)	130 (2014)	37.0
니카라과	128 (2000)	171 (2015)	33.0
칠레	216 (2001)	257 (2014)	37.0
온두라스	184 (2000)	198 (2015)	7.0
증가율 평균	(1995)	(2016)	107.0

자료: INPEC(2016.17); International Centre for Prison Studies(2016); Paladines(2016: 182).

죄율의 증가를 반영하는 것이기도 하면서 동시에 강력해진 정부의 대응을 보여주는 것이기도 하다. 신자유주의 경제정책 도입 이후 나타난 치안의 악화와 범죄율의 증가가 치안 국가 부재의 결과가 아니라 치안 국가의 강화와 함께 나타나는 현상이라는 점은 주목할 만하다.

1990년대부터 거의 모든 라틴아메리카 국가들이 미국의 적대적이고 공격적인 범죄정책을 모방해 형사처벌 제도를 강화해 나갔다. 형법 제도의 개혁은 1990년대에 신자유주의 개혁의 일환으로 추진되었고, 그 기조는 이른바 포스트 신자유주의 정부에서도 유지되었다. 미국의 인기 범죄 드라마 〈로앤오더(law and order)〉를 빗대어 로앤오더 정책이라고도 불린 전형적인 미국식 치안 국가 정책은, 1990년대에 범죄에 대해 강력한 대책을 요구하는 시민들의 정서에 부합하였고, 범죄와 범죄자에 대한 강력하고 때로는 가혹한 처벌을 동반하는 철권정책으로 이후 형벌 포퓰리즘(penal populism)으로 규정되기도 하였다(Pratt, 2007; Chevigny, 2003). 로앤오더 정책은 범죄의 원인을 개인의 선택으로 보고 이러한 개인들을 처벌하는 것을 가장 효과적인 대응 방안으로 여긴다. 즉, 강력한 처벌과 과학적인 수사를 통해 범죄를 저질렀을 경우 체포될 확률을 높이고 그에 따르는 처벌이 높다는 것을 사회 구성원들에게 주지시킴으로써 범죄율을 억제하고자 하는 것이다. 미국 정부와 세계은행 및 국제통화기금과 같은 국제기구는 라틴아메리카 정부들에 미국식 로앤오더 정책의 추진을 제안하였다. 이러한 정책을 통해 라틴아메리카의 범죄를 제어함으로써 라틴아메리카를 세계 자본의 안전한 투자처로 탈바꿈시키고, 이미 라틴아메리카 시장에 진출한 기업과 자본의 안녕을 책임져야 한다는 주장이 설득력을 얻었다. 그러한 정책의 결과, 앞에서 언급한 바와 같이 최근 20여 년간 꾸준히 범죄수감률이 늘어났다.

하지만 최근 20여 년간 증가한 범죄수감률이 범죄율의 감소를 가져오지 않았다는 것은 이미 여러 통계를 통해 확인할 수 있었다. 특히 라틴아메리카 사회에 만연한 범죄와 폭력의 심화는 매우 우려스러운 지경이다. 라틴아메리카 정부는 강력한 철권통치를 통해 사회 구성원들에게 범죄라는 행위가 가져올 막대한 결과를 주지시키는 데에 실패한 것일까? 아니면 그럼에도 불구하고 여전히 라틴아메리카에서 개인들이 검거되었을 때 치러야 할 비용이 범죄를 저질렀을 때 얻는 이익보다 낮은 것일까?

범죄를 개인의 일탈로 보고 범죄를 저지른 개인을 처벌하는 것을 핵심으로 하는 신자유주의적 범죄정책은 최근 그 효과를 의심받고 있다. 특히 UN과 여러 인권 단체들은 라틴아메리카에서 1990년대부터 추진된 철권정책이 범죄의 근본 원인을 전혀 해결하지 못하였다고 보고 있다. 즉, 이러한 정책은 라틴아메리카 범죄의 가장 큰 원인으로 지목받고 있는 고질적인 빈곤과 불평등, 특히 청년 인구의 사회적 배제를 해결하는 데에 효과적인 정책으로 평가받지 못한다. 오히려 도시빈민, 특히 도시의 빈곤한 청년들을 잠재적 범죄자 그룹으로 차별하고 배제하는 치안 국가의 다양한 기제들만 강화하였을 뿐이라고 경고한다.

이러한 주장을 뒷받침할 증거는 상당히 많다. 예컨대 아르헨티나의 경우 1990년대부터 1999년대까지 청년실업률은 15.2%에서 26.4%로 증가했는데, 이 시기 동안 청년들에 의해서 저질러지는 범죄 또한 늘어났다. 부에노스아이레스의 경우 청년 범죄가 1990년대 1만 7678건에서

1998년 2만 6827건으로 증가하였다. 부에노스아이레스주의 14세 이상 24세 미만 청소년들의 44%가 어떠한 정규교육도 받지 못하였으며, 동시에 반실업 상태에 놓여 있다는 것 또한 아르헨티나가 겪는 심각한 범죄율 증가와 청년의 소외가 관련 있다는 것을 보여주는 예이다 (Kliksberg, 2007: 23). 라틴아메리카 신자유주의의 모범생이자 치안 우등생으로 여겨지는 칠레도 청년의 소외가 범죄율로 이어지는 연결고리에서 예외는 아니다. 1995년부터 1997년까지 불과 2년 동안 18세 미만 미성년자의 무기 강도 사건이 전체 무기 강도의 21%에서 32%로 증가하였다. 더욱 심각한 것은 신자유주의의 안정적인 정착을 자랑하던 1997년에도 전체 살인사건의 74.8%를 저지른 것이 15세 이상 34세 미만의 청년이었다는 점이다(CEPAL, 1999: 20). 라틴아메리카에서 범죄 문제가 가장 심각한 중앙아메리카 국가들과 멕시코의 경우 빈곤과 청년의 사회적 배제가 범죄율에 끼치는 영향이 더욱 극명하게 나타난다. 이 지역에서는 가난하고 사회적으로 배제된 청년들이 폭력조직이나 마약조직에 흡수되어 범죄를 저지르거나, 실제로 범죄를 저지르지 않는다 할지라도 그 가능성을 염두에 둔 사회적 낙인 때문에 로앤오더 정책의 표적이 되기도 한다(Dammert and Salazar, 2009: 62).

최근 20여 년간의 범죄정책은 범죄의 근본적인 원인인 청년들의 빈곤과 배제를 해결하지 않고, 범죄를 저지르는 혹은 저지를지도 모르는 개별 청년들에 대한 처벌만 강화해 왔으나, 그 효과는 미미하였다. 따라서 이러한 정책의 수정을 요구하는 다양한 목소리가 표출되는 것은 이상한 일이 아니다. 2017년 세계은행은 *Stop the Violence in Latin America: A Look at Prevention from Cradle to Adulthood*라는 저서를 발간하며, 범죄 예방을 위해 범죄를 저지를 위험군에 속한 개인들의 생활주기(life cycle)를 전반적으로 고려한 지원 및 범죄 예방 정책이 필요하다고 라틴아메리카 정부들에게 조언한다. 범죄자의 범죄행위와 이에 대한 강력한 처벌에 집중하던 기존의 로앤오더 정책은 라틴아메리카의 범죄율을 줄이는 데에 기여하지 못하였다고 비판하면서, 사회의 구성원들이 범죄를 저지르지 않도록 말 그대로 요람에서 성인으로 성장하기까지 범죄 예방은 계속되어야 한다고 주장한다(Chioda, 2017). 이는 1990년대 세계은행이 라틴아메리카 각국에 강력한 처벌을 강조하는 치안정책의 입안을 요구했던 것과 사뭇 다른 접근 방식이다. 물론 아직도 범죄의 원인을 개인에게서 찾는 신자유주의의 시각을 완벽히 극복한 것은 아니지만, 범죄의 원인을 개인의 일탈에서만 찾는 것이 아니라 개인이 생활주기 동안 경험하는 여러 어려움에서 찾으려는 시도는 라틴아메리카 정부들이 범죄의 사회구조적 원인을 해결할 것을 요구할 수 있는 토대가 된다는 점에서 긍정적인 변화라고 할 수 있다.

그러나 치안 국가의 문제가 비단 범죄 해결에의 비효율성에만 국한되는 것은 아니다. 라틴아메리카 각국에서 신자유주의 도입과 함께 자리를 잡은 치안 국가는 라틴아메리카 사회의 불안을 이용해 정부의 철권통치를 정당화하였고, 철권통치는 범죄와의 전쟁에서만 활용된 것이 아니라 신자유주의를 반대하거나 자신의 권리를 주장하는 사회적 소수자 및 노동자들을 탄압하는 도구로 사용되기도 하였다. 이미 우리는 미국의 원조를 받은 콜롬비아의 '마약과의 전쟁'이 1980년대 콜롬비아의 반정부 세력을 탄압하는 기제로 사용되었다는 역사적 사실에 익숙하다. 불행히도 비슷한 일이 철권통치를 통해 범죄와 전쟁을 약속한 많은 라틴아메리카 국가에서 나타났다. 시장의 자유를 수호하고 시장논리를 확대하기 위해 시장 교란 세력을 강력히 제압하는 것이 허용된 작지만 강한 신자유주의적 국가의 시대에서 이는 놀라운 전개는 아니다.

멕시코의 마약 산업을 분석한 김유경(2016)에 따르면 칼데론 정부가 추진한 마약과의 전쟁은 신자유주의하에서 철권통치를 정당화하는 치안 국가의 탄생이 범죄 조직의 소탕만을 목표로 하는 것은 아니라는 사실을 보여준다. 이 연구에 따르면, 칼데론 정부하에서 추진된 마약과의 전쟁으로 인해 법과 질서가 강조됨과 동시에 국가의 물리력 사용이 정당화되었다. 칼데론 대통령이 2010년 BBC와의 인터뷰에서 마약과의 전쟁이 시작된 이후 멕시코 북부에서 발생한 수많은 사상자에 대해 언급한 내용은 시사하는 바가 크다. 그는 "(사상자가 많다는 것은) 우리가 얼마나 그 범죄자들과 싸워 이길 의지가 강한지를 보여준다. 그들은 미쳤고, 정부는 그들에 대항해 국가의 총력을 기울여야 한다. 나는 멕시코가 안전해질 때까지 쉬지 않을 것이다"(BBC, 2010)라고 주장하였다. 뿌리 깊고 거대한 마약조직과의 전쟁에서 수많은 사상자가 발생하는 것은 어쩔 수 없는 일일 수 있으나, 범죄자일지라도 그들이 멕시코 국민이라는 사실이나 범죄자로 여겨질지라도 적법한 절차를 거치지 않은 피의자 신분에서는 결백한 피해자일 수 있는 상황을 대통령으로서 전혀 고려하지 않는 듯한 발언이었다. 칼데론 대통령의 이 발언은 범죄와의 전쟁이라는 모토가 치안 국가에게 얼마나 강력한 물리력을 부여하지는지를 보여준다.

신자유주의하에서 치안 국가가 갖는 물리력은 멕시코의 경우 늘 범죄 소탕을 위해서만 활용된 것은 아니었다. 많은 학자들이 경고했듯이 오히려 범죄 소탕이라는 명분하에 강력해진 치안 국가의 권력이 신자유주의에 저항하는 사회운동 세력을 탄압하는 수단으로 활용되기도 하였다. 마약과의 전쟁은 역설적이게도 국가 폭력에 둔감한 사회 분위기를 만들었고, 그 결과 다양한 형태로 인권이 무시되는 현상이 나타났다. 범죄와의 전쟁에 투입된 군인들이 시민들의 인권을 탄압하는 수많은 사례가 세계인권기구에 보고되었고(BBC, 2010), 원주민공동체를 포함한 사회적 소수자 운동 단체와 환경주의자에게 가한 폭력이나 정부에 비판적인 기자들의 죽음 또한 강력한 국가의 기틀을 마련한다는 미명에 가려져 주목받지 못하였다(김유경, 2016: 273).

민주주의의 복원을 주장했던 포스트 신자유주의 정부들은 치안 국가를 해소하기 위하여 노력하였다. 대표적인 예가 브라질이다. 브라질의 포스트 신자유주의 정권이었던 룰라와 호세프 정부 모두 진보적인 범죄정책을 도입해 범죄의 사회구조적 원인, 특히 범죄의 위험에 노출된 인구군이 경험하는 사회적 배제를 축소하고자 하였다. 이러한 시도는 자유주의적 성향을 지닌 국내 법률가들과 학자들의 지지를 이끌어냈고, 그들은 진보적인 범죄정책을 담아낼 법률 초안을 만들었다. 그러나 이 법안은 국회에서 강력한 반대에 부딪혔다. 특히 대법원은, 정부의 안이 범죄에 대해 더욱 강력한 처벌을 원하는 국민정서에 위배된다며 반대 의사를 강력히 천명하였다. 룰라 정부와 호세프 정부가 집권 초기에 추진했던 진보적인 형법 개혁의 시도는 모두 실패하였으며, 오히려 집권 여당이 다수를 차지하는 국회에서 더욱 강화된 처벌 조항을 포함한 보수적 형법 개정에 성공하는 역설적인 결과를 가져왔다(Iturralde, 2018: 12~13).

브라질에서는 포스트 신자유주의 행정부가 추진한 진보적 형법 개정에 대해 정부 여당인 노동당마저 이에 강하게 반대하며 오히려 치안 국가의 강화를 요구하였다면, 에콰도르의 경우에서는 포스트 신자유주의 정부인 라파엘 코레아 정부 1기(2006~2010년)에 진보적인 범죄정책 개혁을 시도하여 범죄수감률이 무려 40% 감소하는 성과를 올렸다. 그러나 범죄에 대해 유약한 정부라는 야당과 언론의 공격에 직면한 코레아 정부는 이에 대응하기 위하여 2010년부터 2014년까지 치안 국가 정책을 확대한다. 그 결과, 2010년부터 2014년까지 범죄수감률은 120%나 증가해 1기 동안 거두었던 성과가 모두 사라지고 말았다(Paladines, 2016: 171).

포스트 신자유주의 정부들이 범죄정책 개선을 시도하고, 범죄의 사회구조적인 문제를 해결하는 데 집중하였던 일련의 노력이 '범죄에 유약한 정부'라는 언론과 야당 세력의 공격에 좌절된 사례는 비단 브라질과 에콰도르만은 아닐 것이다. 최근 이른바 핑크 타이드를 이뤘던 포스트 신자유주의 정권이 우파 혹은 포퓰리스트들에게 권력을 내어주는 과정에서 우파 혹은 포퓰리스트들이 가장 효과적으로 공격한 지점이 바로 포스트 신자유주의 정권의 유약한 범죄정책이었다. 하지만 포스트 신자유주의 정권이 범죄에 대해 부드러운 태도를 취하였다는 주장은 주지하다시피 사실이 아니다. 오히려 범죄 예방 정책의 범위를 확대하고 범죄 근절을 위해 국가의 개입을 심화해야 한다는 세계은행의 주장과 일치하는 행보를 보였다. 하지만 강력한 처벌과 구금, 형량 강화를 제외한 모든 구조적 노력이 '유약한' 범죄정책으로 낙인찍힌 배경에는 형벌 포퓰리즘이 있었다.

형벌 포퓰리즘이란 주요 정당들이 정권을 잡기 위해 누가 범죄에 더욱 강력히 대응하는가를 두고 경쟁하는 상황을 뜻한다. 형벌 포퓰리즘은 시민들이 통제 불가능할 정도로 치안이 악화되었다고 느끼는 상황에서 등장하며, 주로 언론이 치안 악화를 과장할 때 그 효용성이 높아진다. 형벌 포퓰리즘이 초래하는 대표적인 결과는 피의자의 기본권을 침해하는 다양한 종류의 형벌들이 선거에서의 승리를 위하여 제안되는 것이다. 예컨대 피의자를 재판 없이 구금할 수 있는 국가의 권리가 확대되고, 형량 역시 강화하려는 일련의 노력들이 그것이다(Prat and Clark, 2005). 물론 범죄에 대한 모든 강력한 처벌 요구가 형벌 포퓰리즘은 아니다. 형벌 포퓰리즘이 특징은 그 목적이 범죄를 줄이고 치안을 안정시키기 위한 것이 아니라 선거에서 승리하기 위한 것이라는 점이다. 선거 전략의 하나로 추진되는 형벌 포퓰리즘은, 지속가능하고 장기적인 치안 강화 및 범죄 예방 정책을 입안하는 데에 오히려 장애가 될 수 있다.

브라질의 보우소나루 대통령이 대선전에서 공언한 범죄정책은 대표적인 형벌 포퓰리즘이라고 할 수 있다. 그는 대선 캠페인에서 피의자를 사살할 수 있는 백지 위임장을 경찰에게 주겠다고 공언하였다(UOL, 2017). 보우소나루 대통령과 같은 당 소속인 리우데자네이루의 윌슨 위트첼 시장은 경찰이 자동소총을 소지한 자는 누구든 경고 없이 사살해도 된다고 주장하였다. 브라질에서 일어나고 있는 형벌 포퓰리즘적 상황에 대해 세계인권감시기구는 심각한 우려를 표명하고 있다. 최근 발표된 「세계인권감시기구 보고서」(2019)에 따르면 2017년 1년 동안 브라질 경찰은 무려 5144명을 사살하였다. 리우데자네이루의 경우 2018

년 1월부터 11월까지 경찰에 의해 목숨을 잃은 이들이 1444명에 이른다. 이 수치는 1998년 관련 통계를 집계하기 시작한 이래 가장 높은 수치로, 전년도의 한 해 사망자 수인 1330명보다도 많다. 물론 세계인권감시기구도 정당한 이유가 있는 상황에서 경찰이 어쩔 수 없이 시민의 목숨을 빼앗아야 하는 상황은 인정하고 있다. 하지만 무고한 시민이 경찰에 의해서 살해되는 일도 빈번히 일어나고 있다는 점 또한 지적하였다. 게다가 2018년에는 보우소나루 정부의 강력한 범죄정책의 영향으로 무려 84만 명이 추가로 수감되었다. 이 수치는 이미 포화상태인 브라질의 수감 시설에서 수용할 수 있는 수용자 수의 2배에 달한다. 이러한 상황에 대해 세계인권감시기구는 브라질 정부가 국제법이 규정하는 기준에 따른 범죄정책과 형사 제도 개혁을 추진해야 하며, 그것이야말로 범죄를 줄일 수 있는 더욱 효율적인 방법이라고 권고하였다(Human Rights Watch, 2019).

살펴본 바와 같이 신자유주의의 도입과 함께 라틴아메리카 사회가 경험한 주요한 사회변동 중 하나인 치안 국가의 등장은 포스트 신자유주의하에서도 수정되지 못했을 뿐 아니라 오히려 포스트 신자유주의의 몰락을 가져오는 데에 기여한 것으로 보인다. 포스트 신자유주의 정부는 치안을 불안하게 만드는 유약한 정부였을 뿐이라는 우파들의 공격에 대해 효과적으로 자신을 방어할 수 없었던 듯하다. 무엇보다도 신자유주의적 경제정책을 유지했던 포스트 신자유주의 정부는 범죄의 근본적 원인인 빈곤과 불평등, 청년 소외의 문제를 해결하지 못하고 범죄와 치안의 악화라는 빌미를 주었다. 뒤늦게 구조적인 원인을 제거하기 위해 시도한 사회 통합적인 일련의 노력들은 범죄를 개인의 일탈로 치부하려는 신자유주의의 세계관과는 맞지 않는 것이었고, 이미 신자유주의적 세계관을 깊숙이 받아들인 사회와 정치 지형에서 공동체의 붕괴를 범죄의 원인으로 거론하는 정부의 주장은 쉽게 받아들여질 수 없었다. 이 장에서는 형벌 포퓰리즘을 설명하기 위해 브라질의 사례를 집중 조명했으나, 아르헨티나의 마크리 정부와 칠레의 피녜라 정부도 형벌 포퓰리즘을 활용하여 포스트 신자유주의 정부로부터 정권을 되찾아온 것이 결코 우연은 아니다.

4. 결론: 구조적 원인에 대한 신자유주의적 처방의 비극

신자유주의는 라틴아메리카에 위험한 사회의 그림자를 드리웠다. 범죄는 늘어났고 치안은 불안해졌다. 모든 통계를 살펴보아도 이 점에는 이론의 여지가 없는 듯하다. 혹자는 이러한 현상이 신자유주의 때문이 아니라, 범죄가 라틴아메리카 사회라는 시스템의 일부가 되어 있는 기이한 현실 때문이라고 주장하기도 한다(Schultze-Kraft et al., 2017). 라틴아메리카 사회가 보여주는 부패와 범죄의 정도가 다른 사회에 비해 심각하고, 그 결과 범죄와 폭력이 일상화되어 있다는 주장을 받아들인다고 할지라도, 여전히 지난 20여 년간 범죄가 급속도로 증가한 부분에 대해서는 다른 설명이 필요하다. 이 글은 그 원인을 신자유주의에서 찾았다.

신자유주의는 라틴아메리카에게 범죄가 서식하기 좋은 경제 환경을 만들어주었다. 신자유주의적 구조조정으로 사라진 일자리는 신자유주의적 경제정책과 투자자유화가 만들어낸 일자리로 상쇄될 수 없었다.

수많은 청년 실업자들이 일자리뿐만 아니라 사회 전체에서도 소외되는 결과를 낳았고, 그들은 범죄조직의 유혹에 쉽게 굴복하였다. 나아가, 급속도로 추진된 무역자유화는 통제할 수 없을 정도로 대규모의 상품이 유통되는 상황을 초래하였고, 그 과정에서 마약과 총기, 각종 불법적인 상품들이 범죄조직을 통해 국경을 넘나들게 되었다.

그러나 신자유주의의 경제적인 측면만이 범죄 증가와 치안 불안의 원인은 아니다. 앞서 언급된 바와 같이 신자유주의적인 세계관은 국가의 역할과 범죄에 대한 새로운 해석을 라틴아메리카 사회에 강요하였다. 국가는 시장의 법칙을 교란하는 세력을 강력히 통제하고 제거해 시장을 지킬 의무가 있다. 따라서 가장 본원적인 시장 교란 행위인 범죄에 대한 국가의 강력한 정책은 작지만 강한 국가의 힘을 온전히 행사할 수 있는 대표적인 영역으로 떠오른다. 한편, 범죄 행위 자체는 개인의 자유와 책임을 강조하는 신자유주의적 세계관하에서 철저히 개인의 일탈 행위로 규정된다. 따라서 범죄는, 범죄의 비용이 범죄의 이윤보다 적다고 생각하는 몇몇 개인의 일탈 행위의 결과이므로 국가는 범죄 비용이 이윤보다 크다는 것을 보여줄 수 있는 강력한 대응과 용서 없는 처벌로 범죄를 줄일 수 있다는 결론에 도달한다. 이 과정에서 범죄의 구조적이고 사회적인 원인에 대한 고민은 실종되었다. 신자유주의적 경제정책이 가져온 다양한 부작용을 치유하지 못한 채, 그 부작용들의 증상인 범죄에 대한 공포와 이를 제어하기 위한 국가의 물리력만 강력해지는 치안 국가는 라틴아메리카가 어렵게 구축한 제도적 민주주의의 근간마저 위태롭게 하는 형벌 포퓰리즘의 출현까지 추동하였다.

포스트 신자유주의 정부들은 신자유주의의 경제정책이 동반한 부작용 해소를 위해 사회정책의 확충하고자 노력하기도 하였고, 범죄의 증가를 막고 치안을 개선하기 위해 범죄의 근본 원인으로 지목된 청년들의 소외와 사회적 배제를 극복할 방안들을 모색하기도 하였다. 나아가 강력한 처벌주의적 범죄정책을 개선해 예방에 더 많은 예산과 노력을 기울이는 진보적인 범죄정책을 시도하기도 하였다. 그러나 이러한 노력들은 그 성과를 거두지 못하고, 오히려 범죄 앞에서 유약한 세력이라는 비난을 받게 되었다. 무엇이 잘못된 것일까?

신자유주의는 단순한 경제정책이 아니라 세계관이고 사회를 이해하는 이념이라는 점을 간과해서는 안 된다는 교훈을 안타깝게도 라틴아메리카의 포스트 신자유주의 정부는 깨닫지 못했던 듯하다. 포스트 신자유주의 정부가 범죄의 구조적 원인을 지목하며 처벌보다는 예방을 강조하는 진보적인 범죄정책을 제안했을 때, 라틴아메리카 사회는 이를 거부하였다. 범죄는 개인의 일탈이므로, 그 책임을 사회가 공유해야 한다는 범죄정책을 인정할 수 없다는 것이다. 범죄자를 사회구조의 모순을 극복하지 못한 공동체의 구성원으로 바라보기보다는, 스스로 운명을 결정할 자유를 갖고 있으나 시장을 교란하는 행위를 선택한 무책임한 개인으로 바라보는 시각이 우세했던 것이다. 국가는 신자유주의의 구조적 모순에 대해 책임을 질 것이 아니라 시장을 교란하는 개인들에게 엄한 책임을 묻는 주체가 되어야 한다는 신자유주의적 국가관은 이제 더 이상 철학책에 등장하는 어려운 주제가 아니라 라틴아메리카인들이 체화해 버린 국가관이자 세계관이 된 것이다. 그 결과, 범죄에 대해 누가 더 엄한 처벌을 제안하는가가 정치인들 사이에서 경쟁의 대상이 되는 형벌 포퓰리즘이 만연하였고, 많은 포스트 신자유주의 정권은 형벌 포퓰리즘의 공격 대상이 되어 정권을 잃게 되었다.

라틴아메리카의 범죄는 당분간 개선되기 어려울 듯하다. 범죄의 원인에 대한 근본적인 해결을 요구하는 정책이 설득력을 얻기 어려운 사회 분위기는 계속될 것으로 예상된다. 상존하는 구조적 원인을 해결하기보다는 범죄라는 현상만을 강력한 철권정책으로 억누르는 형벌 포퓰리즘은 범죄의 근원적인 해결보다는 어렵게 쌓은 라틴아메리카의 민주주의적 전통과 인권 존중의 정신을 훼손할 가능성이 있다. 이미 라틴아메리카의 각종 여론조사에서 범죄의 해결을 위해 민주주의를 포기할 수 있다는 응답자가 늘어나고 있다는 것은 시사하는 바가 크다. 신자유주의의 도입 이후 라틴아메리카 사회는 사람을 바라보는 시선이 변해버렸다. 이런 시선이 고착되기 전에 인간을 사회의 구성원으로, 공동체의 일원으로, 구조의 한 부분으로 바라보는 시선의 회복이 이루어지지 않는 한, 범죄는 라틴아메리카인들이 언제나 가장 두려워하는 문제로 남을 수밖에 없을 것이다.

제**8**장

결론

"집에서 키우던 개가 집 앞에서 차에 치여도 원인은 신자유주의다"
라는 멕시코인들의 농담을 들었던 것이 이미 1996년의 일이다. 1994년
북미자유무역협정을 체결하고 그 효과를 막 경험하기 시작했던 1996년
의 멕시코인들에게 이미 신자유주의는 집에서 기르던 강아지의 죽음까
지 간여하는 막강한 존재였다. 그러했던 신자유주의가 20년이 넘게 지
속되고 있다. 신자유주의의 영향은 약화되었을까? 신자유주의가 가져
온 온갖 사회문제들을 고발한 저서와 논문들은 신자유주의의 대안을
보여주고 있는 걸까? 과연 우리는 신자유주의를 넘어설 준비가 되어
있을까? 이 책은 이런 질문들에 대한 라틴아메리카 사회의 답변이다.

라틴아메리카에서 불어온 핑크 타이드는 신자유주의의 대안을 갈망
하던 이들에게 많은 희망을 주었다. 핑크 타이드 혹은 포스트 신자유
주의 정부들의 다양한 시도가 종국에는 구조적 한계를 극복하지 못할
것이라는 지적도 많았지만, 그럼에도 불구하고 라틴아메리카의 핑크
타이드는 기분 좋은 사건이었다. 볼리비아 최초의 원주민 대통령이 선
언하는 다문화주의 헌법 정신은 인종적 소수자들의 다양한 문화가 시
장의 경쟁에서 도태되어 멸종되는 세계화 시대에 신선한 충격이었고,
미 제국주의에 대한 저항과 도전을 공공연히 주창하며 사회주의연맹을
제안하던 베네수엘라의 차베스는 실패의 기억 속으로 사라져 버린 사
회주의와 공산주의에 대한 향수를 불러일으키기에 충분하였다. 브라질
의 빈민촌인 파벨라 출신의 선반 노동자가 라틴아메리카에서 가장 크
고 가장 불평등한 국가의 대통령이 되어, 가난한 이들에게 투입되는 재
정은 비용이 아니라 투자라고 주장할 때, 냉정한 시장에서 드디어 사람
의 온기를 느낄 수 있는 것이 아닐까 기대하였다. 인구 300만이 채 안

되는 우루과이에서 세계에서 가장 가난한 대통령이 배출되고, 그가 UN 연설에서 지구의 환경파괴를 막을 수 있는 유일한 방법은 소비 중심의 자본주의를 극복하는 것이라고 호소했을 때, 인류의 미래를 걱정하는 선진국의 역할을 이제는 모두가 나누어 함께 담당하는 시대가 열린 것은 아닐까 설레었다. 신자유주의의 다양한 문제들에 대한 고민과 분노가 크면 클수록, 라틴아메리카의 포스트 신자유주의 정부에 대한 기대 역시 컸다고 사료된다. 그들은 그러한 기대가 부끄럽지 않을 만큼 자신만만하였고, 창의적이었으며, 유쾌하였다.

하지만 2000년대에 라틴아메리카를 휩쓸었던 핑크 타이드는 2019년 대다수의 국가에서 사라져 버렸다. 1990년대의 민주화 과정에서 정권을 잡았던 중도 좌파 혹은 좌파 정부들은 2010년대 우파 혹은 중도 우파에게 정권을 빼앗겼으며, 가난한 노동자의 희망이자 원주민들의 지도자, 여성들의 꿈이었던 핑크 타이드의 지도자들은 '부패와 독재 혹은 무능의 대명사'라는 비난의 대상이 되고 있다. 무엇보다도 비극적인 사례는 베네수엘라일 것이다. 베네수엘라가 지금 겪고 있는 온갖 위기들을 따라가다 보면, 신자유주의를 극복하고자 무모한 시도를 하면 어떻게 되는지를 보여주겠다고 누군가 작심한 듯하다. 국민의 기본 생존이 위협당하는 베네수엘라의 현실 앞에서 미 제국주의에 저항하는 사회주의 동맹의 꿈은 너무나 초라해 보인다. 신자유주의를 넘어선 새로운 시대에 대한 의지와 노력은 왜 실패했을까? 라틴아메리카의 핑크 타이드는 왜 20년이 지난 지금 국민들에게 외면당했을까? 이 책은 이러한 질문들에 대한 답변이다.

1) 신자유주의, 무엇을 극복할 것인가?

신자유주의에 대한 근본적 질문들의 답을 구하고자 이 책은 신자유주의에 대한 이론적 고찰을 그 출발점으로 정하였다. 신자유주의의 오류를 극복하기 위해 민영화되었던 연금을 국유화하고, 축소되었던 사회정책을 확대하고, 국내 산업의 성장을 위해 국가가 직접 나섰던 라틴아메리카 포스트 신자유주의 정부의 노력들이 왜 기대한 결과를 가져오지 못했는지 이해하기 위해서는 극복의 대상인 신자유주의에 대한 보다 면밀한 연구가 필요했기 때문이다. 혹 신자유주주의의 대표적인 정책들을 수정하는 것과 신자유주의를 극복하는 것 사이에는 어느 정도 간극이 있었던 것은 아닐까?

제2장에서 신자유주의의 대표 학자인 밀턴 프리드먼과 프리드리히 하이에크의 이론들을 분석한 결과, 신자유주의는 단순한 경제정책의 기조가 아니라 인간과 사회를 이해하는 개념이며 사회가 발전하는 방식을 바라보는 세계관이었다는 점은 분명해졌다. 신자유주의는 인간이 인간을 바라보는 시각을 변화시키고, 공동체에 대한 우리의 입장을 수정하며, 다양한 사회관계들을 재설정하였다. 신자유주의 사회에서 인간은 지극히 개인적이고 합리적이며 이기적인 존재들로 환원되었고, 끊임없는 경쟁을 통해 최선의 결과를 낳는 대상이 되었다. 합리적 개인들이 시장논리에 따라 정한 규칙을 제외한 모든 공공적인 가치와 목적들은 비합리적이거나 근본적으로 부도덕한 것으로 치부되었다. 공동체의 번영을 위하여 가장 좋은 방법은 개개인에게 자유를 주어 합리적으로 시장에서 경쟁하도록 하는 것이라는 주장은 결국 공동체의 번영

을 위해 사회나 국가의 이름으로 무엇인가를 도모하려는 일련의 노력
에 대한 저항이다. 프리드먼은 이러한 노력을 부도덕하다고 정의하였
으며, 하이에크는 '사회정의'는 '거짓 정의'라고 선언하였다. 결국 신자
유주의는 합리적 개인들이 자유로운 시장에서 경쟁하는 세계를 이상향
으로 설정하고 이를 적극적으로 구현하고자 하는 일련의 운동이다. 신
자유주의의 각종 정책들은 개인주의, 시장의 논리, 경쟁의 원칙 등이
사회 속에 녹아들게 하기 위한 도구이다. 신자유주의가 가져오는 사회
변동은 따라서 무역자유화로 세계 각국의 상품이 시장에서 거래되고,
노동의 유연화로 해고와 고용이 자유로워지며, 민영화로 국영기업이
사라지는 현상 이상의 본질적인 변화를 의미한다.

　　세계관으로서의 신자유주의를 이해한다면 라틴아메리카 포스트 신
자유주의 정부의 여러 노력이 실패로 돌아간 이유도 비교적 분명해진
다. 이 책을 통해 살펴본 다섯 가지 사회현상에 대한 사례연구에서 드
러난 바와 같이, 라틴아메리카의 포스트 신자유주의 정부들이 추진하
였던 '포스트 신자유주의'적 정책들은 신자유주의의 핵심 세계관에 대
한 도전 없이 기술적인 보완을 시도한 것들이었다. 즉, 극단적 개인주
의적 성향으로 파편화된 공동체의 복원이나 경쟁이 아닌 공공선의 추
구 혹은 시장의 논리를 극복한 정책의 입안이 이루어졌다기보다는, 개
인주의와 경쟁 그리고 시장의 논리를 유지하는 선에서 부작용을 최소
화하기 위한 개별 정책의 수정이 이루어졌다. 신자유주의가 가져온 사
회변동은 본원적이고 근본적이었다면, 포스트 신자유주의 정부가 추진
했던 개혁들은 지엽적이고 기술적인 것에 머물렀다. 신자유주의의 근
본 논리가 유지되는 상황에서 많은 포스트 신자유주의적 정책들은 미

봉책에 불과하다는 비난에 직면하였고, 결국 20년 정권을 잡았으나 근본적인 변화는 없었다는 다소 박한 평가를 받았어야 했다.

2) 신자유주의, 누가 극복할 것인가?

신자유주의가 라틴아메리카 사회에 가져온 변동의 내용과 이러한 변동에 대한 라틴아메리카 사회의 대응에 대해서는 3장부터 7장에 걸쳐 다섯 개의 주요 사회 쟁점을 중심으로 살펴보았다. 다섯 개의 주요 사회 쟁점은 빈곤과 불평등, 노동과 이주, 가족, 여성, 범죄로 라틴아메리카 사회를 규정하는 고전적인 주제와 함께 최근 새로운 연구 주제로 떠오르는 쟁점들을 모두 아우르고자 하였다. 이 다섯 가지 사회 쟁점을 연구하는 과정에서 포스트 신자유주의하에서 추진된 여러 개혁 정책들의 한계를 고찰하였고, 그럼에도 불구하고 신자유주의에 적극적으로 대응하고 또 저항하는 사회적 행위주체들을 분석할 수 있었다.

서론에서 밝힌 바와 같이 이 책이 다른 라틴아메리카 사회변동 관련 저서와 조금이라도 차별된 점이 있다면, 그것은 사회 쟁점마다 존재하는 사회적 행위주체들의 신자유주의적 사회변동에 대한 대응을 포함시키고자 노력하였다는 점이다. '제3장 빈곤과 불평등'에서는 빈곤과 불평등 관련 정책의 주체인 국가의 전략을 소개하였다. '제4장 노동과 이주'에서는 신자유주의와 함께 도래한 불리한 노동환경을 극복하고자 하는 노동자들의 다양한 노력을 초국가주의라는 개념을 활용해 소개하였다. 가족은 여성과 함께 다섯 개의 사회 쟁점 중, 쟁점이 곧 사회적 행위주체인 경우이다. 개인주의적인 성향이 강화되고 공동체가 붕괴되는 신자유주의적 현실 속에서 가장 원초적인 공동체 단위로서의 가족이 경험한 사회변동을 살펴보았다. 여성은 신자유주의 사회에서 원주민공동체와 함께 가장 적극적으로 신자유주의적 사회변동에 반응한 사회적 행위주체이다. 그들이 신자유주의하에서 직면한 현실을 분석하고, 그러한 현실을 극복하기 위한 노력들을 살펴봄으로써 신자유주의를 극복할 수 있는 역동성이 사회적 행위주체에 있다는 점을 다시 한번 확인하였다. 마지막으로 범죄는 신자유주의적 세계관이 라틴아메리카에 가져온 사회변동을 가장 적나라하게 보여주는 쟁점으로 선택되었다. 극심한 구조적인 모순에서 파생된 범죄라는 사회현상이 개인의 일탈로 치부되는 과정에서 국가 혹은 정당이라는 사회적 행위주체가 반응하는 방식인 형벌 포퓰리즘은 신자유주의적 사회변동이 보여줄 수 있는 가장 우울한 민낯이다.

신자유주의하에서 다섯 가지 사회 쟁점에 일어난 변동을 사회적 행위주체를 중심으로 분석함으로써 이 책은 사회적 행위주체 간 차이 및 공통점을 파악하는 데에 기여하였다. 여성, 노동, 가족은 신자유주의하의 사회변동에 대한 대응에서 많은 공통점을 보여주었다. 우선 그들은 신자유주의하의 사회변동으로 인해 겪어내야 했던 어려움에 대응하기 위해 다양한 전략을 구사한다. 또한 신자유주의하의 사회변동을 수동적으로 받아들여 적응하는 것이 아니라 사회변동이라는 조건 속에서 스스로를 지키고 혹은 권리를 확대하기 위해 나름의 노력을 경주하였다. 노동자들은 무역자유화와 함께 악화된 노동조건을 극복하기 위해 다국적 노동 연대를 건설해 전방위적인 자본의 힘에 대응하는 국제적인 네트워크를 구축하고자 하였다. 이러한 노력이 때로는 성공하고 때로는 실패했으나, 전 지구화된 자본의 확장에 대해 전 지구적인 네트워크로 대응한다는 점은 창의적이며 동시에 역동적인 시도라고 할 수 있다. 하지만 무엇보다 노동자들이 신자유주의하의 사회변동에 가장 능동적으로 대응하는 방식은 바로 이주이다. 노동의 가격이 싼 곳으로 자본이 이동하는 것이 신자유주의의 대표적인 현상이라면, 노동자 또한 자신의 노동을 더 비싼 가격에 팔 수 있는 곳으로 이동하겠다는 이주라는 전략은 신자유주의로 인해 노동환경이 열악해진 곳일수록 더 적극적으로 활용되고 있었다.

여성들 또한 나름의 노력을 경주하였다. 신자유주의하에서 줄어든 가계당 실질소득을 회복하려는 시도의 일환으로 여성들은 대거 노동시장에 진입하였고, 유권자로서의 권리를 적극적으로 행사해 여성의 참정권을 확대하였다. 무엇보다도 라틴아메리카의 여성들은 라틴아메리카 여성들의 네트워크를 구축해 신자유주의하에서 여성에게 일어난 사회변동에 공동으로 대응하였다. 멕시코의 국경지대에서 자행되는 여성살해는 페루에서 일어난 여성 시위의 주제가 되었고, 아르헨티나 여성들의 낙태권 요구는 전 라틴아메리카 여성들이 공감하는 사안이 되었다. 이러한 연대의 힘은 성평등을 요구하는 라틴아메리카의 목소리가 더욱 공고해지는 데에 기여하였으며, 여성뿐만 아니라 성 소수자, 원주민 등 다양한 사회적 약자가 협력하는 계기가 되었다. 아르헨티나의 동성혼 지지 시위에 동참한 수많은 여성들과 낙태 합법화 운동에 힘을 보탠 라틴아메리카 전 지역의 여성들은 신자유주의적 사회변동을 거부하고 이에 대한 대안을 모색한 여성이라는 사회적 행위주체의 역동성을 보여준다.

이 책에서 다룬 사회적 행위주체 중 가장 흥미로운 대상이 바로 가족이다. 라틴아메리카의 가족은 라틴아메리카 사회를 구성하는 가장 본원적인 단위로서 그 중요성이 늘 강조되어 왔다. 흥미로운 것은 신자유주의적 사회변동에 대한 라틴아메리카 가족의 대응이 다른 사회의 그것과 매우 다르다는 점이다. 신자유주의가 가족을 해체하고 사회를 파편화한다는 연구는 많이 진행되어 왔다. 개인의 자유, 자유로운 경쟁, 합리적인 선택 등을 강조하는 신자유주의하에서 가족은 개인의 행복을 추구하기 위한 도구로 전락하였고, 또한 개인의 자유와 발전에 방해가 되는 장애물로 여겨지기도 하였다. 따라서 신자유주의하에서 대가족은 해체되고, 혼인은 감소하며, 출산은 유보되는 경향을 보인다. 하지만 라틴아메리카에서는 이와는 좀 다른 일들이 일어나고 있는 듯하다.

물론 라틴아메리카 사회에서도 이전과 비교할 때 대가족이 감소하고, 혼인이 연기되거나 줄어들고, 출산율도 저하되고 있다. 하지만 그럼에도 불구하고 한 가지 독특한 사실은 이른바 핵가족 중심의 가족구조가 다양한 가족구조로 재편되면서 오히려 확대가족의 새로운 모델이 생성되고 있다는 것이다. 즉, 한부모가정과 그 친족이 한 가족을 이루는가 하면, 이웃들이 동네에서 어려움에 처한 아이를 입양해 가족을 형성하기도 한다. 열악한 노동시장의 현실로 인해 혼인이 어려운 젊은이들은 혼인 대신 동거를 선택하고, 동거 커플들은 양가 중 한쪽과 함께 가구를 구성하거나 혹은 가까이 살면서 가족의 확대를 경험한다. 한마디로 라틴아메리카는 전통적인 핵가족의 해체를 경험한다는 점에서 다른 사회와 비슷한 신자유주의하의 사회변동을 경험하는 듯하지만, 그 내용을 살펴보면 가족의 해체가 아닌 새로운 가족의 형성과 다변화를 통해 오히려 가족의 확장을 경험하고 있는 것이다. 이는 경제적으로 어려운 환경을 극복하기 위한 생존 전략으로서 가족이 활용되어 왔던 라틴아메리카적 특수성에 기인한 것으로 보인다. 어찌 되었든, 가족을 해체하고 개인만 남은 다른 많은 신자유주의 사회들에 라틴아메리카의 가족 확장 스토리는 매우 흥미로운 대안을 제시한다.

노동, 여성, 가족과는 달리 신자유주의적 사회변동에 더욱 신자유주의적으로 대응한 주체가 바로 국가이다. 빈곤과 범죄라는 두 사회 쟁점에서 일어나는 사회변동을 심지어 추동할 수도 있는 막강한 권력을 소유한 라틴아메리카의 국가들은 그것이 신자유주의 국가이든 포스트 신자유주의 국가이든 간에 신자유주의적 규범에서 벗어나지 못하는 양상을 보였다는 점에서 노동, 여성, 가족과 구분된다. 빈곤퇴치 프로그램을 모색하는 과정에서 라틴아메리카의 국가는 빈곤 극복의 일차적 책임을 개인에게 전가하는 사회정책들을 실시하였고, 그 또한 모든 시민들에게 보편적으로 적용하기보다는 '사회정책의 혜택을 받을 만한 조건을 갖춘' 시민들에게만 적용함으로써 사회정책을 개인의 능력에 연동된 서비스로 변형시켰다. 이러한 경향은 범죄정책에서 더욱 노골적으로 드러난다. 라틴아메리카 국가들은 범죄의 원인을 무책임한 개인의 일탈로 규정함으로써 개인에 대한 강력한 처벌을 골자로 하는 철권정책들을 앞다투어 채택하였다. 이러한 정책들은 신자유주의의 기본 전제인 개인주의적 세계관을 그대로 반영한 것이며, 동시에 범죄에 대한 강력한 처벌을 원하는 시민들의 요구를 수용한 결과이다. 결국 범죄와 빈곤에 대한 국가의 대응에서 우리가 깨달을 수 있는 점은 국가는 신자유주의에 도전하는 사회적 행위주체가 되기 어렵고, 오히려 사회의 요구가 투영되는 대상이라는 점이다. 이 책의 사례연구에서 우리는 여성, 노동, 가족에 비해 국가는 신자유주의의 논리를 극복할 만한 동력이 상당히 부족하다는 것을 알 수 있었다. 이를 통해 포스트 신자유주의 정부들이 왜 절반의 성공에 머물 수밖에 없었는지도 설명할 수 있을 것이다.

3) 신자유주의, 어떻게 극복할 것인가?

많은 신자유주의 관련 연구들이 그러하듯이, 수많은 부작용과 한계를 드러낸 신자유주의를 대체할 만한 대안의 모색은 연구의 결론에 해당한다. 그러나 수많은 노력에도 불구하고 사회를 운영하는 기조로서 신자유주의를 대체할 만한 철학적 논리가 완성되었다는 소식을 들어본 적이 없다. 신자유주의의 한계에 대한 면밀한 고찰이 늘어나면 늘어날수록 대안의 출현은 앞당겨질 수 있겠으나 여전히 신자유주의에 대한 비판적 고찰이 우리가 할 수 있는 최선이라는 점은 안타깝다. 이 책 역시 신자유주의를 대체할 만한 새로운 이론에 대한 글은 아니다. 하지만 신자유주의적 사회변동에 대한 라틴아메리카의 사회적 행위주체들의 저항과 대응을 연구한 결과, 어떻게 하면 신자유주의를 극복할 수 있을 것인가에 대한 몇 가지 아이디어를 얻을 수 있었다. 이 아이디어들을 공유하며 이 책을 마무리하고자 한다.

우선, 신자유주의의 극복은 신자유주의 정책의 수정이 아니라 신자유주의 세계관을 극복할 때 가능하다는 점이다. 신자유주의하의 사회변동에 비교적 성공적으로 저항한 라틴아메리카의 사회적 행위주체들의 경험을 볼 때, 공동체를 복원하고 시장논리를 극복하는 일련의 시도들이 성공의 열쇠였다. 반대로 개인주의 및 시장논리와 경쟁의 원리를 그대로 유지하는 가운데 정책의 수정을 시도할 경우, 이 책에서 살펴본 범죄정책의 사례에서와 같이 정책적 수정 자체가 사회로부터 거부되거나 혹은 빈곤정책에서 볼 수 있듯이 장기적으로 목표했던 결과를 달성하지 못했다.

신자유주의 극복의 주체로서 국가는 아쉽게도 효율적이기 어렵다는 점도 언급할 필요가 있다. 국가는 라틴아메리카의 사례에서 볼 수 있듯이 사회의 요구에 반응하는 역할에 충실하며, 만약 국가가 신자유주의적 사회변동을 극복하려는 노력을 경주한다면, 이는 그러한 노력의 경주를 요구하는 사회의 반영이다. 심지어 국가가 사회의 요구보다 신자유주의의 극복을 위해 한발 더 앞서나가는 경우, 브라질에서 추진된 진보주의적인 형법 개정의 사례에서 볼 수 있듯이, 그 누구의 지지도 얻지 못하고 실패하는 결과를 낳았다. 국가는 신자유주의를 극복하라는 사회의 요구에 적극적으로 반응하는 주체로서 유의미할 뿐이다.

결국 신자유주의 극복은 하향식이 아니라 상향식으로 이루어질 수밖에 없다는 결론에 도달하게 된다. 공동체의 복원, 경쟁과 시장논리의 극복을 동반하는 세계관의 변화는 하루아침에 혁명적으로 이루어질 수는 없는 것이므로, 신자유주의 극복이 기층으로부터 시작되어야 한다는 것은 어찌 보면 당연한 일이다. 따라서 이 책을 통해 우리가 확인한 라틴아메리카 사회 기층으로부터의 신자유주의 극복의 노력들은 우리 사회에도 많은 교훈을 준다. 때로는 생존을 위해서, 때로는 공동체를 위해서, 때로는 전 세계를 위해서 개인주의와 경쟁의 유혹을 극복하고 연대를 선택한 여러 라틴아메리카 사회적 행위주체들의 사례가 치열한 신자유주의 사회에서 혼밥과 혼술만이 유일하게 행복을 주는 피난처로 여겨지는 파편화된 한국 사회에 자그마한 희망과 위안을 줄 수 있기를 희망한다.

김기현. 1999. "라틴아메리카 신자유주의의 경제사회적 결과." ≪라틴아메리카 연구≫, 12(1), 79~107쪽.

김기현·권기수. 2011. 『라틴아메리카 경제의 이해』. 서울: 한울.

김명혜. 1998. 「멕시코 국경 도시 노동자들과 그들의 가족생활상에 관한 고찰」. ≪라틴아메리카연구≫, 11(1), 85~131쪽.

김유경. 2016. 「신자유주의 경제개혁과 마약과의 전쟁: 멕시코 사례를 중심으로」. ≪중남미연구≫, 35(3), 261~280쪽.

김종섭. 2004. "라틴아메리카에 있어서 개방화와 소득분배: 멕시코와 아르헨티나의 사례."

김혜경·오숙희·신현욱. 1992. 「자본주의적 산업화와 한국가족의 역할 변화: 가사 및 양육역할의 변화를 중심으로」. ≪여성과 사회≫, 3(4), 278~314쪽.

김혜영. 2016. 「'동원된 가족주의'의 시대에서 '가족 위험'의 사회로」. ≪한국사회≫, 17(2), 3~44쪽.

다미안, 아라셀리·훌리오 볼트비닉. 2006. 「식탁: 라틴 아메리카 빈곤 계층의 의미」. 『신자유주의 이후의 라틴 아메리카』. 김종돈 옮김. 서울: 모티브북.

레이가다스, 루이스. 2006. 「위험한 결과: 라틴 아메리카에 대한 미국의 대對 마약전쟁」. 『신자유주의 이후의 라틴 아메리카』. 김종돈 옮김. 서울: 모티브북.

박윤주. 2013. 「미디어 모노컬처와 오리엔탈리즘: 한국 언론의 라틴아메리카 보도 행태 연구」. ≪중남미연구≫, 32(2), 139~162쪽.

_____. 2014. 「라틴아메리카의 의료개혁을 통해 본 신자유주의적 국가개혁의 패턴: 멕시코, 아르헨티나, 칠레의 사례를 중심으로」. ≪이베로아메리카≫, 16(1), 35~64쪽.

_____. 2017. 「라틴아메리카 여성대통령의 성평등 정책: 정치사회적 결정요인 연구」. 한국국제정치학회 하계학술대회 발표문, 전북대학교 (2017.6.29~7.1).

_____. 2018. "La Aparición de la Nueva Identidad Colectiva en Chile: Una Consecuencia Inesperada de la Reforma Neoliberal de las Políticas Sociales". ≪라틴아메리카연구≫, 31(2), 21~40쪽.

박홍기. 1999. 「하이예크의 정의론과 사회정책적 함축」. ≪정신문화연구≫, 22(3), 155~192쪽.

비데가인 폰테, 니콜. 2017. 「라틴아메리카의 성 불평등과 구조적 간극」. ≪라틴 아메리카이슈≫, 6, 139~147쪽.

조돈문·김종섭·이내영. 2005. 『라틴아메리카: 신자유주의 경제개혁의 정치경제 학』. 서울: 오름.

아너, 마크. 2006. 「노동자 그리고 국경과 부문을 초월한 동맹의 도전」. 『신자유 주의 이후의 라틴 아메리카』. 김종돈 옮김. 서울: 모티브북.

영거스, 콜리타 A. 2006. 「위험한 결과-라틴 아메리카에 대한 미국의 대(對) 마약전쟁」. 『신자유주의 이후의 라틴 아메리카』. 김종돈 옮김. 서울: 모티브북.

오삼교. 2016. 「페루 신자유주의와 광산 갈등: 꽁가 광산 개발 반대 운동을 중심으로」. ≪이베로아메리카연구≫, 27(1), 107~147쪽.

올레스커, 다니엘. 2017. 「라틴아메리카의 노동시장」. ≪라틴아메리카 이슈≫, 6, 73~82쪽.

이미경. 1999. 『신자유주의적 반격 하에서 핵가족과 가족의 위기: 페미니즘적 비판의 쟁점들』. 서울: 공감.

이상현. 2018. 「행복지수와 라틴아메리카의 행복」. ≪스페인어문학≫, 11(1), 85~106쪽.

이상현·박윤주. 2016. 「라틴아메리카 좌파정치의 부상과 퇴조의 원인: 라틴아메리카적 특성을 중심으로」. ≪경제와 사회≫, 112, 76~105쪽.

이성형. 2009. 『대홍수: 라틴아메리카, 신자유주의 20년의 경험』. 서울: 그린비.

임상래·김우성·박종탁. 1998. 『중남미 사회와 문화』. 부산: 부산외국어대학교 출판부.

전규찬. 2008. 「치안의 스테이트와 저항의 스테이트, 그 사이」. ≪문화과학≫, 56, 277~291쪽.

조영현. 2015. 「라틴아메리카 원주민운동: 사파티스타운동과 에콰도르원주민민족동맹(CONAIE)에 대한 비교연구」. ≪이베로아메리카연구≫, 26(3), 317~356쪽.

친치야, 노르마·리슬 하스. 2006. 「저항에서 제안으로-라틴 아메리카 페미니즘의 기여와 도전」. ≪신자유주의 이후의 라틴 아메리카≫. 김종돈 옮김. 서울: 모티브북.

트라베르사, 페데리코. 2014. 「교육, 직업, 새로운 불평등: 현대 자본주의에서 지식의 정치경제학을 위해」. ≪라틴아메리카이슈≫, 6, 147~169쪽.

프리드먼, 밀턴. 1986. 『자본주의와 자유』. 서재명 옮김. 서울: 협동연구사.

함인희. 2003. 「사회구조적 변화와 가족의 적응 및 저항」. ≪사회연구≫ 5, 11~40쪽.

허쉬버그, 에릭·프레드 로젠. 2006. 『신자유주의 이후의 라틴 아메리카』. 서울: 모티브북.

헬만, 주디스 A. 2006. 「천만 명이 오고가다-미국을 향산 이주의 역설」. 『신자유주의 이후의 라틴 아메리카』. 김종돈 옮김. 서울: 모티브북.

Arriagada, Irma. 2002. "Changes and Inequality if Latin American families." *CEPAL Review*, 77, pp.135~153.

Astorga, Pablo. 2017. "Real Wages and Skill Premiums in Laitn America, 1900~2011." *Journal of Iberian and Latin American Economic History*,

35(3), pp.319~353.

Babb, Sarah. 2005. "The Social Consequences of Structural Adjustment: Recent Evidence and Current Debates." *Annual Review of Sociology*, 31, pp.199~222.

Babb, Sarah and A. Buira. 2004. "Mission Creep, Mission Push and Discretion in Sociological Perspective: the Case of IMF Conditionality." Paper presented at 28th G-24 Tech. Group Meet., Geneva, Switzerland. Accessed December 20, 2018 http://www.g24.org/012gva04.pdf

Bachelet, P. 2016. "Encuesta Latinobarometro y delincuencia: mejora la victimizacion del crimen pero sigue el miedo." Accessed August 13, 2018. https://blogs.iadb.org/seguridad-ciudadana/es/encuesta-latinobarometro-y-delincuencia-mejora-la-victimizacion-del-crimen-pero-sigue-el-miedo/

Basch, L., N. Glick Schiller and C. Szanton Blanc. 1994. *Nations Unbound: Transnational Projects, Postcolonial Predicaments, and Deterritorialized Nation-States*. Oxford & New York: Gordon and Breach Science Publishers.

Baer, Werner and William Maloney. 1997. "Neoliberalism and Income Distribution in Latin America." *World Development*, 25(3), pp.311~327.

Bergman, M. 2011. *Crimen y desempleo en México ¿Una correlación espuria?* Accessed October 11, 2018 http://repositorio-digital.cide.edu/bitstream/handle/11651/1322/106902.pdf?sequence=1&isAllowed=y

Britos, Nora and Ruben Caro. 2002. "Workfare: Sufrimiento social y disciplinamiento laboral." Paper presented at Congreso Nacional de Políticas Sociales: Estrategias de Articulación de Políticas, Programas y Proyectos Sociales en Argentina, Universidad Nacional de Quilmes, Buenos Aires, Argentina.

Cardoso, Elena. 1995. *Latin America's Economy: Diversity, Trends, and Conflicts*. Cambridge: MIT Press.

Carrillo, Sonia, Karen Ripoll-Núñez and Paul L. Schvaneveldt. 2012. "Family Policy Initiatives in Latin America: The Case of Colombia and

Ecuador." *Journal of Child and Family Studies*, 12, pp.75~87.

Cateano, Gerardo and Gustavo De Armas. 2016. "Poverty and Inequality in Latin America. From the Latest Trends to a New Agenda for Development." UNESCO, OXFORD, pp.233~247.

Castaneda, J. G. 2006. "Latin America's Left Turn." *Foreign Affairs*, 85, pp.28~56.

Charles, Aurelie. 2011. "Fairness and Wages in Mexico's Maquiladora Industry: An Empirical Analysis of Labor Demand and the Gender Wage Gap." *Review of Social Economy*, 69(1), pp.1~28.

Chevigny, Paul. 2003. "The Populism of Fear: Politics of Crime in the Americas." *Punishment & Society*, 5(1), pp.77~96.

Chioda, Laura. 2017. "Stop the Violence in Latin America: A Look at Prevention from Cradle to Adulthood." *Latin American Development Forum*. Washington, DC: World Bank.

Corales, Javier. 2015a. *LGBT Rights and Representation in Latin America and the Caribbean: The Influence of Structure, Movements, Institutions, and Culture.* The UNC LGBT Representation and Rights Initiative at the University of North Carolina at Chapel Hill: The University of North Carolina.

_____. 2015b. "The Politics of LGBT Rights in Latin America and the Caribbean: Research Agendas." *European Review of Latin American and Caribbean Studies*, 100, pp.53~62.

Dammert L and Salazar F. 2009. *¿Duros con el delito? Populismo e inseguridad en América Latina.* Santiago de Chile: Facultad Latinoamericana de Ciencias Sociales.

De Armas, G. 2015. "Nuevos modelos de welfare en América Latina. Debates teóricos y trayectorias recientes." *Estudios. Revista del Centro de Estudios Avanzados*, 33. Córdoba, Argentina: Universidad Nacional de Córdoba.

De la Rocha, Mercedes. 1994. T*he Resources of Poverty: Women and Survival in a Mexican City: Studies in Urban and Social Change.* Blackwell

Publication: London.

_____. 2001. "From the Resources of Poverty to the Poverty of Resources?: The Erosion of a Survival Model." *Latin American Perspecitves*, 28(4), pp.72~100.

De Soto, Hernandez. 2002. *The Other Path: Economic Answer to Terrorism*. New York: Basic Books.

ECLAC. 1999. "Seguridad ciudadana y violencia en América Latina: Diagnóstico y políticas en los años noventa." *Serie Políticas Sociales*, 32. Santiago de Chile: CEPAL.

_____. 2014. *Panorama Social de Ame´ rica Latina 2013*. Santiago de Chile: CEPAL.

_____. 2015. ECLAC data http://estadisticas.cepal.org/cepalstat/WEB_CEPALSTAT/estadisticasIndicadores.asp?idioma=e

_____. 2015. *Panorama Social de América Latina 2014*. Santiago de Chile: CEPAL.

_____. 2018. *Social Panorama of Latin America 2017*. Santiago: UN

Elson, Diane. 1992. *Male bias in structural adjustment. In Women and adjustment policies in the third world*. New York: St Martin's Griffin.

Errejon, I. and J. Guijarro. 2016. "Post-Neoliberalism's Difficult Hegemonic Consolidation: A Comparative Analysis of the Ecuadorean and Bolivian Processes." *Latin American Perspectives*, 43(1), pp.1~19.

Esping-Andersen, G. 1999. *Social Foundation of Postindustrial Economies*. New Work: Oxford University Press.

_____. 2009. *The incomplete revolution: Adapting to women's new roles*. Cambridge: Cambridge University Press.

Esteve, Albert and Elizabeth Florez-Paredes. 2018. *Families in Latin America: Dimensions, Diverging Trends, and Paradoxes*. Accessed July 17, 2018. https://www.cambridge.org/core.

Evans, Peter. 2000. "Fighting Marginalization with Transnational Networks:

Counter Hegemonic Globalization." *Contemporary Sociology*, 29(1), pp.230~241.

Fajnzylber, P., D. Lederman and N. Loayza. 2002. "Inequality and Violent Crime." *Journal of Law and Economics*, 65(April), pp.1~40.

Farrell D. 2004. *The Hidden Dangers of th Informal Economy*. McKinsey Q. No.3. Accessed May 14, 2018. http://www.mackinseyquarterly.com/ article_abstract.aspx?ar=1448&L2=7&L3=10

Filgueira, Fernando and Juliana Martínez. 2017. "The Diverngence in Women's Economic Empowerment: Class and Gender under the Pink Tide." *Social Politics*, 24(4), pp.370~398.

Fox, J. A. 2007 *Accountability Politics: Power and Voice in Rural Mexico*. New York: Oxford University Press.

Faur, Eleonor. 2018. "Contrasting trends in gender and childcare in Argentina: Family policies between LGBT rights and maternalism." *Current Sociology*, 66(4), pp.617~628.

Gasparini, Leobardo(et.al.). 2013. "Multidimensional poverty in Latin America and the Caribbean: New Evidence from the Gallup World Poll." *Journal of Economic Inequality*, 11, pp.195~214.

González, Cristina. 2015. "Social Policies in Contemporary Latin America: Families and Poverty in the Social Protection Program." *Social Sciences*, 4, pp.134~147.

González, Cristina(et.al.). 2008. "La familia como objeto de las políticas asistenciales: Los programas de combate a la pobreza y el papel de los organismos multilaterals," in *Trabajo Social, Estado y Sociedad*, ed. by Nora Aquin. Buenos Aires: Espacio Editorial.

Graham, Carol and Stefano Pettinato. 2001. "Happiness, Markets, and Democracy: Latin America in Comparative Perspective." *The Journal of Happiness Studies*, 2(3), pp.1~28.

Gustafson, Bret. 2002. "Paradoxes of Liberal Indigenism: Indigenous Movements, State Processes, and Intercultural Reform in Bolivia." in David Maybury-Lewis(ed.). *The Politics of Ethnicity: Indigenous Peoples in Latin Americas States*. Cambridge, Mass.: Harvard University Press.

Hayek, F. A. 1960. *The Constitution of Liberty*. Chicago: The University of Chicago Press.

Helliwell, J., R. Layard and J Sachs. 2018. *World Happiness Report* 2018. New York: Sustainable Development Solutions Network.

Hollar, Julie. 2018. "The Political Mediation of Argentina's Gender Identity Law: LGBT Activism and Rights Innovation." *Journal of Human Rights*, 17(4), pp.453~469.

Human Rights Watch. 2010. *Illusions of Care-Lack of Accountability for Reproductive Rights in Argentina*. New York: Humant Rights Watch.

Htun, Mala, Marina Lacalle and Juan Pablo Micozzi. 2013. "Does Women's Presence Change Legislative Behavior? Evidence from Argentina, 1983~2007." *Journal of Politics in Latin America*, 5(1), pp.95~125.

Inter-American Development Bank(IDB). 1998. *América Latina frente a la desigualdad. Progreso Económico y social en América Latina, Informe 1998~1999*. Washington, D.C.: BID.

International Labor Organization(ILO). 2018. *Panorama Laboral 2018: América Latina y el Caribe*. Accessed June 7, 2018. https://www.ilo.org/wcmsp5/groups/public/---americas/---ro-lima/documents/publication/wcms_6549 69.pdf.

_____. 2018. *Unemployment in Latin America and the Caribbean down slightly in 2018. Accessed December 09, 2018*. https://www.ilo.org/global/about-the-ilo/newsroom/news/WCMS_655210/lang--en/index.htm

Iturralde, Manuel. 2018. "Neoliberalism and its impact on Latin American crime control fields." *Theoretical Criminology*, pp.1~20.

Jaitman, Laura. 2017. *The Costs of Crime and Violence: New Evidence and Insights in Latin America and the Caribbean*. New York: Inter-American Developmetn Bank.

Katzman, Rubén and Guillermo Wormald. 2002. *Trabajo y ciudadanía. Los cambiantes rostros de la integración y la exclusión social en cuatro áreas metropolitanas de América Latina*. Motevideo: Errandonea.

Kemper, Robert V. 1982. "The Compadrazgo in Urban Mexico." *Anthropological Quarterly*, 55(1), pp.17~30.

Kliksberg, B. 2007. *Mitos y realidades sobre la criminalidad en América Latina*. Madrid: Fundación Internacional y para Iberoamérica de Administración y Políticas Públicas.

Laurie N. Radcliffe and Andolina R. S. 2002. "The New Excluded 'Indigenous'? The Implications of Multi-ethnic Policies for Water Reform in Bolivia." in Rachel Seider(ed.). *Multiculturalism in Latin America. Indigenous Rights, Diversity and Democracy*. New York: Palgrave.

Levitt, P. and M. C. Waters. 2006 "Introduction." in P. Levitt and M. C. Waters(ed.). *The Changing Face of Home: The Transnational Lives of the Second Generation*. New York: Russell Sage Foundation.

Light, MIchael. T. and Miller, TY. 2017. "Does Undocumented Immigration Increase Violent Crime?." *Criminology*, 56(2), pp.370~401.

Liverman, Diana M. and Silvina Vilas. 2006. "Neoliberalism and the Environment in Latin America." *Annual Review of Environmeal Resources*, 31, pp.327~363.

Lo Vuolo, Ruben et al.. 1999. *La Pobreza... de la Política contra la Pobreza*. Buenos Aires: Ciepp/Mino y Davila.

Long, Norman. 2001. *Development Sociology: Actor Perpectives*. London and New York: Routledge.

Lora, Eduardo, U. "Panizza and M Quispe Agnoli." 2004. "Refirn Fatigue: Symptoms, Reasons, Implications." *Economic Review*, 89.

Marshall, T. H. 1964. *Class, Citizenship and Social Development*. Chicago and London: The University of Chicago Press.

Marston, A. J. 2015. "Autonomy in a Post-Neoliberal Era: Community Water Governance in Cochabamba, Bolivia." *Geoforum*, 64, pp.246~256.

Medeiros, Marcelo and Joana Costa. 2008. "Is there a Feminization of Poverty in Latin America?." *World Development*, 36(1), pp.115~127.

Mercille, Julien. 2011. "Violent Narco-Cartels or US Hegemony? The Political Economy of the 'War on Drugs' in Mexico." *Third World Quarterly*, 32(9), pp.1637~1653.

Molyneux, Maxine. 2007. "Change and Continuity in Social Protection in Latin America: Mothers at the Service of the State." in *Gender and Development Program Paper 1*, Geneva: United Nations Research Institute for Social Development.

Muggah, Robert and Tobon, Katherine Aguirre. 2018. *Citizen security in Latin America: Facts and Figures*. Rio de Janeiro: Igarapé Institute.

Ocampo, José Antonio Ocampo. 2013. "The Latin American Debt Crisis in Historical Perspective." Baker Institute for Public Policy. Accessed May 14, 2018. https://www.bakerinstitute.org/research/latin-american-debt-crisis-historical-perspective/

Ong, A. 2006 *Neoliberalism as Exception: Mutations in Citizenship and Sovereignty*. Durham: Duke University Press,

Orozco, M. and R. Rouse. 2007 "Migrant Hometown Associations and Opportunities for Development: A Global Perspective." *Migration Information Source Report*. Accsesed July 28, 2018. http://www.migrationinformation.org/Feature/display.cfm?ID=579.

Paladines J. 2016. "La 'mano dura' de la Revolución Ciudadana (2007−2014)," In *Postneoliberalismo y penalidad en América del Sur*, ed. by Sozzo M. Buenos Aires: Consejo Latinoamericano de Ciencias Sociales.

Prat, John. 2007. *Penal Populism*. New York: Routledge.

Prat, John and Clark, Marie. 2005. "Penal populism in New Zealand." *Punishment & Society*, 7(3), pp.303~322.

Portes, Alejandro and Hoffman, K. 2003. "Latin American Class Structure: Their Composition and Change During the Neoliberal Era." *Latin American Research Review*, 38(1), pp.41~82.

Roberts, Kenneth M. 2009. "Beyond Neoliberalism: Popular Responses to Social Change in Latin America," in *Beyond Neoliberalism in Latin America?: Societies and Politics at the Crossroads*, edited by J. Burdick et al.,

Palgrave Macmillian US: Ebook Central, http://ebbokcentral.proquest. com/lib.utxa.detail.action?docID=474846.

Roja Gonzalez, Francisco. 1943. "La Institución del Compadrazgo entre los Indios de México." *Revista Mexicana de Sociología*, 5(2), pp.201~213.

Ruckert, Arne, Laura Macdonald and Kristina R. Proulx. 2017. "Post-neoliberalism in Latin America: a Conceptual Review." *Third World Quarterly*, 38(7), pp.1583~1602.

Saad-Filho, Afredo. 2015. "Social Policy for Neoliberalism: The Bolsa Familia Programme in Brazil." *Development and Change*, 46(4), pp.1227~1252.

Sacchet, Teresa. 2018. "Why Gender Quotas Don't Work in Brazil? The Role of the Electoral System and Political Finance." *Colombia Internacional*, 95, pp.25~54.

Schultze-Kraft, Markus(et.al.). 2018. "New Perspectives on Crime, Violence and Insecurity in Latin America." *Crime Law and Social Change*, 69, pp.465~473.

Siegel, Karen M. 2016. "Environment, Politics and Governance in Latin America." *European Review of Latin American and Caribbean Studies*, 102, October, pp.109~117.

Silva, E. 1996. *The State and Capital in Chile: Busienss Elites, Technocrats, and Market Economics*. Boulder, CO: Westview.

Simon-Kumar, R. 2011. "The Analytics of 'Gendering' the Post-Neoliberal State." *Social Politics*, 18(3), pp.441~468.

Smith, Peter H., J. Green and T. Skidmore. 2018. *Modern Latin America*. London: Oxford University Press.

Somerville, W., Durana J. and A. M. Terrazas. 2008 "Hometown Associations: An Untapped Resource for Immigrant Integration?" *Migration Policy Institute Insight*, July.

Storrs, K. L. 2006 "Mexico-United States Dialogue on Migration and Border Issues, 2001~2006." *CRS Report for Congress*, RL32735, January 20

Tsloaki, A. 2012. "Post-Neoliberalism in Latin America?" in Bastiaan van

Apeldoom and Henk Overbeek(ed.). *Neoliberalism in Crisis*. New York: Palgrave Macmillan.

UN. 2002. *Gender Mainstreaming: An Overview*. New York: United Nations.

UN Women. 2017. Progress of Women in Latin America and the Caribbean: Transforming Economies, Realizing Rights. Companion Report to the Progress of the World's Women 2015~2016. New York: UN Women.

Vilata, Carlos J., José G. Castillo and Juan A. Torres. 2016. *Violent Crime in Latin American Cities*. Inter-American Development Bank: Washington D.C.

Wade, RH. 2004. "On the Cases of Increasing World Poverty and Inequality, or Why the Matthew Effect Prevails." *New Political Economy*, 9(2), pp.163~188.

Wacquant, Loic. 2009. *Punishing the Poor: The Neoliberal Government of Social Insecurity*. Durham and London: Duke University Press Books.

Webber, J. 2010. "Bolivia's Reconstituted Neoliberalism: From Rebellion to Reform." *International Socialist Review* 73. http://isreview.org/issue/73/rebellion-reform

Weeks, Gregory and John Weeks. 2013. "Immigration and Transnationalism: Rethinking the Role of the State in Latin America." *International Migration*, 53(5), pp.122~134.

Weyland, Kurt. 1996. "Neopopulism and Neoliberalism in Latin America: Unexpected Affinities." *Studies in Comparative International Development*, 31(3), pp.3~31.

_____. 1998. "Swallowing a Bitter Pill: Sources of Popular Support for Neoliberal Reform in Latin America." *Comparative Political Studies*, 31(5), pp.539~ 568.

_____. 2004. "Neoliberalism and Democracy in Latin America: a Mixed Record." *Latin American Politics and Society*, 42(10), pp.135~157.

Yashar, Debora. 2005. *Contesting citizenship in Latin America : the rise of indigenous movements and the postliberal challenge*. Cambridge & New

York: Cambridge University Press.

Yi, Sang-Hyun. 2006. "The Political Economy of Public Enterprise Reform: A Comparative Study of Mineral Sector Cases in Latin America." Ph.d. diss., The University of Texas at Austin.

▌ 신문기사, 뉴스

세계테마기행. "멕시코 편: 인생은 축제다 4부". http://www.ebs.co.kr/tv/ show?prodId= 391&lectId=10950442(2018.9.13).

Barbon, Júlia. 2018. "Entenda o plano do governador do RJ de 'abater' bandidos com armas pesadas: Proposta de Witzel de morte sem confronto enfrenta entraves legais." *Folha de S. Paulo.* https://www.folha.uol.com.br/ cotidiano/2018/11/entenda-o-plano-do-governador-do-rj-de-abater-bandi dos-com-armas-pesadas.shtml.

Berry, Brianne. 2015. "Ni Una Menos: Argentina Takes the Lead Against Sexism and Gender Violence in Latin America." *COHA.* http://www. coha.org/ni-una-menos-argentina-takes-the-lead-against-sexism-and-gen der-violence-in-latin-america/

Brieger, Pedro. 2018. "El fenómeno de la marea verde en Argentina." *CNN.* https://cnnespanol.cnn.com/2018/06/14/el-fenomeno-de-la-marea-verde- en-argentina/.

Carvalho, Rosiene. 2017. "Bolsonaro diz que quer dar "carta branca" para PM matar em serviço." *UOL.* https://noticias.uol.com.br/politica/ultimas- noticias/2017/12/14/bolsonaro-diz-que-quer-dar-carta-branca-para-pm-m atar-em-servico.htm.

Economist. 2013. "Autumn of the Patriarchs: Traditional Demographic Patterns are Changing Astonishingly Fast." https://www.economist.com/the- americas/2013/06/01/autumn-of-the-patriarchs

_____. 2017. "The Cost of Latin American Crime." https://www.economist.

com/the-americas/2017/02/25/the-costs-of-latin-american-crime

El País. 2014. "Crime Threatening Democracy in Latin America, Survey Finds." https://elpais.com/elpais/2014/11/25/inenglish/1416935799_077576. html.

Erickson, Amanda. 2018. "Latin America is the World's Most Violent Region: New Report Investigates Why." *Washington Post*. https://www. washingtonpost.com/news/worldviews/wp/2018/04/25/latin-america-is-t he-worlds-most-violent-region-a-new-report-investigates-why/?noredire ct=on&utm_term=.7a6b04c7c4d0.

Forbes. 2018. "The Biggest Billionaire Winners And Losers Of 2018." https://www.forbes.com/sites/denizcam/2018/12/21/the-biggest-billionai re-winners-and-losers-of-2018/#1dd94557526e.

Friedman, Elisabeth and Tabbush, Constanza. 2016. "#NiUnaMenos: Not One Woman Less, Not One More Death!" *Nacla Report*. https://nacla.org/news/ 2016/11/01/niunamenos-not-one-woman-less-not-one-more-death.

Guevara-Rosas, Erika. 2012. "Rocky Road to Gender Equality in Latin America." *Foreign Policy in Focus*. https://fpif.org/Arocky_road_ to_gender_ equality_in_latin_america/

Harman, D. 2006.3.27. "Latin Leaders Balk at U.S. 'Wall'." *The Christian Science Monitor*.

Latin Trade. 2015. "How Many Wealthy People Are There in Latin America?" at https://latintrade.com/2015/07/29/how-many-wealthy-people-are-there-in-latin-america/?v=38dd815e66db.

Letelier, Orlando. 2016. "The 'Chicago Boys' in Chile: Economic Freedom's Awful Toll." *The Nation*. https://www.thenation.com/article/the-chicago-boys-in-chile-economic-freedoms-awful-toll/.

Muggah, Robert. 2016. "Latin America's Fatal Gun Addiction: The United States' Deadliest Export." *Foreign Affairs*. https://www.foreignaffairs. com/articles/south-america/2016-05-27/latin-americas-fatal-gun-addiction?utm_campaign=reg_conf_email&utm_medium=newsletters& utm_source=fa_registration.

New York Times. 2019. "Migrant Caravan Departs Honduras, and Trump Again Calls for a Wall." https://www.nytimes.com/2019/01/15/world/americas/migrant-caravan-honduras.html.

_____. 2018. "The Myth of the Criminal Immigrant." https://www.nytimes.com/interactive/2018/03/30/upshot/crime-immigration-myth.html.

_____. 1976. "Chile, Lab Test for a Theorist." https://www.nytimes.com/1976/03/21/archives/chile-lab-test-for-a-theorist.html.

Quinn, Melissa. 2018. "Trump Pledges to Cut off Aid to Honduras, Guatemala, and El Salvador." *Washington Examiner*. https://www.washingtonexaminer.com/news/trump-pledges-to-cut-off-aid-to-honduras-guatemala-and-el-salvador.

Quirk, Matthew. 2007. "The Mexican Connection." *The Atlantic*. https://www.theatlantic.com/magazine/archive/2007/04/the-mexican-connection/305725/.

Sacchetti, M. 2008.7.14. "El Salvador Officials Urge Émigrés to Invest." *The Boston Globe*.

Sackur, Stephen. 2010. "'No Alternative' to Mexico's Drug War - says Calderon." http://news.bbc.co.uk/2/hi/programmes/hardtalk/9130155.stm.

The Conversation. 2018. "Female Presidents Don's Always Help Women While in Office, Study in Latin America Finds." https://theconversation.com/female-presidents-dont-always-help-women-while-in-office-study-in-latin-america-finds-91707.

Thompson, G. 2005.2.23. "Mexico's Migrants Profit From Dollars Sent Home." *New York Times*.

Tobar, H. 2006.2.26. "Border Plan Seen as U.S. Conceit," *The Los Angeles Times*.

❚ 사전

"리버테리언." 2018. 21세기 정치학대사전. https://terms.naver.com/entry.nhn?docId=
    727003&cid=42140&categoryId=42140.

"낙수효과." 2018. 한경경제용어사전. https://terms.naver.com/entry.nhn?docId
    =2078996&cid=42107&categoryId=42107.

❚ 웹사이트

CEPALSTAT Portada. 2018. http://estadisticas.cepal.org/cepalstat/Portada.
    html?idioma=english(검색일: 2008.7.18).

FBI. 2018. "Crimes in the United States." https://ucr.fbi.gov/crime-in-the-u.s/
    2016/crime-in-the-u.s.-2016/topic-pages/tables/table-1(검색일:
    2018.11.27).

Gender Equality Observatory for Latin America and the Caribbean. 2018.
    https://oig.cepal.org/en/indicators/legislative-power-percentage-women-
    national-legislative-body(검색일: 2018.8.20).

Guttmacher Institute. 2018. "Abortion in Latin American and the Caribbean."
    https://www.guttmacher.org/sites/default/files/factsheet/ib_aww-latin-am
    erica.pdf(검색일: 2018.9.22).

Human Rights Watch. 2019. "Brazil: Bolsonaro Should Address Crime Lawfully
    Troubling First Moves Include Plan to 'Supervise' Independent Groups."
    https://www.hrw.org/news/2019/01/17/brazil-bolsonaro-should-address-
    crime-lawfully(검색일: 2019.1.22).

Igarape Institute. 2019. "Homicide Monitor." http://homicide.igarape.org.br(검색
    일: 2019.1.11).

RCM Web site. 2018. "Goal Statements." http://www.rcmvs.org(검색일: 2018.
    9.11).

The Liberary of Economics and Liberty. 2018. "Milton Friedman." http://www.econlib.org/library/Enc/bios/Friedman.html(검색일: 2018.4.15)

United Nations Office on Drugs and Crime (UNODC). 2013. "Global Study on Homicide." https://www.unodc.org/gsh/(검색일: 2018.5.22).

_____. 2017. "World Drug Report 2017." https://www.unodc.org/wdr2017/field/WDR_2017_presentation_lauch_version.pdf(검색일: 2018.8.14).

World Bank. 2018. "Bolsa Familia: Brazil's Quiet Revolution." http://www.worldbank.org/en/news/opinion/2013/11/04/bolsa-familia-Brazil-quiet-revolution(검색일: 2018.5.16).

World Bank. 2018. "Fertility Rate by Country." https://data.worldbank.org/indicator/SP.DYN.TFRT.IN?locations=UY-AR-CL(검색일: 2018.6.7).

World Bank Open Data. 2019. https://data.worldbank.org/(검색일: 2019.1.13).

Youth Employment Decade. 2018. "Latin America is facing the task of alleviating youth unemployment." http://www.youthemploymentdecade.org/en/repor/america-latina-afronta-la-labor-paliar-desempleo-juvenil/#(검색일: 2018.9.3).

지은이 **박윤주**

계명대학교 스페인어중남미학전공 교수
한국외국어대학교 학사
텍사스대학교(오스틴) 중남미지역학 석사
텍사스대학교(오스틴) 사회학 박사

주요 논문과 저서

2018. 「La Aparición de la Nueva Identidad Colectiva en Chile: Una Consecuencia Inesperada de la Reforma Neoliberal de las Políticas Sociales」. ≪라틴아메리카연구≫, 31권.

2017. 「Dealing with 'Mapuche Permitido': Faces of Neoliberal Multiculturalism in the Chilean Health Sector」. ≪라틴아메리카연구≫, 30권.

2016. 「라틴아메리카 좌파정치의 부상과 퇴조의 원인: 라틴아메리카적 특성을 중심으로」, ≪경제와 사회≫, 112호.

2013. 『아르헨티나, 칠레, 우루과이: 남미의 대안』. 한울.

2012. 「아르헨티나의 민간연금기금 국유화 연구」. ≪국제지역연구≫, 16호 1권.

2011. 「의료보험 민영화가 여성의 건강에 미치는 영향: 칠레의 사례를 중심으로」. ≪이베로아메리카≫, 13호 1권.

한울아카데미 2138
현대 라틴아메리카 사회의 이해
신자유주의, 포스트 신자유주의 그리고 사회적 행위주체들

ⓒ 박윤주, 2019

지은이 ㅣ 박윤주
펴낸이 ㅣ 김종수
펴낸곳 ㅣ 한울엠플러스(주)
편집책임 ㅣ 최진희

초판 1쇄 인쇄 ㅣ 2019년 9월 30일
초판 1쇄 발행 ㅣ 2019년 10월 3일

주소 ㅣ 10881 경기도 파주시 광인사길 153 한울시소빌딩 3층
전화 ㅣ 031-955-0655
팩스 ㅣ 031-955-0656
홈페이지 ㅣ www.hanulmplus.kr
등록번호 ㅣ 제406-2015-000143호

Printed in Korea.
ISBN   978-89-460-7138-4   93950 (양장)
          978-89-460-6601-4   93950 (무선)

이 도서의 국립중앙도서관 출판예정도서목록(CIP)은 서지정보유통지원시스템 홈페이지(http://seoji.nl.go.kr)
와 국가자료종합목록 구축시스템(http://kolis-net.nl.go.kr)에서 이용하실 수 있습니다.
CIP제어번호 : CIP2019036639(양장), CIP2019036644(무선)